后移民时期湖南三峡移民语言生态研究

——基于语言生态学研究路径的"豪根模式"

李振中　　刘青松　刘英玲　　著
　　　　　曾春蓉　陈新潮

中南大学出版社
www.csupress.com.cn
·长 沙·

教育部人文社会科学研究规划基金项目(教社科司函〔2017〕146 号:17YJA740025)结项成果

前　言

本书开始前有三点必须交代清楚，这三点的关键词依次是概念、版权、分工。

一、有关本研究的七个基本概念

（1）三峡移民

三峡移民，指在三峡工程兴建过程中由政府组织并采取分散外迁、集中外迁的方式进行搬迁和安置的大规模非自愿性迁移的居民。这些三峡移民分布在湖南、湖北、重庆、四川、山东、浙江、广东、江苏、上海、福建、江西、安徽等 12 个省市的 2000 多个安置点（如果算上分散安置点，涉及全国 20 多个省市）。这些安置点基本覆盖全国的主要方言区。

（2）湖南三峡移民

据湖南省水库移民开发管理局统计，1999 年 11 月和 2003 年 1 月，国务院分配给湖南省分两批接收、安置重庆市三峡工程农村外迁移民 7300 人的任务。在湖南省委省政府的正确领导和高度重视下，各级各有关部门大力支持，湖南省实际接收三峡外迁农村移民 8296 人，分别安置在 14 个市州的 47 个县市区。

其中，政府组织迁入人口为 7466 人，分别来自重庆市万州区（1037 人）、开县（1378 人）、忠县（5051 人），被安置在衡阳市（1480 人）、株洲市（1205 人）、永州市（1186 人）、岳阳市（1181 人）、郴州市（1058 人）、益阳市（624 人）、娄底市（369 人）、邵阳市（363 人）等 8 个地级市 21 个县市区的 273 个安置点。

自主迁入人口为 830 人，分别来自重庆市万州区（18 人）、巫山县（19 人）、奉节县（23 人）、云阳县（172 人）、开县（503 人）、忠县（25 人）、丰都县（2 人），以及湖北省的宜昌市夷陵区（13 人）、秭归县（55 人），被安置在 14 个市州 32 个县市区的 96 个安置点。

湖南省安置三峡移民 500 人以上的县市区有衡阳市的衡南县（710 人）、郴州市的苏仙区（704 人）、株洲市的攸县（640 人）、衡阳市的衡阳县（622 人）、岳阳市的汨罗市（606 人）、永州市的零陵区（552 人）。

湖南三峡移民，指的就是上述湖南省接收、安置的三峡移民。

（3） 后移民时期

后移民时期，指政府为解决前移民时期遗留问题和应对经济和社会出现的新问题的时期。其以 2010 年三峡枢纽工程基本建成、整体投入运行为标志。这是学界从区域经济社会发展角度提出的一个相对前移民时期（1993—2009 年）而言的特定时段概念，其时段为 2010—2026 年，即从三峡枢纽工程基本建成到三峡移民后期扶持政策执行暂告一段落的 16 年。

（4） 语言生态

按照艾尔文·菲尔（Fill，2001）[1] 的说法，语言生态学的概念是由美国斯坦福大学教授、美籍挪威学者豪根（Einar Haugen，1970，1972）[2] 提出来的。

1970 年，豪根在奥地利参加一个学术会议，并做了题为 *On the Ecology of Languages*[3] 的学术报告。豪根在报告中使用了"语言生态学"这一术语，将生态学概念引入语言学研究。豪根 1972 年出版的论文集《语言生态学》[4]，收入了这个报告[5]。

豪根将"语言和环境"与"生物和生态环境"作隐喻类比，把语言和言语社团的关系比喻为生物和自然环境的关系，认为语言生态学要研究的就是"任何特定的语言与其环境的相互作用"。豪根在这里所说的"环境"是指"使用某一语言作为语码的社会"。

豪根认为，语言生态学的提出，会促使语言学家和其他社会科学家研究语言与语言使用者的互动，并更好地了解两者之间的关系。豪根提出语言生态学概念的动机之一就是要引起人们对语言与语言环境的关系的高度关注。这是语言生态学的隐喻说法。按照语言生态学的隐喻说法，语言生态，就是指特定语

---

①菲尔. 当代生态语言学的研究现状[J]. 范俊军，宫齐，译. 国外社会科学，2004（6）：5—10.

②Haugen, E.. On the ecology of languages [Z]. Talk delivered at a conference at Burg Wartenstein, Austria, 1970.

Haugen, E.. The Ecology of Language [C]. Palo Alto：Stanford University Press, 1972.

③Haugen, E.. On the ecology of languages [Z]. Talk delivered at a conference at Burg Wartenstein, Austria, 1970.

④Haugen, E.. The Ecology of Language [C]. Palo Alto：Stanford University Press, 1972.

⑤Eliasson, S.. The birth of language ecology：Interdisciplinary influences in Einar Haugen's "The ecology of languages" [J]. Language Sciences, 2015（50）：78—92.

言与其环境之间的相互作用关系。

（5） 三峡移民语言生态

既然语言生态就是指特定语言与其环境之间的相互作用关系，那么，三峡移民语言生态，就是指三峡移民语言与其环境之间的相互作用关系。

（6） 语言生态研究

除了上述隐喻说法之外，语言生态学还有一种非隐喻说法，具体观点如下：

①人类是自然的一个重要组成部分，人类的作为和思想都是由人与他人的关系以及人与自然的关系所决定的。人类不能离开自然环境而生存。

②语言是人类生存的一个重要部分。人类用语言组织话语，描述世界，传递信息，沟通人际，建立关系，继承文化。同时，人类也通过语言来反映现实，建构世界（M. A. K. Halliday，1990/2003）①。

③语言是人类在生态中所起作用的一个基本方面，是非常复杂的环境的一个部分，语言的本质和语言在人类社团中的角色是由生态因素决定的（Garner，2004）②。

系统功能语言学家韩礼德（M. A. K. Halliday，1990/2003）③ 于 1990 年在希腊举行的国际应用语言学会议上针对语言系统与生态因素作了精辟发言，强调了语言与生长状况、种类特性以及物种形成之间的关系。此后，越来越多的学者开始关注语言在生态和环境问题上的作用，从而推动了语言与生态问题的研究向纵深发展。

目前，学界一般认为，语言生态学有"豪根模式""韩礼德模式"两种研究模式（黄国文，2016）④。前者与隐喻的语言生态学相对应；后者与非隐喻的语言生态学相对应。

首先，让我们了解一下"豪根模式"。

"豪根模式"认为，语言有自己的生态环境，使用语言的社会以及使用语言

①Halliday, M. A. K. New ways of meaning：The challenge to applied linguistics [J]. Journal of Applied Linguistics, 1990, (6)：7－16. Reprinted in Webster J. (ed). On Language and Linguistics, vol. 3 in The Collected works of M. A. K Halliday [M]. London：Continuum, 2003：139－174.
②Garner, M. . Language：An Ecological View [M]. Bern：Peter Lang, 2004：33－34.
③Halliday, M. A. K. New ways of meaning：The challenge to applied linguistics [J]. Journal of Applied Linguistics, 1990, (6)：7－16. Reprinted in Webster J. (ed). On Language and Linguistics, vol. 3 in The Collected works of M. A. K Halliday [M]. London：Continuum, 2003：139－174.
④黄国文. 生态语言学的兴起与发展[J]. 中国外语, 2016 (1)：1＋9－12.

的人的态度决定了语言的生存环境。所以，语言的生存、发展、消亡，濒危语言保护，语言进化，语言活力，语言规划，语言与现实世界的互变互动关系，语言多样性与生物多样性的关系，生态系统与文化系统等都成为研究热点。

生态环境是语言发展的基本条件，有了良好的生态环境，语言发展和语言保护就有了基本保障，语言生态的平衡就会保证文化生态的平衡，人类社会的可持续发展也就有了基本保障。因此，语言生态学力图通过研究向人们呼吁：人类要安居乐业，首先得有生态平衡，而生态平衡中的一个基本要素就是语言生态平衡。

因此，"豪根模式"也常常被理解为"语言的生态学"（linguistic ecology）。

其次，让我们了解一下"韩礼德模式"。

"韩礼德模式"强调语言在各种生态问题中的重要作用，突出语言学家的社会责任（social accountability），提醒语言学家要记住自己在环境保护方面能做哪些工作和贡献。

韩礼德明确指出，等级主义（classism）、增长主义（growthism）、物种灭绝、生态污染及其他类似的问题不只是生物学家和物理学家要关心的问题，也是应用语言学家要关心的问题。因为语言对人类生存的大环境会产生影响，所以使用什么样的语言会直接影响人类社会的生态，包括文化生态、社会生态、经济生态、城市生态、文艺生态、教育生态等。

"韩礼德模式"把语言的体系和语言的运动与自然生态联系起来，认为语言体系、语言政策和语言规划必须以维护人类社会良好的生存环境为出发点和终结点。

赞同"韩礼德模式"的学者中，有相当一部分人从话语批评角度审视人类赖以生存的话语（如 Stibbe，2015）[1]，同时通过改变语言系统模式和语言使用方法，使语言更适合于自然生态系统，使语言系统与生态系统更加和谐。这一研究路径被称为批评生态语言学（critical ecolinguistics），研究者力图呼吁、唤醒人类社会的生态意识，用批评的眼光来鼓励和宣传与生态和谐的话语和行为，同时抗拒那些与生态不和谐的话语和行为，反思和批评人们对自然的征服、控制、掠夺和摧残（Stibbe，2015）[2]。

因此，"韩礼德模式"也被称作"环境的语言学"（environmental linguistics）。

---

①Stibbe, A.. Ecolinguistics: Language, Ecology and the Stories We Live By [M]. London: Routledge, 2015.
②Stibbe, A.. Ecolinguistics: Language, Ecology and the Stories We Live By [M]. London: Routledge, 2015.

学界一般认为，"豪根模式"与"韩礼德模式"是目前语言生态学研究的两种不同路径，两者为人们研究语言与生态问题提供了不同的视角和侧重点。这正如菲尔所说的，"豪根模式"和"韩礼德模式"是互补的，而不是相互排斥的。

很显然，"豪根模式"和"韩礼德模式"代表的是两种不同的研究语言生态学的途径："隐喻范式"和"非隐喻范式"。

"隐喻范式"注重语言生态本身，包括语言多样性，语言的生存、发展、消亡等。而"非隐喻范式"则注重对话语和行为的生态审视和批评，包括对"我们赖以生存的故事"（the Stories We Live by，Stibbe，2015）① 的反思、推崇、鼓励、批评或抵制。这是语言（包括语言体系、语言使用和语言使用者）在生态和环境问题上的作用问题。

（7）湖南三峡移民语言生态研究

根据研究视角和侧重点，湖南三峡移民语言生态研究的路径就是与隐喻的语言生态学相对应的"豪根模式"。

二、关于有关章节的版权说明

从 2003 年 1 月国务院分配给湖南省接收、安置第二批重庆市三峡工程农村外迁移民的任务开始，经历了漫长的 16 年。本课题组的成员，有的担任了院系领导，有的承担了国家级或者省部级等各类课题，有的当时还在攻读硕士或者博士学位，所以，大多是挤出时间来做这项研究的。好在各位的功底比较扎实，态度比较认真，思路比较清楚，材料比较可信，所以研究工作进行得还算顺利，其中的艰苦、曲折、困惑、犹疑，在所难免。在研究过程中，有的章节曾经在各种语言学学术研讨会上宣读或者在学术刊物上发表，主要有以下篇目②。

李振中、肖素英：《湖南武冈方言（文坪话）的语气词》，《广西社会科学》，2008 年第 7 期。

李振中、肖素英：《湖南衡阳地区三峡移民迁入初期语音特点考察》，《衡阳师范学院学报》，2009 年第 1 期。

李振中、肖素英：《湖南衡阳地区三峡移民迁入初期疑问句考察》，《南华大

①Stibbe, A.. Ecolinguistics: Language, Ecology and the Stories We Live By [M]. London: Routledge, 2015.
②这些篇目整合在本书时，有的作了必要的调整、修改、更正、补充或完善。详情不一一具体说明。

学学报（社会科学版）》，2009 年第 1 期。

李振中、肖素英：《湖南衡阳地区三峡移民迁入初期语气词考察》，《湘南学院学报》，2010 年第 1 期。

李振中、甘斐哲：《衡阳地区三峡移民语言适应性问题调查与分析》，《南华大学学报（社会科学版）》，2012 年第 5 期。

李振中、李凌洲：《新型城镇化视阈中衡阳旅游景点语言文字规范调查》，《南华大学学报（社会科学版）》，2016 年第 5 期。

刘青松：《新化方言形容词的构形》，《中南大学学报（社会科学版）》，2005 年第 6 期。

刘青松：《入湘三峡移民的语言态度及其对语言交际的影响》，《中南大学学报（社会科学版）》，2007 年第 1 期。

曾春蓉、刘英玲：《重庆开县厚坝镇庙坪村移民方言同音字汇》，《桂林师范高等专科学校学报》，2015 年第 4 期。

曾春蓉：《湖南祁阳白水话单字调实验分析》，《语言研究》，2007 年第 4 期。

曾春蓉、资丽君：《重庆开县移民原籍方言语音系统及移民后的方言变化》，《武陵学刊》，2015 年第 4 期。

刘英玲：《重庆忠县石宝方言的语音系统及其特点》，《怀化学院学报》，2010 年第 6 期。

刘英玲：《重庆忠县石宝方言的同音字汇》，《武陵学刊》，2013 年第 4 期。

刘英玲：《湖南汨罗大荆方言的语音特点》，《湖南文理学院学报（社会科学版）》，2005 年第 4 期。

刘英玲：《湖南汨罗大荆方言的同音字汇》，《武陵学刊》，2011 年第 5 期。

陈新潮：《衡山"夹山腔"语音系统》，《内江师范学院学报》，2008 年第 1 期。

彭婷：《入湘三峡移民的迁徙对方言演变的影响》，《中南大学学报（社会科学版）》，2007 年第 1 期。

三、关于研究任务的分工情况

（1）具体研究任务的侧重

研究中，团队成员主要有 7 位。按申报标书排名，具体分工如下。

李振中：整个课题各阶段的设计、申报、汇总、提交。

刘青松：研究理论与方法指导。

曾春蓉：田野调查方案设计。

刘英玲：语言生态嬗变追踪、语言接触和融合研究。

陈新潮：中文资料收集和整理。

肖素英：外文资料收集和整理。

李清安：数据库建设、调查数据分析和归纳。

（2）　具体章节的完成

前言（李振中）

导论（李振中）

正文

○第一章　湖南三峡移民迁出地语言生态

第一节　重庆开县厚坝镇庙坪村移民方言同音字汇（曾春蓉）

第二节　重庆忠县石宝镇移民方言语音系统及特点（刘英玲）

第三节　重庆忠县石宝镇移民方言音系与同音字汇（刘英玲）

○第二章　湖南三峡移民迁入地语言生态（一）

第一节　湖南衡山夹山腔语音系统及其特点（陈新潮）

第二节　湖南祁阳白水话单字调的实验分析（曾春蓉）

○第三章　湖南三峡移民迁入地语言生态（二）

第一节　湖南汨罗大荆方言的语音特点（刘英玲）

第二节　湖南汨罗大荆方言的同音字汇（刘英玲）

○第四章　湖南三峡移民迁入地语言生态（三）

第一节　湖南武冈方言（文坪话）的语气词系统考察（李振中）

第二节　湖南新化方言形容词构形类别及其语法特点（刘青松）

○第五章　湖南三峡移民迁入初期语言生态

第一节　湖南衡阳三峡移民迁入初期的语音系统及其特点（李振中）

第二节　湖南衡阳三峡移民迁入初期的疑问句系统与特点（李振中）

第三节　湖南衡阳三峡移民迁入初期的语气词系统与特点（李振中）

○第六章　湖南三峡移民语言融合生态（一）

第一节　重庆开县移民原籍方言语音特点及移民后变化（曾春蓉）

第二节　湖南三峡移民的迁徙对方言演变的影响与要素（彭婷）

第三节　湖南三峡移民语言态度及其对语言交际的影响（刘青松）

○第七章　湖南三峡移民语言融合生态（二）

第一节　湖南衡阳三峡移民语言生活适应性问题的调查与分析（李振中）

第二节　湖南衡阳三峡移民迁入地旅游景点语言文字规范调查（李振中）

参考文献（李振中）

最后由李振中承担统稿以及定稿的任务。需要特别说明的是，为了使这一研究更能反映湖南三峡移民语言生态的特色，收录在本项研究之内的还有本研究第一参与者刘青松教授课题的参与者彭婷关于三峡移民语言生态范畴的一篇成果。

李振中

2019 年 3 月 12 日于衡阳

目录
CONTENTS

导　论

一、国内外研究的现状和趋势

（一）　国内外研究的现状

依本课题组检索（截至 2019 年 3 月 10 日），专门研究三峡移民语言问题的成果（论文）有 26 篇，其中包括硕士论文 4 篇、博士论文 1 篇。

这些论文的研究重点主要集中在三峡移民语言使用情况、语言适应性、语言面貌调查与描写等方面，呈现"五多五少"的格局。

一是共时研究成果多，历时研究成果少。

共时研究成果共 23 篇，所占比例达 88.46％，关注的焦点主要有下面三点。

第一，三峡移民语言使用情况。这类研究最为常见，比如研究三峡移民语言使用能力、语言使用模式、语言选择模式、语言态度、语言观念变化、语言生活状况、语言生活倾向和走向等。

第二，三峡移民语言适应性问题。

第三，三峡移民语言面貌调查与描写。这主要表现在湖南地区三峡移民语言研究成果中。

历时研究成果的检索结果是 3 篇，只占 11.54％。这 3 篇历时研究成果，分别从某个三峡移民安置点和某个三峡移民一家三代语言变化或变异分析了三峡移民语言演变趋势。

二是湖南、江苏地区研究成果多，其他地区研究成果少。

相对来讲，湖南地区的研究成果最为丰富，有 13 篇期刊论文、4 篇硕士论文，占比 65.38％；江苏地区有 4 篇期刊论文、1 篇博士论文，占比 19.22％；广东、福建、山东、浙江等地区各 1 篇，各占比 3.85％。而湖北、重庆、四川、上海、江西、安徽等地区还没有看到有关单视点地区三峡移民语言问题的直接研究成果发表。

三是从三峡移民视角研究的成果多，从迁入地居民视角研究的成果少。

目前学界重点关注基于三峡移民视角的语言接触、言语交际等问题。事实上，从语言接触的视角来看，不仅操西南官话的三峡移民的语言生活状况需要学界关注，而且从迁入地居民的角度考虑，由于受三峡移民语言习惯风俗的影响，迁入地居民的语言生活状况也应该得到学界重视。同时从言语交际的视角来看，三峡移民与迁入地居民之间必然存在互动交际的语言行为和结果，因而从双向互动的视角探讨三峡移民与迁入地居民之间的语言接触、语言互动、语言认同也是十分必要的。然而这两方面的成果，课题组目前还没有见到。

四是单视点研究成果多，双视点对比研究成果少。

目前研究成果大多从单一视点切入，聚焦于某一地区、某一层面、某一研究对象，缺少基于双视角对比研究的成果。已有的 26 篇成果中，仅有 2 篇涉及三峡移民所持语言与迁入地方言特点的比较。

五是研究前移民时期三峡移民语言的成果多，研究后移民时期三峡移民语言的成果少。

毫无疑问，已有的研究成果为本研究打下了很好的基础。

经过本课题组的反思发现，造成三峡移民语言研究呈现"五多五少"格局的原因，不外乎以下三个。

第一，客观上，三峡移民工程浩大，安置地分散，因此，微观单区域的成果多，宏观全面对比考察的成果少。

第二，主观上，从三峡移民工程建设开始，三峡移民语言研究一直没有得到学界的足够重视。三峡移民工程开展了 20 多年，但学界关于三峡移民语言的直接研究成果只有屈指可数的 26 篇。

第三，研究视角和观点上，把三峡移民语言看成是影响移民社会交际、社会和睦的"问题"，研究着力点集中在解决"问题"上。因而，没有将三峡移民语言看成是重要的文化和经济"资源"，没有将三峡移民语言纳入语言生态范畴进行系统研究，也没有建设三峡移民语言生态研究数据库。

（二）目前国内外研究的趋势

本课题组认为，当前三峡移民语言研究，需要强化的方面至少有以下六个。

一是要强化语言理论的指导。

二是要强化共时与历时研究相结合。

三是要强化移民语言和迁入地居民语言之间的双向互动研究。

四是要强化多角度、多层级对比研究。

五是要强化后移民时期移民语言研究。

六是要强化后移民时期移民语言生态研究。

因为需要强化的第六个方面的研究具有鲜明的时代同步性和前瞻性，所以最为紧要。

第六个方面的研究既能倒逼、催生、统摄第一至第五个方面研究的强化，又是当今中国的时代要求。党的十八大、十九大报告提出大力推进生态文明建设，要把生态文明建设放在突出地位，融入经济建设、政治建设、文化建设、社会建设的各方面和全过程，努力建设美丽中国，实现中华民族永续发展。

三峡移民工程，举世瞩目。三峡移民语言生态建设是生态文明建设不可忽略的部分。生态文明建设是全面建成小康社会的重要指标。后移民时期，三峡移民语言生态研究，以及三峡移民语言生态建设，恰好与党的十八大、十九大报告提出的确保到 2020 年实现全面建成小康社会宏伟目标的时间节点大致相同。

湖南地区拥有标本性的语言资源。湖南处于南北方言的中间地带，汇集了湘语、官话、赣语、客家话等方言，而且存在土家族、苗族、侗族、瑶族、白族等少数民族语言，此外，还有乡话、湘南土话等尚未划定归属的方言[①]。这为研究三峡移民语言生态，解释三峡移民语言生态接触所导致的语言生态变化，揭示三峡移民语言生态类型与生态层次等提供了丰富的语言资源。

基于以上考虑，本研究力图对后移民时期湖南三峡移民语言生态进行研究及建立相应的数据库。

二、本研究的理论和实际应用价值

（一）理论价值

三峡移民语言生态是重要的社会文化观测指标，本身就具有极高的学理价值。从三峡移民语言生态入手，积极开展语言学与人类学、社会学等学科的交叉研究，可以更好地探究社会文化的碰撞、交流和融合，为当代中国文化共生现象提供方法论的启示。这对语言学和人类语言学、社会语言学等相关理论的推进，具有一定的理论价值。

（二）实际应用价值

开展三峡移民语言生态研究，以语言学、人类语言学、社会语言学等理论

[①]吴启主．常宁方言研究[M]．长沙：湖南教育出版社，1998：1—5．

为指导，在田野调查过程中坚持实事求是的原则，通过深入观察，探寻进入不同方言区的三峡移民语言变化和变异情况，能以小见大、以点带面，探索三峡移民的语言适应与社会融合问题，可以为语言生态的监测与评估、三峡移民政策的制定与实施以及良好语言生态的构建提供参考依据，进而推进生态文明建设和经济社会和谐发展。

三、本研究的目标

（一）学术思想上的目标

1. 转换研究视角

将把三峡移民语言看成"问题"来研究三峡移民语言的本位视角转换到把三峡移民语言看成"资源"来研究三峡移民语言的生态视角。

2. 创新学术观点

创新学术观点主要包括以下两个方面。

（1）三峡移民语言"资源"观。

三峡移民语言是一种特殊的文化资源和经济资源，是三峡移民语言和三峡移民环境互动的产物。激活互动的中介是三峡移民语言媒介，三峡移民语言媒介是三峡移民作为语言人和社会人的统一体。三峡移民语言生态中，三峡移民语言和迁入地居民语言之间是双向互动、平等和谐的关系。也就是说，三峡移民语言是关乎移民社会生态文明的重要资源。

（2）三峡移民语言"生态接触"观。

三峡移民语言的接触是由社会生态环境造成的接触，具有主动性、单向性、直接性、长期性、深层性、个体性/群体性，其动因有两个：三峡移民社会和三峡移民自身。三峡移民和迁入地居民作为语言人和社会人的双向接触是最重要、最直接的动因。也就是说，三峡移民语言接触是一种语言的生态接触。

（二）研究内容上的目标

第一，构建三峡移民语言生态系统。

第二，描写三峡移民语言生态基本格局。

第三，解释三峡移民语言生态独特现象。

第四，揭示三峡移民语言生态内在规律。

（三）成果利用上的目标

第一，本研究的实施将使已有相关文献焕发新的价值。

第二，为其他语言生态研究和相关研究积累资料。

第三，建立可供持续研究的三峡移民语言生态研究数据库。

第四，研究成果将有效地服务社会生态文明建设。

四、本研究的内容

（一）研究对象

本研究旨在研究湖南境内 8 个地级市 18 个县市区三峡移民集中安置点的三峡移民语言生态，并建立研究数据库。

这些集中安置点主要包括以下五类①。

第一，属于湘语长益片的岳阳地区汨罗市、岳阳县，株洲地区株洲县，衡阳地区衡南县、衡阳县、衡山县，益阳地区桃江县、赫山区。

第二，属于湘语娄邵片的永州地区祁阳县，邵阳地区邵东县，娄底地区冷水江市、涟源市。

第三，属于西南官话湘南片（分布湘南土话）的永州地区冷水滩区，郴州地区苏仙区。

第四，属于西南官话常澧片的岳阳地区华容县。

第五，属于赣语的株洲地区攸县、醴陵市，郴州地区永兴县。

（二）总体框架

1. 框架结构示意图（图 1）

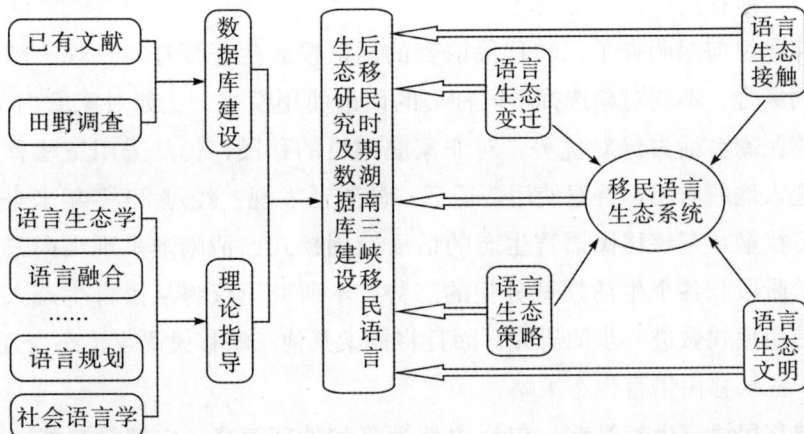

图 1　"后移民时期湖南三峡移民语言生态研究及数据库建设"框架结构示意图

---

①鲍厚星，陈晖. 湘语的分区（稿）[J]. 方言，2005（3）：261—270.

2. 研究内容

（1）三峡移民语言生态系统。

三峡移民语言生态系统由语言内生态系统（即语言系统）和语言外生态系统（即自然系统、社会系统、文化系统和人群系统）组成。其中自然系统、社会系统、文化系统属于语言自在外生态系统，人群系统属于语言自为外生态系统。语言内生态系统由语言本体内生态系统（即语言的各种单位及其关系，语言的本质，语言的自身发展规律等）和语言应用内生态系统（即语言和文化、社会、民族、历史的关系等）组成。本研究以三峡移民语言生态系统为核心研究内容，采取由内而外的方法，围绕三峡移民语言生态系统，进一步研究三峡移民语言生态接触、语言生态变迁、语言生态策略、语言生态文明，以揭示三峡移民语言生态系统的一般规律。

（2）三峡移民语言生态接触。

本研究通过研究三峡移民语言生态接触，探讨其在引起语言变化的同时是如何引起语言生态格局或语言生态环境发生变化的。三峡移民语言生态接触是社会生态环境造成的接触，是语言发展到一定阶段后的一种生态需求。本研究将重点研究三峡移民语言生态接触的动因、范畴、走向和张力等问题，并在此基础上进一步揭示三峡移民语言与社会环境的相互关系，包括三峡移民语言发展与生态环境之间、迁出地方言与迁入地方言之间、三峡移民语言生态与生态文明建设之间的关系等。

（3）三峡移民语言生态变迁。

本课题组前期调查了三峡移民语言的话语模式生态变迁，发现三峡移民会根据不同场合、不同对象选择不同种类的话语使用模式。比如对家庭内部成员，用三峡移民家乡话占绝对优势；对非家庭成员的移民，仍然采用三峡移民家乡话；对迁入地原居民，普遍使用普通话。调查还发现：经过20多年来全方位的语言生态接触，三峡移民语言生态的话语使用模式已清晰地呈现出向三峡移民各个年龄阶段和各个生活领域分化的态势。本研究不仅将从语言生态入手对这些话语使用模式做进一步的研究，而且将探索其他三峡移民语言生态变迁模式。

（4）三峡移民语言生态策略。

三峡移民语言生态策略，包括内部策略和外部策略。内部策略指三峡移民语言生态对策，外部策略指三峡移民语言生态政策。前者关涉族群语言态度，后者关涉官方语言态度。研究三峡移民语言生态对策，旨在探讨三峡移民和迁入地居民针对语言生态所存语言问题采取何种策略，以揭示三峡移民语言和迁入地居民语言之间的双向互动在构建良好语言生态中所起的决定性作用。研究三峡移民语言生态政策，旨在探讨政府部门针对语言生态所存问题应采取何种政策，以此揭示政府部门在构建良好语言生态中所起的干预性作用。

（5）三峡移民语言生态文明。

生态文明与全面建成小康社会关联紧密。良好的语言生态是生态文明的支撑点。三峡移民语言生态，直接影响三峡移民社会的生态文明建设。本研究将重点研究三峡移民语言生态和生态文明建设的相关问题，比如生态文明建设中的三峡移民语言生态问题，生态文明建设与三峡移民语言生态的互动、变异和本质问题。此外，语言态度跟三峡移民语言的使用、三峡移民语言政策的制定和实施，既相互作用又相互影响，进而影响三峡移民语言生态文明。本研究还将研究与三峡移民语言生态文明密切相关的语言态度问题，比如语言忠诚、语言嫉妒、语言特权、语言忧患、语言伦理等。

五、本研究的重点和难点

（一）重点

第一，描写三峡移民语言生态面貌，构建三峡移民语言生态系统。

第二，探索三峡移民语言生态与社会生态环境的相互关系。

第三，揭示三峡移民语言和迁入地居民语言之间的双向互动在构建良好语言生态中所起的决定性作用。

第四，揭示政府部门在构建良好三峡移民语言生态中所起的干预性作用。

第五，建立三峡移民语言生态研究的数据库。

（二）难点

第一，识别三峡移民语言生态接触引发的三峡移民语言生态现象。

第二，揭示三峡移民语言"生态链"和三峡移民语言"生态系统"的内在联系和本质规律。

六、本研究的研究思路和研究方法

（一）研究思路

本研究的研究思路可以概括为"一个中心，两个切入点，三个研究视角，五个辐射面"（图2）。

一个中心：后移民时期湖南三峡移民语言生态研究及数据库建设。

两个切入点：后移民时期共时层面和前、后移民时期历时层面。

三个研究视角：语言生态学、语言生态融合、语言生态比较。

五个辐射面：三峡移民语言生态系统、三峡移民语言生态接触、三峡移民语言生态变迁、三峡移民语言生态策略、三峡移民语言生态文明。

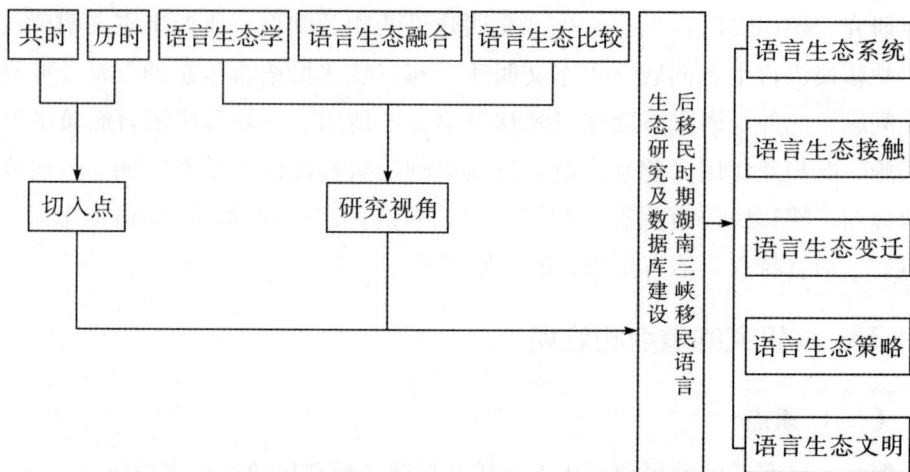

图2　"后移民时期湖南三峡移民语言生态研究及数据库建设"基本思路示意图

（二）　研究方法

1. 田野调查法

本研究的主要数据都以深入、细致的田野调查为基础，重点从上述五个辐射面进行田野调查，比如在对三峡移民语言生态变迁的前期田野调查中，课题组发现了三峡移民在家庭域、社交域和经济域中的三种基本语言生态模式。

2. 立体比较法

本研究将注重通过立体比较探求三峡移民语言生态的共性和个性，挖掘三峡移民语言生态发展的普遍规律。

这种立体比较将突出以下六点。

（1）三峡移民语言。

（2）三峡移民语言环境。

（3）三峡移民语言媒介。

（4）三峡移民语言生态接触。

（5）三峡移民语言生态。

（6）三峡移民语言生态研究的多角度、多层级。

3. 共时历时法

本研究强调运用共时与历时相结合的方法。比如本课题组在前期考察中，通过共时层面的比较发现，三峡移民语言生态话语模式已清晰地呈现出向移民各个年龄阶段和各个生活领域分化的态势。通过历时层面的比较，本课题组进一步做出预测：与此态势相适应，移民单语型、双语型、多语型会在一定时间内共存。

第一章　湖南三峡移民迁出地语言生态

第一节　重庆开县厚坝镇庙坪村移民方言同音字汇

重庆市开县位于重庆市东北部，地处长江之北，西邻四川省开江县，北接城口县和四川省宣汉县，东毗云阳县和巫溪县，南邻万州区。重庆市开县厚坝镇位于开县东部，地处三峡库区小江回流处。

2004 年 7 月，1300 多名重庆开县的三峡移民迁入湖南，被分别安置在湖南邵阳市邵东县、衡阳市衡阳县、永州市祁阳县、娄底市涟源市、益阳市桃江县和益阳市赫山区等区县。重庆开县三峡移民所说的话属于西南官话成渝小片①②。

在 1300 多名重庆开县三峡移民中，有 43 户 200 多名重庆开县厚坝镇庙坪村的三峡移民分别住进了湖南邵阳市邵东县范家山、周官桥、魏家桥、黄陂桥、两市镇等乡镇 10 多个安置点的新家。

本节作者以被安置在湖南邵东县的重庆开县厚坝镇庙坪村移民的方言为调查研究对象，描写、研究并列出重庆开县厚坝镇方言的声韵调和同音字汇（均为国际音标，后不赘述）。

一、重庆开县厚坝镇庙坪村移民方言的声韵调

（一）声母

1. 声母分类

重庆开县厚坝镇庙坪村移民方言的声母系统有 19 个声母，包括零声母

①黄雪贞. 西南官话的分区（稿）[J]. 方言，1986（4）：262-272.
②李蓝. 西南官话的分区（稿）[J]. 方言，2009（1）：72-87.

在内。

（1）双唇音声母 3 个：

p　布、步、波、剥

pʰ　普、盘、劈、漂

m　米、门、明、忙

（2）唇齿音声母 1 个：

f　妇、飞、户、回

（3）舌尖前音声母 4 个：

ts　早、找、蒸、贼

tsʰ　草、曹、词、尺

s　私、筛、手、时

z　软、人、日、热

（4）舌尖中音声母 3 个：

t　到、道、肚、独

tʰ　拖、太、同、踏

l　兰、男、阎、艺

（5）舌面音声母 3 个：

tɕ　精、经、节、截

tɕʰ　秋、丘、齐、奇

ɕ　修、休、寻、学

（6）舌根音声母 4 个：

k　贵、跪、瓜、刮

kʰ　开、葵、渴、阔

ŋ　我、额、矮、安

x　火、孩、好、盒

（7）零声母：

ø　衣、移、尾、有

2. 声母说明

（1）声母 n 与 l 自由变读，本节记作一个音位 /l/；

（2）声母 x 与 ua、o 以外的合口呼韵母相拼时，有时可以自由变读为声母 f（本节同音字汇沿用此说明）。

（二）韵母

1. 韵母分类

重庆开县厚坝镇庙坪村移民方言的韵母系统有 39 个韵母，包括自成音节的 m̩。

（1）开口呼韵母 13 个：

ɿ　　资、支、知、尺

a　　爬、怕、腊、辣

o　　河、过、锁、活

ɛ　　车、折、舌、客

ɚ　　儿、而、耳、二

ai　　摆、台、街、鞋

ei　　杯、赔、眉、妹

au　　包、刀、找、敲

əu　　兜、丑、收、秃

an　　搬、三、干、咸①

en　　本、灯、轮、声

aŋ　　帮、汤、长、缸

oŋ　　东、棚、公、送

（2）齐齿呼韵母 12 个：

i　　第、地、力、吉

ia　　家、架、夹、掐

io　　脚、确、药、学

iɣɯ　掘、速、嘱、狱

iɛ　　野、茄、麦、节

iai　　阶、解、界、蟹

iau　　标、雕、教、孝

iəu　　丢、留、久、修

ian　　边、点、肩、减

---

① 下划单横线"＿"为白读音，下划双横线"＝"为文读音。一个字有几个读音又不属于文白异读的，在字的右下角加注小字"又"。

in　冰、宾、贫、平

iaŋ　凉、讲、乡、阳

ioŋ　凶、穷、雄、用

（3）合口呼韵母8个：

u　故、主、六、绿

ua　花、挂、刮、罚

uɛ　国、阔、扩

uai　帅、怪、怀、歪

uei　堆、嘴、桂、尾

uan　短、川、船、管

uen　吞、绳、婚、问

uaŋ　装、光、荒、旺

（4）撮口呼韵母5个：

y　句、聚、旋

yi　锯、距、族

yɛ　绝、缺、雪、月

yan　捐、全、鲜、圆

yen　军、裙、寻、云

（5）自成音节的m̍：

m̍　□～妈；妈妈①

2. 韵母说明

（1）韵母a、ia、ua中的a为央元音ᴀ，ai、an中的a为前元音a，au、aŋ中的a为后元音ɑ；

（2）"句、聚、旋"三字的韵母为y，不同于韵母为yi的"锯、距、族"，本节把它们记为两个不同的韵母（本节同音节字汇沿用此说明）。

（三）声调

1. 声调分类

重庆开县厚坝镇庙坪村移民方言的声调系统有4个声调，不含轻声（见表1-1）。

————————

①方框"□"表示写不出字的音节。相同的字用"～"代替。下同，不赘述。

表 1-1 重庆开县厚坝镇庙坪方言调类

序号	调类	调值	例字
1	阴平	45	高、边、开、初、婚、三
2	阳平	21	穷、陈、寒、神、直、夹
3	上声	42	古、走、口、草、买、五
4	去声	435	近、厚、盖、唱、送、共

2. 声调说明

阴平调不是一个高平调，而是一个微升的高调，为了把这一特点表示出来，本节用数字 45 来记录阴平调的调值。

二、重庆开县厚坝镇庙坪村移民方言的同音字汇

1. ʅ

ts ʅ ［45］知、智、支、枝、肢、只、资、姿、滋、痴、之、芝

　　　［21］池、汁、执、侄、质、值、直、织、职、植

　　　［42］紫、纸、姊、脂、指、子、止、址

　　　［435］制、翅、自、质、至、鳍、字、置、治、志、痔、痣

tsʰ ʅ ［21］瓷、迟、糍、慈、磁、祠、词、持、尺、赤、吃

　　　　［42］雌、此、耻、齿

　　　　［435］刺、赐、次

s ʅ ［45］斯、撕、施、私、师、尸、丝、思、诗

　　　［21］时、湿、十、拾、实、失、室、食、蚀、识、适、释、石

　　　［42］豉、死、屎、史、使、始

ʐ ʅ ［21］日

2. i

pi ［21］鼻、笔、毕、必、逼、碧、璧、壁

　　［42］彼、比

　　［435］蔽、币、毙、臂、避、篦

pʰi ［45］批、枇、琵

　　　［21］皮、疲、脾、匹、偏、僻、辟、劈

　　　［435］屁

mi ［21］迷、秘、眉、密、蜜、谜

	［42］	米
ti	［45］	低
	［21］	滴、的_{目~}、敌、狄、笛
	［42］	底、低
	［435］	帝、弟、第、递、地

ti   ［45］低

［21］滴、的_{目~}、敌、狄、笛

［42］底、低

［435］帝、弟、第、递、地

tʰi   ［45］梯

［21］堤、题、提、蹄、踢、剔、惕

［42］体

［435］替、涕、剃

li   ［21］驴、泥、犁、离、篱、宜、尼、梨、厘、疑、栗、凝、力、历、立、粒、笠

［42］礼、你、李、里、理、鲤

［435］厉、艺、荔、仪、蚁、议、义、腻、利、痢、吏

tɕi   ［45］鸡、饥、肌、基、几_{~乎}、机

［21］急、级、及、吸、疾、吉、极、积、迹、脊、籍、绩、激、击、集

［42］挤、己、几_{~个}

［435］祭、际、剂、计、继、寄、技、纪、记、忌、既、季

tɕʰi   ［45］妻、溪、欺、期

［21］齐、脐、奇、骑、祁、旗、棋、七、漆、乞、戚

［42］启、起、岂

［435］契、企、器、气、汔

ɕi   ［45］西、犀、牺、稀、希

［21］悉、膝、息、熄、习、袭、惜、昔、夕、席、析、锡

［42］洗、喜

［435］细、系、戏

i   ［45］依、伊、医、衣

［21］移、姨、遗、揖、乙、一、逸、逆、益、译、颖

［42］椅、以

［435］易、意、异、忆、亿

3. u

pu 　　［21］不

　　　　［42］补

　　　　［435］布、部、簿、步、捕

pʰu 　［45］铺

　　　　［21］蒲、菩、脯、朴、扑、仆

　　　　［42］谱、普、赴、辅

　　　　［435］铺店~

mu 　　［21］模、木、目、牧

　　　　［42］母、拇、牡

fu 　　［45］呼、肤、夫、敷、麸、浮

　　　　［21］胡、湖、糊、葫、狐、壶、符、扶、忽、佛、福、复、腹、覆、
服、伏

　　　　［42］虎、斧、腐

　　　　［435］戽、户、护、互、府、付、傅、父、附、富、副、妇、负

tu 　　［45］都

　　　　［21］独、读、督、毒

　　　　［42］堵、赌

　　　　［435］肚、杜、度、渡、镀

tʰu 　　［21］徒、屠、图、涂、途、突

　　　　［42］土、吐

　　　　［435］吐、兔

lu 　　［21］奴、卢、炉、律、鹿、禄、六、陆、绿、录

　　　　［42］努、怒、卤、鲁

　　　　［435］路、露

tsu 　　［45］租、猪、诸、蛛、株、朱、珠

　　　　［21］除、镯、竹、筑、逐、轴、祝、足、促、烛、触、蜀

　　　　［42］祖、苎、阻、煮、主、帚

　　　　［435］著、助、驻、注、柱、住、蛀

tsʰu 　［45］粗、初

　　　　［21］锄、橱、厨、出、畜~生、束

　　　　　　［42］储、楚、础、处~理、拙

　　　　　　［435］醋、处

su　　　　［45］苏、梳、蔬、书、舒、输、殊、竖

　　　　　　［21］叔、熟、赎

　　　　　　［42］暑、鼠、薯、数

　　　　　　［435］素、诉、数~字、树、术、述

zu　　　　［21］如、儒、入、肉、辱、褥

　　　　　　［42］乳

ku　　　　［45］姑、箍

　　　　　　［21］骨、谷

　　　　　　［42］古、鼓

　　　　　　［435］故、顾、雇

kʰu　　　［45］枯

　　　　　　［21］哭、窟、酷

　　　　　　［42］苦

　　　　　　［435］裤、库

u　　　　　［45］乌

　　　　　　［21］吴、梧、无、物、勿、屋

　　　　　　［42］伍、五、午、舞、武

　　　　　　［435］误、务、雾

4. y

tɕy　　　　［435］聚、句

tɕʰy　　　［21］旋

5. yi

lyi　　　　［42］女、旅

tɕyi　　　［45］居、拘

　　　　　　［21］卒、橘、菊、局

　　　　　　［42］举

　　　　　　［435］锯、据、距、拒、娶、具、惧、剧

tɕʰyi　　　［45］蛆、区、驱

　　　　　　［21］族、曲歌~

　　　　　[42]渠、取

　　　　　[435]去、趣

　çyi　　[45]墟、虚、嘘、需、须、虽

　　　　　[21]徐、续

　　　　　[42]许

　　　　　[435]序、绪、婿、随

　yi　　　[21]鱼、渔、淤、余、愚、娱、于、盂、榆、愉、裕、域、疫、
役、育

　　　　　[42]吕、语、与、雨、羽

　　　　　[435]御、誉、预、豫、遇、喻、芋、玉、欲

6. a

　pa　　　[45]巴、疤

　　　　　[21]八

　　　　　[42]把~握

　　　　　[435]把刀~、爸、霸、坝、罢

　pʰa　　[21]爬、耙、拔、帕、趴、扒、钯

　　　　　[435]怕

　ma　　　[45]妈

　　　　　[21]麻

　　　　　[42]码、马

　　　　　[435]骂

　ta　　　[21]达、打

　　　　　[435]大

　tʰa　　[45]他

　　　　　[21]塌、塔、踏、蹋

　la　　　[21]拿、蜡、捺、辣、拉、垃、落~下

　　　　　[435]那

　tsa　　[45]渣

　　　　　[21]扎、眨、闸、铡

　　　　　[435]诈、榨、炸

　tsʰa　[45]差、叉、岔、钗

[21] 茶、搽、查、插、察、擦

sa [45] 沙、杉、纱、砂

[21] 杀、煞

[42] 洒、傻

a [45] 阿

7. ia

tɕia [45] 家、加、痂、佳

[21] 夹、甲、匣、钾

[42] 假

[435] 架、嫁、驾、价、嘉

tɕʰia [45] 掐

ɕia [45] 虾

[21] 霞、峡、瞎、辖、吓

[42] 下山~

[435] 下~山、夏

ia [45] 鸦、丫

[21] 牙、芽、衙、雅、砑、鸭、押

[42] 哑

[435] 亚、压

8. ua

tsua [45] 抓

[21] 啄

sua [21] 刷

[42] 厦偏~、耍

kua [45] 瓜

[21] 括、刮

[42] 寡

[435] 挂、卦

kʰua [42] 垮

[435] 夸、跨、胯

xua [45] 花

[21] 划、华、法、乏、滑、发、筏、伐、罚、猾、阀

[435] 化、画、话

ua [45] 蛙、挖

[21] 袜、娃

[42] 瓦

9. o

po [45] 波、菠、玻

[21] 薄、拨、勃、博、剥、驳

[42] 簸~谷子

pʰo [45] 坡

[21] 婆、泼

[42] 剖

[435] 破

mo [45] 抹、沫、摸

[21] 磨把~抬进来、魔、末、膜、莫、漠

[435] 磨~豆腐、墓、募、幕

to [45] 多

[21] 夺

[42] 朵、躲

[435] 舵、剁、堕

tʰo [45] 拖

[21] 驼、驮、脱、托

[42] 妥、椭

lo [21] 锣、罗、箩、萝、螺、脶、诺、洛、落、骆、络、烙、乐

[435] 糯

tso [21] 撮、作、昨、着、桌、捉

[42] 左

[435] 坐、座

tsʰo [45] 搓

[21] 凿、绰、戳

[435] 锉、错

so 　　［45］蓑、梭

　　　　［21］说、索、缩

　　　　［42］锁、所

zo 　　［21］若、弱

ko 　　［45］歌、哥、锅

　　　　［21］搁、割、葛、各、郭、角

　　　　［42］果、裹

　　　　［435］个、过

kʰo 　［45］科

　　　　［21］磕、渴、阔、搁、扩、廓、壳

　　　　［42］可、棵、颗

　　　　［435］课

ŋo 　　［42］我

xo 　　［45］喝

　　　　［21］河、何、荷、禾、和、豁、活、鹤、霍、获

　　　　［42］火、伙

　　　　［435］贺、货、锅

o 　　　［45］窝

　　　　［21］鹅、蛾、恶、腭、握、沃

　　　　［435］饿

10. io

tɕio 　［21］脚、觉、角

tɕʰio 　［21］雀、却、确

ɕio 　　［21］学

io 　　［21］虐、疟、约、药、钥、岳、乐音~

11. iɣɯ

tɕʰiɣɯ ［21］掘、屈、曲~折

ɕiɣɯ 　［21］速、肃、宿、畜~牧、蓄储~、俗、嘱、属、旭

iɣɯ 　　［21］郁姓~、狱

12. ɛ

tɛ 　　［21］跌

tʰɛ　［21］铁

lɛ　［21］例

tsɛ　［45］遮

　　　［21］哲、折~断、浙、则、贼、侧、测

tsʰɛ　［45］车

　　　［21］撤、彻、切、窃、侧、测、拆、泽、择、宅、策、册

　　　［42］扯、砌、厕

sɛ　［45］赊

　　　［21］蛇、涉、涩、舌、设、折~本、虱、塞、色

　　　［42］舍

　　　［435］射、社

zɛ　［21］热

kɛ　［45］给

　　　［21］格、隔、革

kʰɛ　［21］客、克、刻

ŋɛ　［21］额

xɛ　［21］核、黑

13. iɛ

piɛ　［45］鳖

　　　［21］别、撇

pʰiɛ　［21］迫、拍、魄

miɛ　［21］灭、没、墨、默、麦、脉

tiɛ　［45］爹

tʰiɛ　［21］贴、帖

liɛ　［45］拈

　　　［21］聂、猎、摄、业、列、烈、孽、捏

　　　［435］裂

tɕiɛ　［21］接、捷、杰、揭、竭、节、截、结、洁、摘

　　　［42］姐、蔗

　　　［435］借

tɕʰiɛ　［21］妾、劫、怯

çiɛ　[45] 些

　　　[21] 斜、邪、胁、歇、穴

　　　[42] 写

　　　[435] 泻、卸、谢、泄

iɛ　　[21] 茄、爷、聂、叶、页、噎

　　　[42] 也、野

　　　[435] 夜、液

14. uɛ

kuɛ　[21] 国

15. yɛ

tçyɛ　[21] 绝、决

tçʰyɛ　[21] 缺

çyɛ　[45] 靴

　　　[21] 薛、雪、血、恤、削

yɛ　　[21] 悦、阅、月、越

16. ɚ

ɚ　　　[21] 儿、而

　　　[42] 耳

17. ai

pai　　[42] 摆

　　　[435] 拜、稗、败

pʰai　[21] 排、牌

　　　[435] 派

mai　　[21] 埋

　　　[42] 买

　　　[435] 卖、迈

tai　　[435] 戴、贷、待、怠、代、袋、带

tʰai　[45] 胎

　　　[21] 台、苔、抬

　　　[435] 态、太、泰

lai　　[21] 来

　　　　　　　［42］乃、奶

　　　　　　　［435］耐、奈、赖

tsai　　　［45］灾、栽、斋

　　　　　　　［42］宰

　　　　　　　［435］载、再、在、债、寨

tsʰai　　［45］猜、差

　　　　　　　［21］才、财、裁、材、豺、柴

　　　　　　　［42］彩、采、睬

　　　　　　　［435］菜

sai　　　　［45］腮、鳃、筛

　　　　　　　［435］赛、晒

kai　　　　［45］该、皆、街

　　　　　　　［42］改、解

　　　　　　　［435］盖

kʰai　　　［45］开

　　　　　　　［42］楷

　　　　　　　［435］慨

ŋai　　　　［45］哀、挨

　　　　　　　［21］崖、挨、岩

　　　　　　　［42］矮

　　　　　　　［435］碍、爱

ai　　　　　［21］孩、鞋

　　　　　　　［42］海

　　　　　　　［435］害

18. iai

tɕiai　　 ［45］阶、街

　　　　　　　［42］解

　　　　　　　［435］介、界、疥、戒、械

ɕiai　　　 ［435］蟹

19. uai

suai　　　 ［45］衰

　　　　　〔435〕帅

kuai　〔45〕乖

　　　　　〔42〕拐

　　　　　〔435〕怪

kʰuai　〔42〕块_一~钱_

　　　　　〔435〕会~计、快、筷

xuai　〔21〕怀、槐、淮、或

　　　　　〔435〕坏

uai　〔45〕歪

　　　　　〔435〕外

20. ei

pei　〔45〕贝、杯、辈、碑、悲、蓖

　　　　〔21〕北、百、柏、伯、白、陌

　　　　〔435〕闭、背、被

pʰei　〔45〕胚、披

　　　　〔21〕陪、培、赔、倍

　　　　〔435〕沛、配、佩

mei　〔21〕煤、媒、梅、霉

　　　　〔42〕每、美

　　　　〔435〕妹

tei　〔21〕碟、蝶、谍、跌、得、德

tʰei　〔21〕铁、特

lei　〔21〕肋、勒

tsei　〔21〕则、贼

21. uei

tuei　〔45〕堆

　　　　〔435〕对、兑

tʰuei　〔45〕推

　　　　〔42〕腿

　　　　〔435〕退

luei　〔21〕雷

　　　　［42］累_{积~}

　　　　［435］滤、虑、内、累_{~了}、泪

tsuei　［45］追、锥

　　　　［42］嘴

　　　　［435］罪、最、醉

ts^huei　［45］瞿、催、吹、炊

　　　　［21］垂、锤

　　　　［435］脆、翠

suei　［21］随、谁

　　　　［42］髓、水

　　　　［435］絮、碎、岁、税、睡

zuei　［435］锐、瑞

kuei　［45］规、龟、归

　　　　［21］国

　　　　［42］诡、轨、鬼

　　　　［435］桂、跪、柜、贵

k^huei　［45］盔、亏

　　　　［21］葵

　　　　［42］奎

　　　　［435］溃

xuei　［45］恢、灰、非、飞、妃、挥、辉

　　　　［21］回、肥

　　　　［42］毁、匪、悔

　　　　［435］贿、汇、会_{开~}、绘、废、肺、惠、慧、费、讳

uei　［45］微、魏

　　　　［21］桅、危、为、唯、围

　　　　［42］委、尾、伟、苇、纬

　　　　［435］卫、伪、喂、为_{因~}、位、未、味、畏、胃、谓

22. au

pau　［45］包、雹

　　　　［42］宝、保、堡、饱

　　　　　　［435］报、抱、暴、爆

pʰau　［45］抛

　　　　　　［21］袍、刨

　　　　　　［42］跑

　　　　　　［435］泡、炮

mau　［45］猫

　　　　　　［21］毛、茅、矛

　　　　　　［42］卯

　　　　　　［435］冒、帽、貌

tau　［45］刀

　　　　　　［42］岛、倒放~

　　　　　　［435］倒~水、到、道、稻、导、盗

tʰau　［45］淘、涛

　　　　　　［21］桃、淘、陶

　　　　　　［42］讨

　　　　　　［435］套

lau　［21］劳、捞、牢、涝

　　　　　　［42］脑、恼、老

　　　　　　［435］闹

tsau　［45］遭、糟、朝~阳、招

　　　　　　［42］早、枣、找、爪

　　　　　　［435］灶、皂、罩、兆、照

tsʰau　［45］操、抄、超

　　　　　　［21］曹、槽、巢、朝~向、潮

　　　　　　［42］草、吵、炒

　　　　　　［435］糙、造

sau　［45］骚、臊、梢、稍、烧

　　　　　　［42］扫、嫂、少多~

　　　　　　［435］少~年、邵

zau　［21］饶、扰

　　　　　　［42］绕

kau　　[45] 高、膏、糕

　　　　[42] 稿、搞

　　　　[435] 告

kʰau　 [45] 敲

　　　　[42] 烤、考

　　　　[435] 靠

ŋau　　 [21] 熬

　　　　[42] 袄、咬

　　　　[435] 傲、懊、奥

xau　　 [21] 豪

　　　　[42] 好~坏

　　　　[435] 好爱~、耗、号

23. iau

piau　　[45] 标、彪

　　　　[42] 表

pʰiau　 [45] 漂~浮

　　　　[21] 瓢、嫖

　　　　[435] 票

miau　　[21] 苗、描

　　　　[42] 秒

　　　　[435] 庙、妙

tiau　　 [45] 刁、貂、雕

　　　　[435] 钓、吊、掉、调

tʰiau　　[45] 挑

　　　　[21] 条、调

　　　　[435] 跳

liau　　 [21] 燎、疗、辽、撩、聊

　　　　[42] 鸟、了

　　　　[435] 尿、料

tɕiau　　[45] 交、教、焦、椒、娇、浇

　　　　[42] 绞、搅、缴、饺

[435] 教~育、觉、轿、叫、嚼

tɕʰiau [45] 悄、翘

[21] 樵、桥、荞

[42] 巧

ɕiau [45] 消、宵、萧、箫

[42] 小、晓

[435] 酵、孝、效、校、笑

iau [45] 妖、腰、要~求、幺

ɕiau [21] 摇、窑、尧

[42] 舀

[435] 要重~；~东西、耀、跃

24. əu

məu [21] 谋

[42] 某、牡

[435] 茂、贸

təu [45] 兜

[42] 陡、斗__

[435] 斗~争、豆、秃

tʰəu [45] 偷

[21] 头、投

[42] 抖

[435] 透

ləu [21] 楼、篓、楼

[42] 缕、屡

[435] 漏

tsəu [45] 周、洲、州、粥

[42] 走、时

[435] 奏、昼

tsʰəu [45] 抽

[21] 绸、稠、筹、皱、愁、仇、酬、售

[42] 丑

　　　　　　　［435］凑、臭

səu　［45］搜、馊、收

　　　　［42］手、守

　　　　［435］瘦、兽、受、寿、授

zəu　［21］柔

kəu　［45］勾、钩、沟

　　　　［42］狗

　　　　［435］够、购、构

kʰəu　［42］口

　　　　［435］叩、扣、寇

ŋəu　［45］欧

　　　　［42］藕、偶、呕

　　　　［435］沤、怄

xəu　［21］喉、猴

　　　　［42］吼

　　　　［435］侯、厚、后、候

25. iəu

tiəu　［45］丢

liəu　［21］流、刘、留、硫、榴、溜、牛

　　　　［42］扭、纽、柳

tɕiəu　［45］纠~正

　　　　［42］酒、九、久、灸

　　　　［435］就、救、舅、旧

tɕʰiəu　［45］秋、丘

　　　　［21］求、球

ɕiəu　［45］修、羞、休

　　　　［21］囚

　　　　［42］宿、朽

　　　　［435］秀、绣、锈、袖、嗅

iəu　［45］优、忧、悠、幽

　　　　［21］邮、油、游、由

　　　　　　［42］有、友

　　　　　　［435］又、右、佑、釉、幼

26. an

pan　　　［45］扮、办、瓣、班、斑、颁、扳、般、搬

　　　　　　［42］板、版

　　　　　　［435］半、伴、拌

phan　　　［45］搀、攀、潘

　　　　　　［21］盘

　　　　　　［435］盼、绊、判、叛

man　　　［21］蛮、瞒

　　　　　　［42］满

　　　　　　［435］慢、漫、幔、曼、蔓

fan　　　［45］番、翻

　　　　　　［21］帆、凡、烦、繁、矾

　　　　　　［42］反、返

　　　　　　［435］泛、犯、范、贩、饭

tan　　　［45］耽、担~心、丹、单

　　　　　　［42］胆

　　　　　　［435］担~子、淡、旦、但、蛋、弹~药

than　　　［45］贪、探、滩、摊、叹

　　　　　　［21］潭、谭、坛、谈、痰、檀、弹~琴

　　　　　　［42］毯、坦

　　　　　　［435］炭

lan　　　［21］男、南、蓝、篮、难~易、兰、拦、栏

　　　　　　［42］揽、览、懒

　　　　　　［435］滥、难灾~、烂

tsan　　　［45］簪、沾、粘、砧、毡

　　　　　　［42］斩、展

　　　　　　［435］暂、站、蘸、占、赞、战、颤

tshan　　　［45］参、餐、盏

　　　　　　［21］蚕、馋、残、缠

　　　　　［42］惨、产

　　　　　［435］灿

san　　［45］三、衫、山、扇~风

　　　　　［21］蝉

　　　　　［42］陕、闪、散松~、伞

　　　　　［435］骟、散解~、扇~子、善

zan　　［21］然、燃

　　　　　［42］染

kan　　［45］甘、柑、干、竿、肝、杆旗~

　　　　　［42］感、敢、减、杆笔~、秆、赶

　　　　　［435］干~练

kʰan　　［45］坎、嵌、刊

　　　　　［42］砍

　　　　　［435］堪、勘~察、看

ŋan　　［45］庵、淹、安、鞍

　　　　　［435］暗、岸、按、案

xan　　［21］含、函、咸、衔、寒、韩

　　　　　［42］喊

　　　　　［435］罕、汉、旱、焊、汗

27. ian

pian　　［45］鞭、编、边

　　　　　［42］扁、匾

　　　　　［435］变、便、辩、辨、辫

pʰian　［45］偏

　　　　　［435］篇、骗、遍、片

mian　［21］棉、绵、眠

　　　　　［42］免、勉

　　　　　［435］面

tian　　［45］颠

　　　　　［42］点、典

　　　　　［435］店、电、殿、垫

tʰian　[45] 添、天

　　　　[21] 甜、田、填

　　　　[42] 舔

lian　[21] 廉、镰、帘、阎、吟、连、联、年、莲

　　　　[42] 敛、脸、严、碾

　　　　[435] 验、念、练、炼、研、砚、恋

tɕian　[45] 监、鉴、尖、兼、间ᵤₐ～、艰～苦、奸、煎、肩、坚

　　　　[21] 乾、虔

　　　　[42] 减、碱、检、俭、简、捡、剪、茧

　　　　[435] 惭、舰、渐、剑、间～断、箭、践、贱、件、建、健、荐、见

tɕʰian　[45] 签、谦、迁、笺、千、牵

　　　　[21] 潜、钳、钱、前

　　　　[42] 浅

　　　　[435] 欠、栈、歉

ɕian　[45] 仙、先

　　　　[21] 闲、贤、嫌

　　　　[42] 险、显

　　　　[435] 陷、限、线、羡、宪、献、现、县

ian　[45] 淹、腌、烟、胭

　　　　[21] 盐、檐、颜、延、言

　　　　[42] 掩、眼、演

　　　　[435] 厌、炎、艳、雁、谚、燕、宴

28. uan

tuan　[45] 端

　　　　[42] 短

　　　　[435] 断、觉、断、锻、段、缎

tʰuan　[21] 团

luan　[21] 鸾

　　　　[42] 暖、卵

　　　　[435] 乱

tsuan　[45] 专、砖

    [42] 转~变

    [435] 赚、钻、转~动、传~记

tsʰuan [45] 川、穿

    [21] 传~达、船

    [42] 铲、喘

    [435] 篡、串

suan [45] 酸、闩

    [435] 算、蒜

zuan [42] 软

kuan [45] 官、观、关

    [435] 冠、惯

kʰuan [45] 宽

    [42] 款

xuan [45] 欢

    [21] 缓、还、环

    [435] 唤、焕、换、幻、患

uan [45] 弯、湾

    [21] 玩、完、顽

    [42] 豌、碗、惋、腕、晚、挽、婉

    [435] 万

29. yan

tɕyan [45] 绢、捐

    [42] 卷~起

    [435] 卷~子、眷、倦、券

tɕʰyan [21] 泉、全、权、拳

    [42] 犬

    [435] 劝

ɕyan [45] 轩、掀、宣、鲜

    [21] 弦、玄、悬

    [42] 癣、选

    [435] 眩

yan　[45] 冤、渊

　　　[21] 丸、员、圆、缘、铅、沿、原、源、元、袁、园、猿、辕、援

　　　[42] 远

　　　[435] 院、愿、怨

30. en

pen　[45] 奔、崩、绷、迸

　　　[21] 彭、膨

　　　[42] 本、笨

pʰen　[21] 盆、朋、鹏、棚

men　[21] 门

　　　[435] 闷

ten　[45] 登、灯、澄

　　　[42] 墩、等

　　　[435] 盾、遁、钝、凳、邓

tʰen　[21] 藤、誊、藤

len　[21] 轮、伦、能

　　　[42] 冷

　　　[435] 嫩、论

tsen　[45] 针、珍、真、诊、疹、增、曾、征、蒸、争、筝、贞、侦

　　　[42] 枕、振、震、整

　　　[435] 镇、阵、赠、证、症、郑、正~月、政

tsʰen　[45] 称~呼

　　　[21] 沉、陈、尘、臣、存、曾~经、层、承、呈、程、成、城、诚

　　　[435] 趁~机、衬、村、寸、称相~、撑

sen　[45] 森、参、渗、深、身、申、伸、孙、僧、升、生、甥、牲、声

　　　[21] 神、晨、辰、唇、乘

　　　[42] 审、婶、沈、损、笋、榫、省

　　　[435] 甚、肾、剩、胜、圣

zen　[21] 人、仁

　　　[42] 忍、刃

　　　[435] 任、认、韧

ken   ［45］跟、根、庚、耕

           ［42］梗、耿

           ［435］更

kʰen   ［45］坑

           ［42］恳、垦、啃、肯

ŋen   ［45］恩

           ［435］硬

xen   ［21］痕、恒、衡

           ［42］很

           ［435］恨、杏

31. in

pin   ［45］宾、冰、兵

           ［42］丙、柄、饼、并

           ［435］病、并

pʰin   ［45］拼

           ［21］贫、频、凭、平、评、坪、瓶、屏、萍

           ［42］品

           ［435］聘

min   ［21］民、闽、悯、萌、鸣、盟、名、铭、冥

           ［42］敏

           ［435］命

tin   ［45］丁、钉~子

           ［42］顶、鼎

           ［435］订、锭、定、钉~书

tʰin   ［21］厅、亭、停、廷、庭

           ［42］艇、挺

           ［435］听

lin   ［21］临、林、淋、怜、邻、磷、麟、棱、凌、陵、菱、领、岭、宁、灵、铃、零

           ［435］令、另

tɕin   ［45］今、金、襟、津、巾、斤、筋、京、荆、惊、精、晶、睛、经

　　　　　［42］紧、谨、景、警、井、颈

　　　　　［435］禁、进、晋、尽、仅、劲、近、境、竟、敬、竞、静、净

tɕʰin　［45］钦、亲、卿、请、轻、青

　　　　　［21］琴、擒、禽、秦、勤、芹、情、晴

　　　　　［42］请

　　　　　［435］浸、侵、寝、庆

ɕin　　［45］心、辛、新、薪、兴～旺、星、腥、猩

　　　　　［21］行、形、刑、型

　　　　　［42］醒

　　　　　［435］信、兴高～、幸、性、姓

in　　　［45］音、阴、咽、因、姻、殷、鹰、蝇、樱、鹦、莺、英、婴、缨

　　　　　［21］淫、银、饮、隐、迎、盈、赢

　　　　　［42］饮、寅、引、影

　　　　　［435］印、应

32. uen

tuen　　［45］敦

　　　　　［435］顿

tʰuen　［45］吞

tsuen　［45］尊、遵

　　　　　［42］准

tsʰuen　［45］春、椿、舂

　　　　　［42］蠢

suen　　［21］纯、绳

　　　　　［435］顺

zuen　　［435］润、闰、孕

kuen　　［42］滚

　　　　　［435］棍

kʰuen　［45］昆、崑、坤

　　　　　［42］捆

　　　　　［435］困

xuen　　［45］分、芬、纷、忿、荤、昏、婚、浑～浊

　　　　　　[21] 魂、浑~身、混、坟、横

xen　　[42] 粉

　　　　[435] 喷、粪、奋、愤、份

uen　　[45] 温、瘟

　　　　[21] 文、闻、纹、蚊

　　　　[42] 稳

　　　　[435] 问

33. yen

tɕyen　[45] 均、骏、钧、君、军、菌

　　　　[435] 俊、骏、竣

tɕʰyen　[45] 倾、顷

　　　　[21] 群、裙、琼

ɕyen　[45] 熏、薰

　　　　[21] 寻、讯、循、旬、巡

　　　　[435] 迅、训

yen　　[45] 晕

　　　　[21] 匀、云、荣、营、萤

　　　　[42] 允、尹、永、咏

　　　　[435] 韵、运、熨、泳

34. aŋ

paŋ　　[45] 帮、邦

　　　　[42] 榜、绑

　　　　[435] 棒、蚌

pʰaŋ　[21] 旁、庞

　　　　[435] 胖

maŋ　[21] 忙、芒、茫、莽、蟒

taŋ　　[45] 当应~

　　　　[42] 党、挡

　　　　[435] 当上~

tʰaŋ　[45] 汤

　　　　[21] 堂、棠、唐、塘、糖

　　　　　　　［42］躺

　　　　　　　［435］烫、趟、荡

laŋ　　　［21］囊、狼、郎、廊

　　　　　　　［42］朗

　　　　　　　［435］浪

tsaŋ　　　［45］脏、张、章、樟

　　　　　　　［42］长、涨、掌

　　　　　　　［435］葬、脏、葬、藏西~、帐、账、胀、丈、杖、仗、障

tsʰaŋ　　　［45］仓、苍、昌

　　　　　　　［21］藏~东西、长、肠、场

　　　　　　　［42］厂、敞

　　　　　　　［435］畅、唱、倡

saŋ　　　［45］桑、伤、商

　　　　　　　［21］尝、常、偿

　　　　　　　［42］赏

　　　　　　　［435］丧、上、尚

zaŋ　　　［42］瓤

　　　　　　　［435］让

kaŋ　　　［45］冈、刚、纲、钢、缸、岗

　　　　　　　［42］港

　　　　　　　［435］杠

kʰaŋ　　　［45］康、糠、慷

　　　　　　　［435］抗

ŋaŋ　　　［21］昂

xaŋ　　　［21］行、杭、航

　　　　　　　［435］项、巷

35. iaŋ

liaŋ　　　［21］娘、酿、良、凉、梁、粱、粮

　　　　　　　［42］两

　　　　　　　［435］量、亮、谅

tɕiaŋ　　　［45］将、浆、疆、僵、姜、江

　　　　　　［42］蒋、讲、桨、奖

　　　　　　［435］酱、匠、降、将~大

tɕʰiaŋ　［45］枪、筐、框、腔

　　　　　　［21］墙、详、祥、翔

　　　　　　［42］抢、强~大

　　　　　　［435］强~脾气

ɕiaŋ　［45］相、香、乡

　　　　　　［21］降

　　　　　　［42］享、响

　　　　　　［435］像、橡、象、向

iaŋ　［45］央、秧、殃

　　　　　　［21］仰、羊、洋、扬、杨、阳

　　　　　　［42］养、痒

　　　　　　［435］样

36. uaŋ

tsuaŋ　［45］庄、装、桩

　　　　　　［435］壮、撞

tsʰuaŋ　［45］疮、窗

　　　　　　［21］床

　　　　　　［42］闯

　　　　　　［435］创、状

suaŋ　［45］霜、双

　　　　　　［42］爽

kuaŋ　［45］光

　　　　　　［42］广

kʰuaŋ　［21］狂

　　　　　　［435］旷、况、矿

xuaŋ　［45］荒、慌、方、芳

　　　　　　［21］黄、簧、皇、蝗、妨、防、房

　　　　　　［42］谎、恍、晃、坊、仿、纺、访

　　　　　　［435］放

uaŋ 　[45] 汪

　　　[21] 亡、忘、王

　　　[42] 网、枉、往

　　　[435] 望、旺

37. oŋ

pʰoŋ 　[21] 朋、鹏、棚、蓬、篷

　　　[42] 捧

　　　[435] 碰

moŋ 　[21] 蒙

　　　[42] 猛

　　　[435] 梦、孟

toŋ 　[45] 东、冬

　　　[42] 懂、董

　　　[435] 栋、动、洞、冻

tʰoŋ 　[45] 通

　　　[21] 同、铜、桐、童、瞳、筒

　　　[42] 桶、统

　　　[435] 痛

loŋ 　[45] 聋

　　　[21] 笼、农、脓、隆、浓、陇、垄

　　　[42] 拢

　　　[435] 弄

tsoŋ 　[45] 棕、鬃、宗、综、中~间、忠、衷、终、踪、钟、盅

　　　[42] 总、种~子、肿

　　　[435] 粽、中打~、众、纵、种~菜、重~量

tsʰoŋ 　[45] 聪、匆、葱、充、冲

　　　[21] 丛、虫、崇、从、纵、重~复

　　　[42] 宠

soŋ 　[45] 松

　　　[42] 耸

　　　[435] 送、宋、颂、诵、讼

zoŋ　　［21］戎、绒、茸

koŋ　　［45］公、工、功、攻、弓、躬、宫、恭

　　　　［435］贡、供、共

kʰoŋ　 ［45］空~虚

　　　　［42］孔、恐

　　　　［435］控、空~缺

xoŋ　　［45］风、枫、疯、丰、封、峰、锋、蜂

　　　　［21］轰、宏、红、洪、鸿、虹、冯、逢、缝~补

　　　　［42］烘、哄、讽

　　　　［435］凤、奉、缝~隙

38. ioŋ

tɕʰioŋ　［21］穷

ɕioŋ　　［45］兄、凶、匈、胸

　　　　［21］熊、雄

ioŋ　　［45］拥

　　　　［21］融、容、溶、熔

　　　　［42］勇、涌

　　　　［435］用

39. m̩

m̩　　　［42］□~妈:妈妈

三、结语

　　综上，对重庆开县厚坝镇庙坪村移民方言同音字汇进行系统考查，有利于三峡移民在遇到不会写的字时通过自己的口语语音查找所要写的字；也有利于三峡移民对照学习普通话和对照了解、习得迁入地的当地话；同时，还有利于迁入地居民了解、习得三峡移民迁出地的当地话。

第二节　重庆忠县石宝镇移民方言语音系统及特点

人们由于婚姻、移民等改变生活环境，就会带着各自的语言或者方言到另一个地方。这样，说不同语言或方言的人经常在一起交往，促使不同的语言或方言受到对方的影响，就是语言接触①。

2001 年 8 月，重庆忠县石宝镇羊村、新政村、新阳村居民共 615 人移民至湖南省汨罗市的大荆镇、红花乡、新市镇、沙溪镇等四个乡镇。大荆、红花、新市、沙溪的方言格局也随之发生了变化，由单一的汨罗大荆等地的方言变成作为强势方言的汨罗大荆等地的方言和作为弱势方言的忠县石宝方言并存、对立的格局。

以往的移民方言研究的基本模式是：选择一个经过几十年甚至上百年变化的移民方言岛作为研究对象，并且把它和它的祖籍方言以及当地原有方言进行比较，从而追溯它的演变轨迹。这是一种从结果反推原因、过程的模式，是把时间倒过去观察，因此很难找出一种变化了的方言真正的原始面貌。

本节作者试图对湖南省汨罗市大荆镇的三峡移民方言进行跟踪研究，在移民和当地居民接触初期，便分别记录移民方言和当地方言相互之间还没有发生明显影响和渗透的原始面貌。这就可以为今后定期对它们进行追踪调查、同步记录，分析两种方言之间的接触过程及探讨其中的发生机制提供最基础和最原始的语言材料。

这是一种尝试，是一个长期的调查过程，它的成效必须通过长期不断的追踪调查（包括对语音、词汇、语法等各个语言层面的追踪调查）才能体现出来。

本节作者当时调查时旨在对三峡移民方言和当地方言的语音系统进行描写、对比和分析。作为移民点的湖南省汨罗市，其当地方言的语音系统及特点，本节作者已有相关研究成果（详见本书第三章），因此，下面本节作者将对三峡移民的方言，即重庆忠县石宝镇方言的语音系统及其特点进行描写。

重庆忠县位于重庆市中部，距离重庆主城 210 公里。忠县地处三峡库区腹心地带，是三峡移民搬迁的重点县。当时人口 98 万，面积 2176 平方公里，重庆

---

①彭泽润，李葆嘉．语言理论[M]．长沙：中南大学出版社，2000：368．

忠县石宝镇位于县城的东北角，东与石柱土家族自治县相邻。已有的关于忠县方言的研究成果不多①。作为忠县的一个乡镇，石宝方言就更没有什么研究成果。

本节作者选择湖南省汨罗市大荆镇大荆村作为方言调查点，选择移民发音人，记录描写三峡移民的家乡方言，即石宝方言。由于本节作者进行方言调查时，重庆忠县石宝镇移民迁移到湖南汨罗大荆镇只有大约两年时间②，因此，三峡移民在原住地忠县石宝镇所使用的方言暂时还没有受到湖南省汨罗市大荆镇方言的影响和渗透。

本节作者调查时，重庆忠县石宝方言的发音人分别是：童绍祥，男，49 岁，中专文化；吴顺丙，男，72 岁，小学文化。两人移民前是重庆石宝镇山羊村人，世居石宝务农，移民后是汨罗市大荆镇大荆村人。

一、重庆忠县石宝方言的语音系统

（一）声母

重庆忠县石宝方言有 19 个声母，包括零声母在内。

（1）双唇音声母 3 个：

p   巴、背、比、步、变、白

pʰ   飘、菩、品、派、片、泼

m   妈、眉、买、帽、蜜、抹

（2）唇齿音声母 1 个：

f   翻、肥、粉、放、户、发

（3）舌尖前音声母 4 个：

ts   猪、主、整、照、赚、织

tsʰ 超、茶、喘、次、唱、切

①重庆忠县方言很少有人研究，"在杨时逢先生的《四川方言调查报告》中忠县是一个调查点，对忠县方言做了音系描写"。另外，《忠县志》有关于忠县方言的粗糙描写。在本节作者调研之时，国家公开发行的著作和论文中忠县方言多是在给四川方言分区的时候才被提到。提到忠县方言的著作主要还有：四川省方言调查工作组《四川方言音系》；翟时雨《汉语方言与方言调查》；翟时雨《重庆方言志》；论文主要有：崔荣昌《四川方言研究史上的丰碑》；郝锡炯、胡淑礼《关于四川方言的语音分区问题》。上述著作、论文都说明了忠县方言是西南官话，并且在用有没有入声以及入声的归属做标准对四川方言进行分区的时候，把忠县方言划为入声归阳平区。但是，本节调查的重庆忠县石宝镇方言保留了入声调类。这是否是忠县方言内部的差异还要进一步调查研究。
②本节作者当时调查的时间是 2003 年的 6 月和 8 月。

s　书、手、耍、绍、胜、杀

z　人、绕、软、孕、让、热

（4）舌尖中音声母 3 个：

t　单、堆、董、定、荡、德

t^h　汤、甜、吐、腿、炭、脱

l　罗、劳、柳、念、嫩、辣

（5）舌面音声母 3 个：

tɕ　阶、蒋、井、卷、旧、绝

$tɕ^h$　千、晴、球、劝、拆、曲

ɕ　乡、休、旬、写、县、血

（6）舌根音声母 4 个：

k　乖、钩、寡、更、盖、谷

k^h　开、狂、苦、靠、困、吃

ŋ　欧、熬、哑、岸、爱、额

x　花、鞋、横、好、坏、活

（7）零声母：

ø　烟、王、银、雨、二、月

（二）韵母

1. 韵母分类

重庆忠县石宝方言有 38 个韵母，包括自成音节的 m̩。

（1）开口呼韵母 13 个：

ɿ　芝、磁、始、市、日、石

a　渣、爬、马、大、榨、腊

o　窝、多、和、锁、贺、鸽

e　车、茄、咳、黑、社、色

ɚ　而、耳、饵、二、贰、儿

ai　栽、街、排、彩、晒、癞

ei　杯、赔、眉、每、肺、配

ɑu　包、牢、咬、找、稻、浩

ɤu　周、楼、吼、猴、透、扣

an　搬、咸、扇、染、满、烂

ən　坑、灯、能、忍、凳、镇

aŋ　昌、防、蟒、党、虹、胀

oŋ　通、棚、蒙、哄、洞、风

（2）齐齿呼韵母12个：

i　　溪、梨、喜、季、地、乙

ia　加、霞、假、亚、峡、甲

io　脚、确、学、钥、药、雀

iu　局、菊、族、续、速、疫

ie　蛇、野、借、麦、铁、节

iai　阶、延、解、界、戒、介

iɑu　雕、摇、辽、料、校、狡

iəu　修、球、留、有、舅、秀

ian　偏、年、棉、脸、辫、店

in　辛、明、灵、顶、影、病

iaŋ　枪、羊、娘、想、酱、象

ioŋ　凶、穷、雄、荣、勇、用

（3）合口呼韵母8个：

u　　孤、胡、午、主、部、绿

ua　挖、华、爪、刷、袜、画

ue　国、阔、扩

uai　衰、怀、拐、喘、外、怪

uei　吹、雷、水、桂、锐、味

uan　川、船、管、软、算、万

uen　婚、唇、蚊、滚、问、棍

uɑŋ　荒、王、床、闯、矿、旺

（4）撮口呼韵母4个：

y　　区、余、吕、芋、聚、屈

ye　邪、雪、越、缺、绝、月

yan　宣、圆、泉、选、愿、劝

yn　军、熏、裙、允、迅、运

（5）自成音节的m̩：

m̩　　　□~妈：妈妈

2. 韵母说明

（1）元音 y 单独做韵母的时候带有较短的韵尾，实际音值为 yɪ；

（2）元音 e 在 ie、ue、ye 和单独做韵母的时候，实际音值接近 ɛ。

（三）声调

重庆忠县石宝方言有 5 个调类，不包括轻声，具体见表 1－2。

表 1－2　重庆忠县石宝方言调类

序号	调类	调值	例字
1	阴平	55	哥、狮、张、针、边、康
2	阳平	11	财、泥、迟、南、颜、墙
3	上声	42	扁、卯、许、敢、晚、广
4	去声	35	芋、雾、骂、豆、剑、恨
5	入声	23	叶、鸽、绿、学、月、黑

（四）声母和韵母的配合关系

重庆忠县石宝方言的声母和韵母的配合关系见表 1－3。

表 1－3　重庆忠县石宝方言声韵配合表

韵母／声母	开口呼	齐齿呼	合口呼	撮口呼
p、pʰ、m、f	败、跑、麻、肥	比、片、苗	步、普、木、斧	
t、tʰ、l	蛋、塔、轮	钓、听、脸	堆、团、雷	吕
ts、tsʰ、s、z	栽、尺、伞、润		最、船、刷、如	
tɕ、tɕʰ、ɕ		介、棋、仙		军、拳、血
k、kʰ、ŋ、x	根、看、碍、巷		桂、裤、滑	
∅	耳、啊	姨、影	五、屋	云、愿

从表 1－3 中，我们可以看出重庆忠县石宝方言的声韵配合关系有如下特点。

（1）p、pʰ、m、f 只拼开口呼、齐齿呼（f 除外）、合口呼（只和 u 相拼）。

（2）t、tʰ、l 拼开口呼、齐齿呼、合口呼，l 拼撮口呼（只和 y 相拼）。

（3）ts、tsʰ、s、z 拼开口呼、合口呼。

（4）tɕ、tɕʰ、ɕ 拼齐齿呼、撮口呼，不拼开口呼、合口呼。

（5）k、kʰ、x拼开口呼、合口呼，ŋ拼开口呼，不拼齐齿呼、撮口呼。

（6）零声母可以和四呼相拼。

二、重庆忠县石宝方言的语音特点

（一）声母的特点

（1）古全浊声母现在读作塞音、塞擦音的时候，一律读清音。平声多读送气音，仄声多读不送气音。例如：

平声　茄 ⊂tsʰe　　排 ⊂pʰai　　提 ⊂tʰi　　群 ⊂tɕʰyn

仄声　抱 bau⊃　　坐 tso⊃　　电 tian⊃　　杜 tu⊃

（2）古泥母字大部分并入来母，读作舌尖前边音l。例如：

娘泥母＝凉来母 ⊂liaŋ　　　　　念泥母＝练来母 lian⊃

只有极少数泥母字在细音前读为零声母。例如：

年山开四 ⊂ian　　碾山开三 ⁼ian　　尿效开四 ian⊃　　尼止开三 ⊂i

（3）精组字、见组字与细音相拼均读tɕ、tɕʰ、ɕ，不分尖团。例如：

焦精组＝骄见组 ⊂tɕian　　　　　节精组＝结见组 ⊂tɕie

秦精组＝勤见组 ⊂tɕʰin　　　　　箭精组＝见见组 tɕian⊃

（4）知、庄、章三组字、精组字与洪音相拼，均读成舌尖前音 ts、tsʰ、s。例如：

治知组＝志章组＝字精组 tsʅ⊃　　　师庄组＝诗章组＝私精组 ⊂sʅ

（5）日母字多读成舌尖前浊擦音 z。例如：

热山开三 ze⊂　　人臻开三 ⊂zən　　软山合三 ⁼zuan　　让宕开三 zaŋ⊃

日母止摄开口三等字读为零声母。例如：

儿 ⊂ɚ　　而 ⊂ɚ　　耳 ⁼ɚ　　二 ɚ⊃

（6）疑母字多读为零声母。例如：

严咸开三 ⊂ian　　牛流开三 ⊂iəu　　义止开三 i⊃　　语遇开三 y⊃

但是，蟹摄、效摄、山摄、宕摄、流摄的开口一二等字大部分读ŋ。例如：

碍蟹开三 ŋai⊃　　熬效开一 ⊂ŋau　　岸山开一 ŋan⊃　　咬效开二 ⁼ŋau

昂宕开一 ⊂ŋaŋ　　藕流开一 ⁼ŋəu　　捱蟹开二 ⊂ŋai　　雁山开二 ŋan⊃

（7）晓组遇合一等字混入非组，读为 f。例如：

呼晓母 ⊂fu　　胡匣母 ⊂fu　　虎晓母 ⁼fu　　户匣母 fu⊃

（8）部分影母开口一二等字读ŋ。例如：

爱_{蟹开一} ŋai[⌐]　　　呕_{流开一} ⌐ŋəu　　　矮_{蟹开二} ⌐ŋai　　　安_{山开一} ⌐ŋan

（二）韵母的特点

（1）古咸摄开口一等字中的部分入声读o。例如：

鸽 ko_⌐　　　磕 kʰo_⌐　　　喝 xo_⌐

（2）蟹摄开口二等字中，见母字读iai。例如：

阶 ⌐tɕiai　　　戒 tɕiai[⌐]　　　解 ⌐tɕiai

（3）蟹合一等、止合三等泥组字读为合口呼uei。例如：

蟹合一　雷_{来母} ⌐luei　　内_{泥母} luei[⌐]　　累_{来母} luei[⌐]

止合三　垒_{来母} ⌐luei　　类_{来母} luei[⌐]　　泪_{来母} luei[⌐]

（4）臻合一、臻合三端系舒声字读为开口呼ən。例如：

村_{清母} ⌐tsʰən　　存_{徙母} ⌐tsʰən　　损_{心母} ⌐sən　　顿_{端母} tən[⌐]

（5）深摄、臻摄与曾摄、梗摄的大部分舒声字合流，读in或ən。例如：

林_{深摄}＝菱_{曾摄} ⌐lin　　　沉_{深摄}＝承_{曾摄} ⌐tsʰən

紧_{臻摄}＝井_{梗摄} ⌐tɕin　　　真_{臻摄}＝筝_{梗摄} ⌐tsən

（6）曾开一、梗开一、通合一的部分入声字读为齐齿呼。例如：

曾开一　北 pie_⌐　　特 tʰie_⌐

梗开一　白 pie_⌐　　麦 mie_⌐

通合一　族 tɕʰiu_⌐　　速 ɕiu_⌐

（三）声调的特点

重庆忠县石宝方言声调特点见表1-4。

表1-4　重庆忠县石宝方言声调特点

今调类 古调类		阴平	阳平	上声	去声	入声
		55	11	42	35	23
平声	清	天、高、三				
	次浊		人、云、娘			
	全浊		床、平、穷			
上声	清			古、好、粉		
	次浊			女、老、有		
	全浊				近、抱、厚	

续表 1-4

今调类 古调类		阴平 55	阳平 11	上声 42	去声 35	入声 23
去声	清				盖、菜、汉	
	次浊				岸、帽、让	
	全浊				病、大、饭	
入声	清					竹、七、铁
	次浊					疫、袜、月
	全浊					白、杰、局

由表 1-4，可知重庆忠县石宝方言在声调演变上有如下特点。

（1）平分阴阳，古平声清音读阴平，浊音读阳平，古清上、次浊上读上声。

（2）古全浊上归入去声。

（3）保留入声调类，入声韵尾消失。

三、结语

综上，重庆忠县石宝方言属于西南官话，有如下西南官话共有的特征。

（1）在声母的演变上，古代全浊声母现在读塞音、塞擦音的时候，平声一律读送气清音，仄声一律读不送气清音；古代泥、来母字相混；不分尖团；知、章、庄组字都混读为舌尖前音，没有舌尖前音和舌尖后音的对立。

（2）在韵母的演变上，果摄字多读为七号元音，没有介音 u；曾摄、梗摄开口舒声字都读前鼻韵尾 ən 或 in。

（3）在声调的演变上，平分阴阳，浊上归去，入声塞音韵尾消失，但保留入声调类。

重庆忠县石宝镇三峡移民使用的母语石宝方言，在湖南汨罗大荆方言的包围下，形成一个个规模不大的方言岛。石宝方言作为岛方言，即弱势方言，在与周围强势方言的语言接触中，必然会受到后者的影响和渗透。但是这种影响和渗透可能要经过较为漫长的时间才能体现出来。

以上描写了可能发生的语言接触，记录了三峡移民方言还没有受当地方言影响之前最为原始的面貌。本节作者规划今后定期对三峡移民方言和当地方言进行包括语音、词汇、语法、言语交际等各个语言层面的情况的跟踪调查。这样我们若干年后再去研究他们的语言时，就能更加清晰地分析两种方言的特征哪些是本身固有的，哪些是由于语言接触，受对方影响而产生的。

第三节　重庆忠县石宝镇移民方言音系与同音字汇

重庆忠县石宝方言属于西南官话，重庆忠县石宝方言研究的价值、发音人简介及重庆忠县石宝方言的语音系统等介绍详见本章第二节。

本节主要介绍重庆忠县石宝方言同音字汇。

一、重庆忠县石宝方言音系及同音字汇的体例与相关说明

（一）重庆忠县石宝方言音系①

（1）声母19个，排列顺序是：p、pʰ、m、f、t、tʰ、l、ts、tsʰ、s、z、tɕ、tɕʰ、ɕ、k、kʰ、ŋ、x、ø。

（2）韵母38个，排列顺序是：ɿ、i、u、y、a、ia、ua、o、io、iu、e、ie、ue、ye、ɚ、ai、iai、uai、ei、uei、au、iau、əu、iəu、an、ian、uan、yan、ən、in、uən、yn、aŋ、iaŋ、uaŋ、oŋ、ioŋ、m̩（自成音节）。

（3）声调5个（不包括轻声），排列顺序是：阴平、阳平、上声、去声、入声，分别用数字55、11、42、35、23写出调值。

（二）重庆忠县石宝方言同音字汇的体例与相关说明

（1）同音节的字按照韵母顺序排列，同韵母的字按照声母顺序排列，声韵相同的字按照声调顺序排列。

（2）韵母o在零声母音节中，前面略带有介音u的色彩。

二、重庆忠县石宝方言同音字汇

1. ɿ

ts　［55］资、姿、咨、兹、滋、之、芝

　　［42］指、子、滓、址

　　［35］制、自、致、至、字、痔、治、志、痣

　　［23］直、值、织、职、殖、植、蛰、执、质、侄

tsʰ　［11］瓷、迟、慈、瓷、词、祠、持

---

①详见第一章第二节。

　　　　［42］耻、齿

　　　　［35］次

　　　　［23］秩、赤、尺

s　　　［55］私、师、狮、尸、司、丝、思、诗

　　　　［11］时

　　　　［35］世、势、逝、四、肆、示、视、似、寺、饲、士、柿、市、试、式

　　　　［23］湿、十、什、拾、实、失、室、食、识、适、释、石

z　　　［23］日

2. i

p　　　［55］蓖

　　　　［42］比

　　　　［35］弊、币、毙、闭、算、庇、痹、备

　　　　［23］必、笔、逼、壁

pʰ　　［42］匹

　　　　［35］屁

m　　　［11］迷

　　　　［42］米

　　　　［23］秘、蜜、密

t　　　［55］低、爹～～₁爷爷

　　　　［42］底、抵

　　　　［35］弟、帝、第、递、地

　　　　［23］的、滴、敌、笛

tʰ　　［55］梯

　　　　［11］题、提、蹄

　　　　［42］体

　　　　［35］替、涕、剃

　　　　［23］踢

l　　　［11］犁、梨、厘、狸

　　　　［42］你ᵪ、李、里、理、鲤

　　　　［35］例、励、丽、利、痢

　　　　［23］笠、粒、力、历

tɕ　[55] 鸡、饥、肌、基、机、讥

　　[42] 挤、己、纪、几、杞

　　[35] 际、济、计、继、记、季

　　[23] 集、急、级、及、吸、疾、吉、即、鲫、极、积、迹、脊、绩

tɕʰ　[55] 妻、溪、欺

　　[11] 齐、其、旗、棋

　　[42] 启、起

　　[35] 契、器、弃、汽、气

　　[23] 七、漆、膝、乞、戚

ɕ　[55] 西、希、稀

　　[11] 席

　　[42] 洗、喜

　　[35] 细、婿、系

　　[23] 习、熄、惜、息、昔、夕、锡、析

ø　[55] 医、衣、依

　　[11] 泥、尼、姨、疑

　　[42] 已、以、你ᵡ

　　[35] 艺、意、异、亿、翼

　　[23] 乙、一、益、译、易

3. u

p　[35] 步、部、捕、布、怖

　　[23] 不

pʰ　[55] 铺

　　[11] 菩

　　[42] 谱、普、朴

m　[11] 模

　　[42] 牡、拇

　　[35] 暮、募

　　[23] 木、目、穆、牧

f　[55] 呼、夫、肤、俘、麸、乎

　　[11] 胡、湖、狐、壶、符、扶、芙、浮、服

　　　〔42〕虎、浒、府、腑、斧、抚、腐

　　　〔35〕户、互、父、付、傅、附、负、妇、富、副

t　　〔55〕都

　　　〔42〕肚_{猪~子}、堵、朵

　　　〔35〕杜、肚_{~子痛}、度、渡、镀

　　　〔23〕独、读、督、毒

tʰ　　〔11〕徒、屠、途、涂、图

　　　〔42〕土

　　　〔23〕突

l　　〔11〕奴、卢、炉、芦、鸬

　　　〔42〕努、鲁、卤

　　　〔35〕怒、路、露

　　　〔23〕律、禄、六、陆、绿

ts　　〔55〕租、猪、诸、诛、蛛、株、朱、珠

　　　〔42〕祖、组、阻、煮、主

　　　〔35〕做、著、助、柱、住、注、蛀、铸

　　　〔23〕竹、筑、轴、祝、烛

tsʰ　〔55〕粗、初

　　　〔11〕除、储、锄、厨

　　　〔42〕楚、处

　　　〔35〕醋

　　　〔23〕出、束

s　　〔55〕苏、酥_{把花生~一下;把花生炸一下}、梳、蔬、疏、书、舒、输、殊

　　　〔42〕暑、数_{~数}、鼠

　　　〔35〕素、诉、塑、数_{~字}、竖、树

　　　〔23〕宿、叔、熟、淑、蜀、属

z　　〔11〕如

　　　〔42〕乳

　　　〔23〕人、辱

k　　〔55〕姑、孤

　　　〔42〕古、估、牯、股、鼓

　　　　[35] 故、固、顾

　　　　[23] 骨、谷

kʰ　　[55] 枯

　　　　[42] 苦

　　　　[35] 裤、库

　　　　[23] 哭

ø　　　[55] 乌、污、巫、诬

　　　　[11] 吴、梧、无

　　　　[42] 五、伍、午、舞、武、侮

　　　　[35] 误、悟、务、雾

　　　　[23] 物、屋

4. y

l　　　[42] 吕、旅

　　　　[35] 虑、滤

tɕ　　[55] 居、车~马炮、拘

　　　　[42] 举、矩规~

　　　　[35] 巨、拒、距、据、锔、聚、句、具、剧、距

tɕʰ　[55] 蛆、区、驱、屈、黢~黑

　　　　[11] 渠

　　　　[42] 取、娶

　　　　[35] 趣

ɕ　　　[55] 虚、需、须

　　　　[11] 徐

　　　　[42] 许

　　　　[35] 序、叙、绪、絮、续

ø　　　[55] 鱼、渔、于、余、愚、娱、愉

　　　　[42] 女、语、与、雨、宇、禹、羽

　　　　[35] 誉、预、豫、遇、寓、芋、□~饭:喂饭

　　　　[23] 玉

5. a

p　　　[55] 巴、芭、疤

　　　　[42] 把

　　　　[35] 霸、坝、罢

　　　　[23] 爸、八

pʰ　　[55] 爬

　　　　[35] 怕、帕

　　　　[23] 拔

m　　[55] 妈

　　　　[11] 麻

　　　　[42] 马、码

　　　　[35] 骂

　　　　[23] 抹

f　　　[23] 法、乏、发、罚

t　　　[42] 打

　　　　[35] 大

　　　　[23] 答、搭、达

tʰ　　[55] 他

　　　　[23] 踏、塔、塌、榻

l　　　[55] 拉

　　　　[11] 拿

　　　　[42] 哪

　　　　[35] 那

　　　　[23] 纳、腊、蜡、捺、辣

ts　　[55] 渣

　　　　[35] 榨、蔗

　　　　[23] 炸、杂、眨、闸

tsʰ　[55] 差、杈

　　　　[11] 茶、查

　　　　[23] 插、察

s　　　[55] 沙、纱

　　　　[23] 杀

k　　　[55] 家_{大～～：外公；细～～：外婆}

[42] □~~：肉

kʰ 　[11] □跨：~过去

ŋ 　[42] 哑

ø 　[55] 啊

6. ia

tɕ 　[55] 家、加、嘉

　　[42] 假

　　[35] 架、驾、嫁、稼、价

　　[23] 甲、胛

tɕʰ 　[23] 恰

ɕ 　[55] 虾

　　[11] 霞、匣~~：棺材

　　[35] 夏、下

　　[23] 狭、峡、涩、舌、瞎、虱、吓

ø 　[55] 鸦、丫

　　[11] 牙、芽

　　[35] 亚、压

　　[23] 鸭、押

7. ua

ts 　[55] 抓

tsʰ 　[55] □~米：舂米

s 　[42] 耍

　　[23] 刷

z 　[23] □捏：~泥巴

k 　[55] 瓜

　　[42] 寡、剐

　　[23] 括、刮

kʰ 　[55] 夸

　　[42] 垮

x 　[55] 花

　　[11] 华、划

　　　　［35］化、话、画

　　　　［23］猾、滑

ø　　［55］蛙、挖

　　　　［42］瓦

　　　　［23］袜

8. o

p　　［55］波、菠、玻

　　　　［23］薄、博、剥、驳

pʰ　　［55］坡

　　　　［11］婆

　　　　［35］破、剖

　　　　［23］泼

m　　［11］膜、磨~面

　　　　［35］磨石~

　　　　［23］摸

t　　［55］多

　　　　［35］舵、剁

tʰ　　［55］拖

　　　　［11］铊

　　　　［42］妥、椭

　　　　［23］脱、托、夺

l　　［11］罗、挪、锣、箩、螺、腡

　　　　［35］糯

　　　　［23］落、洛、乐、略

ts　　［42］左、佐

　　　　［35］座、坐

　　　　［23］作、昨、着睡~、桌、卓、啄、捉

tsʰ　　［55］搓

　　　　［35］错

　　　　［23］戳

s　　［55］蓑、唆

　　　　[42] 锁、琐、所

　　　　[23] 说、索、缩

k　　[55] 哥、歌、锅

　　　　[42] 果

　　　　[35] 过、个

　　　　[23] 鸽、割、各

kʰ　　[55] 科

　　　　[42] 可

　　　　[35] 课

　　　　[23] 磕、壳

x　　[55] 喝

　　　　[11] 河、何、荷、和

　　　　[42] 火

　　　　[35] 贺、货、祸、霍

　　　　[23] 合、盒、活、鹤、或、获

ø　　[55] 窝

　　　　[11] 蛾、鹅、俄

　　　　[42] 我

　　　　[35] 饿

　　　　[23] 握、沃

9. io

tɕ　　[23] 脚、角

tɕʰ　　[23] 雀、鹊、怯、却、确

ɕ　　[23] 学

ø　　[23] 虐、约、药、钥、岳

10. iu

tɕ　　[23] 卒、菊、局

tɕʰ　　[23] 族、曲、促

ɕ　　[23] 速、蓄、俗、续、肃、畜

ø　　[23] 域、疫、役、育、狱、欲、浴

11. e

ts　〔42〕者

tsʰ　〔55〕车

　　〔11〕茄

　　〔42〕扯

　　〔23〕厕、切、测、泽、择、宅、策、册

s　〔35〕社、麝

　　〔23〕协、涉、设、穴、色

z　〔23〕热

k　〔23〕格、革、隔

kʰ　〔55〕吃

　　〔35〕咳

　　〔23〕刻、克、客、□~拉子:青蛙

ŋ　〔23〕额、扼

x　〔23〕核、黑、赫、吓

12. ie

p　〔23〕别、北、百、白、伯、迫、柏

pʰ　〔23〕拍、魄、劈

m　〔23〕灭、麦、墨、默、脉

t　〔23〕叠、蝶、谍、得、德

tʰ　〔23〕帖、贴、铁、特

l　〔23〕猎、列、烈、孽、劣、肋、勒

tɕ　〔42〕姐

　　〔35〕借

　　〔23〕接、揭、节、截、结、洁、窄、摘、责、哲、浙、杰、则

tɕʰ　〔23〕拆

ɕ　〔55〕些

　　〔11〕蛇

　　〔42〕写、舍

　　〔23〕歇

ø　〔11〕爷

　　　　[42] 也、野、惹

　　　　[23] 叶、页、业

13. ue

k　　[23] 国

kʰ　　[23] 阔、扩

14. ye

tɕ　　[23] 绝、决

tɕʰ　　[23] 缺

ɕ　　[11] 邪、斜

　　　　[23] 雪、血、削

ø　　[23] 悦、月、越

15. ɚ

ø　　[11] 而

　　　　[42] 耳、饵

　　　　[35] 二、贰

16. ai

p　　[55] □~子: 跛足的人

　　　　[42] 摆

　　　　[35] 拜、稗、败

pʰ　　[11] 排、牌

　　　　[42] □两手平伸之间的距离

　　　　[35] 派

m　　[11] 埋

　　　　[42] 买

　　　　[35] 卖、迈

t　　[55] 呆

　　　　[35] 戴、代、贷、带

tʰ　　[55] 胎

　　　　[11] 台、抬

　　　　[35] 态、太、泰

l　　[11] 来

  [42] 奶

  [35] 耐、赖、癞

ts [55] 灾、栽

  [42] 宰

  [35] 在、再、载、债、寨

ts^h [55] 猜

  [11] 才、财、材、裁、柴

  [42] 彩、采

  [35] 菜、蔡

s [55] 腮、筛

  [35] 赛、晒

k [55] 该、街

  [35] 盖、丐

k^h [55] 开、揩

  [42] 楷

  [35] 概、溉、慨

ŋ [55] 哀、挨

  [42] 矮

  [35] 碍、艾、爱

x [11] 孩、鞋、还~有

  [42] 海

  [35] 亥、害

17. iai

tɕ [55] 阶

  [42] 解

  [35] 介、界、戒

ø [11] 延

18. uai

ts^h [42] 揣

s [55] 衰、摔

  [35] 帅

k　　［55］乖

　　　［42］拐

　　　［35］怪

kʰ　［42］蟹、会~计

　　　［35］快、筷

x　　［11］怀、淮

　　　［35］坏

∅　　［35］外

19. ei

p　　［55］杯、背、悲

　　　［35］倍、辈、背

pʰ　［55］批

　　　［11］陪、培、赔

m　　［55］没

　　　［11］梅、枚、媒、煤、眉

　　　［42］每、美

　　　［35］妹、昧

f　　［55］飞、非

　　　［11］肥

　　　［35］废、肺、痱、费

20. uei

t　　［55］堆

　　　［35］对、队、兑

tʰ　［55］推

　　　［42］腿

　　　［35］褪、退、蜕

l　　［11］雷

　　　［42］垒

　　　［35］内、类、累、泪

ts　　［55］追、锥

　　　［42］嘴

　　　　　[35] 罪、最、醉

tsʰ　[55] 催、崔、吹、炊

　　　[11] 垂、锤

　　　[35] 碎、脆、翠

s　　[11] 随、谁

　　　[42] 冰

　　　[35] 岁、税

z　　[35] 锐

k　　[55] 规、龟、归

　　　[42] 诡、轨、鬼

　　　[35] 桂、跪、柜、贵

kʰ　[55] 亏

　　　[11] 奎、逵、葵

x　　[55] 灰、挥、辉、徽

　　　[11] 回、茴

　　　[42] 悔、毁

　　　[35] 汇、惠

ø　　[55] 煨、威

　　　[11] 危、唯、维、违、围

　　　[42] 委、尾、伟、苇

　　　[35] 卫、位、畏、慰、胃、谓、味、未

21. au

p　　[55] 包、胞

　　　[42] 保、饱

　　　[35] 报、抱、暴、豹、爆

pʰ　[42] 跑

　　　[35] 炮、泡

m　　[55] 猫

　　　[11] 毛、茅、矛

　　　[42] 卯

　　　[35] 帽、冒、貌

t　　[55] 刀

　　　[42] 祷、岛、倒

　　　[35] 道、稻、到、盗、导

tʰ　　[55] 滔、掏

　　　[11] 桃、逃、淘、陶、萄

　　　[42] 讨

　　　[35] 套

l　　[11] 劳、牢

　　　[42] 脑、恼、老

　　　[35] 闹

ts　　[55] 糟酒~、召、昭、沼、招

　　　[42] 早、枣、蚤、澡、找

　　　[35] 皂、赵、兆、照

tsʰ　　[55] 操、抄、超

　　　[11] 曹、槽、潮、朝

　　　[42] 草、炒、吵

　　　[35] 造、糙、□~水:滃水

s　　[55] 骚、烧

　　　[11] 韶

　　　[42] 扫、嫂、少

z　　[11] 饶

　　　[42] 绕、扰

k　　[55] 高、篙、羔、糕

　　　[35] 窖

kʰ　　[42] 考、烤

　　　[35] 靠

ŋ　　[11] 熬

　　　[42] 咬

　　　[35] 傲

x　　[11] 豪、壕、毫

　　　[42] 好

　　　　　〔35〕浩、耗、号

22. iau

p　　〔55〕标、彪

　　　〔42〕表

pʰ　　〔55〕飘

　　　〔11〕瓢、嫖

　　　〔42〕漂~白

　　　〔35〕票、漂~亮

m　　〔11〕苗

　　　〔42〕渺、秒

　　　〔35〕庙、妙、谬

t　　　〔55〕刁、貂、雕

　　　〔35〕钓、吊、掉

tʰ　　〔55〕挑

　　　〔11〕条、调~料

　　　〔42〕斛换

　　　〔35〕跳

l　　　〔11〕辽

　　　〔42〕了

　　　〔35〕料、廖

tɕ　　〔55〕郊、交、焦、蕉、椒、娇、骄

　　　〔42〕绞、狡、饺

　　　〔35〕叫、较、教

tɕʰ　〔55〕敲

　　　〔11〕桥、荞、侨、乔

　　　〔42〕巧

　　　〔35〕窍

ɕ　　　〔55〕消、霄、销

　　　〔42〕小、晓

　　　〔35〕校、酵、孝、效、笑

ø　　　〔55〕妖、腰、要、幺

　　　　［11］摇、谣、姚、窑

　　　　［42］舀

　　　　［35］耀、尿

23. əu

m　　［11］谋

　　　　［42］某、亩、母

f　　　［42］否

t　　　［55］兜

　　　　［42］斗_{容量单位}、抖

　　　　［35］斗~争、逗、豆

tʰ　　　［55］偷

　　　　［11］头、投

　　　　［35］透

l　　　［11］楼

　　　　［35］漏

ts　　　［55］周、舟、州、洲

　　　　［42］走

　　　　［35］奏、宙、咒

tsʰ　　［55］抽

　　　　［11］绸、稠、筹、愁、仇、酬

　　　　［42］丑

　　　　［35］臭

s　　　［55］搜、收

　　　　［42］手、首、守

　　　　［35］嗽、瘦、受、兽、寿、授、售

k　　　［55］沟、钩

　　　　［42］狗、苟

　　　　［35］够、构、购

kʰ　　　［55］抠

　　　　［42］口_{人~}

　　　　［35］扣、寇

ŋ　　［55］欧

　　　［42］藕、偶、呕

　　　［35］怄

x　　［11］侯、喉、猴

　　　［42］吼

　　　［35］后、厚、候

24. iəu

l　　［55］溜

　　　［11］流、刘、留、榴、硫

　　　［42］纽、柳

tɕ　　［55］鸠、纠

　　　［42］酒、九、久、韭

　　　［35］就、臼、舅、救、究、旧

tɕʰ　［55］秋、丘

　　　［11］囚、球、求

ɕ　　［55］修、羞、休

　　　［42］朽

　　　［35］秀、绣、锈、袖

ø　　［55］优

　　　［11］牛、尤、邮、由、油、游、犹

　　　［42］有、友

　　　［35］酉、诱、又、右、佑、柚、釉、幼

25. an

p　　［55］班、斑、般、搬

　　　［42］板

　　　［35］扮、瓣、伴、拌、半

pʰ　　［55］潘

　　　［11］盘

　　　［35］盼、襻、判、叛

m　　［11］蛮、瞒、馒

　　　［42］满

　　　　　［35］慢、漫

f　　　［55］翻

　　　　　［11］帆、凡、烦、繁

　　　　　［42］反

　　　　　［35］范、犯、泛、贩、饭

t　　　［55］丹、单

　　　　　［42］胆

　　　　　［35］担、淡、蛋、旦、但、弹_{子~}

tʰ　　　［55］贪、滩

　　　　　［11］潭、谭、谈、痰、弹_{~棉花}

　　　　　［42］毯、坦

　　　　　［35］叹、炭

l　　　［11］南、男、兰、篮、蓝、栏、□_{扛：~东西}

　　　　　［42］揽、懒、览

　　　　　［35］烂、难

ts　　　［55］蘸、沾、粘

　　　　　［35］暂、站、占、赞、战

tsʰ　　　［55］参、餐

　　　　　［11］蚕、谗、残

　　　　　［42］惨、产

s　　　［55］三、衫、山

　　　　　［42］陕、闪、散、伞

　　　　　［35］善、扇

z　　　［42］染、冉

k　　　［55］甘、柑、肝、竿、干_{~净}

　　　　　［42］感、敢、橄、赶

　　　　　［35］干_{~部}

kʰ　　　［55］刊

　　　　　［42］砍、坎

　　　　　［35］看

ŋ　　　［55］安、鞍、□_{淹：田被水~了}

　　　　〔35〕暗、岸、按、案、雁

x　　〔55〕鼾

　　　　〔11〕含、函、咸、寒

　　　　〔42〕喊

　　　　〔35〕旱、汗、翰

26. ian

p　　〔55〕鞭、边、编

　　　　〔42〕扁

　　　　〔35〕变、便、辫

pʰ　　〔55〕偏

　　　　〔35〕骗、遍、片

m　　〔11〕绵、棉

　　　　〔42〕免、勉

　　　　〔35〕面

t　　〔55〕颠

　　　　〔42〕点、典

　　　　〔35〕店、电、殿、佃、垫

tʰ　　〔55〕天

　　　　〔11〕甜、田、填

　　　　〔42〕藤

l　　〔11〕镰、联、莲

　　　　〔42〕脸

　　　　〔35〕敛、验、念、练

tɕ　　〔55〕监、尖、间、艰、奸、肩、坚

　　　　〔42〕减、检、简、茧

　　　　〔35〕渐、剑、件、箭、建、键、健、见

tɕʰ　〔55〕谦、千、牵、铅

　　　　〔11〕潜、钳、钱、乾、前

　　　　〔35〕欠、歉

ɕ　　〔55〕先、仙

　　　　〔11〕闲、贤、弦

  〔42〕险、显

  〔35〕陷、限、线、宪、献、现、县

ø 〔55〕搛_{夹：~菜}、研、烟

  〔11〕严、炎、阎、檐、鲶、颜、言、年、丸

  〔42〕掩、眼、碾、演

  〔35〕厌、艳、焰、堰、砚、燕、宴

27. uan

t 〔55〕端

  〔42〕短

  〔35〕段、断、缎

tʰ 〔11〕团

l 〔42〕暖、卵

  〔35〕乱

ts 〔55〕专、砖

  〔42〕转

  〔35〕赚

tsʰ 〔55〕川、穿

  〔11〕传、船

  〔42〕铲

  〔35〕窜、串

s 〔55〕酸

  〔35〕算、蒜

z 〔42〕软

k 〔55〕官、棺、观、关

  〔42〕管、馆

  〔35〕贯、灌、冠、惯

kʰ 〔55〕宽

  〔42〕款

x 〔55〕欢

  〔11〕还_{归~}、环

  〔35〕唤、换、幻

ø　　［55］豌、弯、湾

　　　　［11］完、顽

　　　　［42］碗、腕、晚

　　　　［35］万

28. yan

tɕ　　［55］捐

　　　　［42］卷

tɕʰ　［55］圈

　　　　［11］全、泉、拳、权

ɕ　　　［55］鲜、掀、宣、喧

　　　　［11］玄、悬、旋

　　　　［42］癣、选

ø　　　［55］冤、渊

　　　　［11］圆、员、缘、元、原、源、辕、园

　　　　［35］愿、怨

29. ən

p　　　［55］奔

　　　　［42］本

pʰ　　［55］烹

　　　　［11］盆、彭、澎

m　　　［11］门

　　　　［35］闷

f　　　［55］分

　　　　［11］焚

　　　　［42］粉

　　　　［35］喷、愤、粪、奋、份

t　　　［55］登、灯、筝

　　　　［42］等

　　　　［35］盾、顿、钝、凳、邓

tʰ　　［11］腾、滕、藤、疼

　　　　［42］□打～：说话不流畅

l　　［11］伦、轮、能

　　　［42］冷

　　　［35］嫩、论

ts　　［55］针、珍、真、尊、遵、增、赠、争、蒸、正、睁、征

　　　［42］枕、诊、振、震、拯、整

　　　［35］镇、证、症、正、政

tsʰ　［55］村、称、撑

　　　［11］陈、尘、存、曾、层、橙、承、丞、呈、程、成、城、诚

　　　［42］逞

　　　［35］趁、衬、寸、秤

s　　［55］森、参人~、深、身、伸、孙、僧、升、生、甥、声、申

　　　［11］辰、晨、绳、乘

　　　［42］损、省

　　　［35］肾、剩、胜、圣、盛

z　　［11］人

　　　［42］忍

　　　［35］任、认、闰

k　　［55］跟、根、耕、庚、羹

　　　［42］哽、梗、耿

　　　［35］更

kʰ　［55］坑

　　　［42］肯

ŋ　　［55］恩、樱

　　　［35］硬

x　　［55］亨

　　　［11］痕、恒

　　　［42］很

　　　［35］恨、杏

30. in

p　　［55］彬、宾、冰、兵

　　　［42］丙、秉、柄、饼

[35] 病、并

pʰ [55] 拼

[11] 贫、凭、平、坪、评、瓶、屏、萍

[42] 品

[35] 聘

m [11] 民、鸣、明、名、铭

[42] 敏

[35] 命

t [55] 丁、钉~子

[42] 顶

[35] 钉~桌子、订、定

tʰ [55] 听、厅

[11] 停、亭

[42] 艇、挺

l [11] 灵、零、铃、林、伶、淋、临、鳞、陵、凌、宁

[42] 领

[35] 另、令

tɕ [55] 今、金、襟、津、巾、斤、筋、茎、京、惊、鲸、精、晶、经、晴、荆

[42] 锦、紧、仅、警、景、井、颈

[35] 尽、进、近、劲、境、竞、静、靖、净

tɕʰ [55] 清、亲、轻、青

[11] 琴、禽、秦、勤、芹、情、晴

[42] 寝、请

[35] 庆

ɕ [55] 心、辛、新、薪、欣、兴~旺、星、腥

[11] 行~动、形、型、刑

[42] 醒

[35] 信、兴高~、幸、性、姓

∅ [55] 因、姻、鹰、蝇、鹦、英、婴、缨

[11] 银、寅、迎、赢、盈

［42］引、隐、影

31. uən

ts ［55］准

tsʰ ［55］春、椿

［42］蠢

s ［11］唇、纯

［35］顺

z ［35］孕

k ［42］滚

［35］棍

kʰ ［55］昆

［42］捆

［35］困

x ［55］昏、婚、荤

［11］魂、横

［35］混

ø ［55］温、瘟

［11］文、蚊、闻

［42］稳

［35］问

32. yn

tɕ ［55］均、钧、君、军

［35］俊、菌

tɕʰ ［55］倾

［11］群、裙、琼

ɕ ［55］熏

［11］寻、荀、巡

［35］迅、训

ø ［11］云、营

［42］允

［35］运、泳

33. ɑŋ

p　　［55］帮、邦

　　　　［42］榜、绑

　　　　［35］棒、蚌

pʰ　　［11］旁、螃、庞

　　　　［35］胖

m　　［11］忙、芒、茫、盲

　　　　［42］蟒、莽

f　　　［55］方、芳

　　　　［11］房、防

　　　　［42］纺、仿、访

　　　　［35］放

t　　　［55］当

　　　　［42］党、挡

　　　　［35］荡

tʰ　　［55］汤

　　　　［11］唐、棠、糖

　　　　［35］烫、趟

l　　　［11］郎、狼

　　　　［35］浪

ts　　［55］脏、张、章、樟

　　　　［42］长~大、涨、掌

　　　　［35］葬、丈、杖、胀、障

tsʰ　　［55］仓、昌

　　　　［11］长~短、肠

　　　　［42］厂、场

　　　　［35］唱

s　　　［55］桑、丧、商、伤

　　　　［11］常、尝、裳、偿

　　　　［42］嗓、赏

　　　　［35］上、尚

ʐ　［42］壤、□～毛:绒毛

　　［35］让

k　［55］岗、刚、纲、钢、缸

　　［42］港

　　［35］虹

kʰ　［55］康、糠

　　［35］抗、炕

ŋ　［11］昂

x　［55］夯

　　［11］行银～、航、杭

　　［35］项、巷

34. iaŋ

l　［11］娘、良、凉、梁

　　［42］两、辆

　　［35］亮、谅、量数～

tɕ　［55］将、浆、疆、姜、江

　　［42］蒋、奖、桨、讲

　　［35］酱、匠

tɕʰ　［55］枪、腔

　　［11］墙、详、强

　　［42］抢

　　［35］像相～

ɕ　［55］相～同、镶、香、乡

　　［42］想

　　［35］相面～、向、象

ø　［55］央、秧、殃

　　［11］羊、阳、扬、□表尊称

　　［42］养

　　［35］样

35. uaŋ

ts　［55］庄、装

　　　　　［35］壮、状、撞

tsʰ　［55］疮、窗

　　　［11］床

　　　［42］闯

　　　［35］创

s　　［55］双、霜

k　　［55］光

　　　［42］广

　　　［35］逛

kʰ　［55］筐

　　　［11］狂

　　　［35］矿、旷、况

x　　［55］荒、慌

　　　［11］黄、簧、皇、蝗

　　　［42］谎

　　　［35］晃

∅　　［55］汪

　　　［11］亡、王

　　　［42］枉、往

　　　［35］旺、忘

36. oŋ

pʰ　［11］棚、朋、蓬

m　　［55］□~子；傻子

　　　［11］蒙

　　　［42］猛

　　　［35］梦、孟

f　　［55］风、枫、疯、丰、封、峰、蜂、锋

　　　［11］冯、缝~衣

　　　［42］讽

　　　［35］凤、奉、俸、缝门~

t　　［55］东、冬

[42] 懂、董

[35] 动、冻、栋、洞

tʰ　[55] 通

[11] 同、铜、桐、筒、童

[42] 桶、统

[35] 痛

l　[11] 笼、农、脓、浓、龙

[42] 拢

[35] 弄

ts　[55] 中、钟、忠、宗、综、终、踪

[42] 种~子、肿、总

[35] 仲、众、重轻~、种~地、纵、粽、中打~

tsʰ　[55] 聪、匆、充、冲、葱、囱

[11] 虫、崇、从、重~复、松~树

s　[55] 松~紧

[35] 诵、颂、宋、送

z　[11] 戎、绒

k　[55] 躬、宫、公、蚣、工、功、攻

[42] 拱

[35] 贡、共

kʰ　[55] 空~间

[42] 孔

[35] 控、空~缺

x　[55] 轰

[11] 宏、红、洪、鸿

[42] 哄

ø　[55] 翁

37. ioŋ

tɕʰ　[11] 穷

ɕ　[55] 兄、胸、凶

[11] 熊、雄

ø　　［11］荣、容

　　　　［42］永、勇、涌

　　　　［35］用

38. m̩（自成音节）

m̩　　［42］□~妈：妈妈

三、结语

综上，重庆忠县石宝方言属于西南官话。石宝方言研究的价值不仅在于对其进行方言单点的描写上，更重要的是能为从语言交际和方言接触的角度进一步研究湖南三峡移民语言生态问题提供原始的资料。同时，重庆忠县石宝方言同音字汇作为研究湖南三峡移民原始语音的第一手资料更是具有重要的价值。

第二章　湖南三峡移民迁入地语言生态（一）

第一节　湖南衡山夹山腔语音系统及其特点

湖南衡山县位于湖南省中部偏东地区。湖南衡山县人使用的语言并不与它的行政区域一致。湖南衡山县人以南岳衡山为自然界线，把东南边叫作前山，西北边叫作后山。居住在南岳衡山东南边的前山人与居住在南岳衡山西北边的后山人分别说不同的前山话和后山话。因此，前山人和后山人相互之间沟通有困难。

湖南师范大学文学院的彭泽润先生在《衡山方言研究》中曾经深入研究过这两种语言①。彭先生认为，前山话属于湘语长益片，后山话属于湘语娄邵片②。

在湖南南岳衡山的前山和后山之间，有一片区域，也就是南岳衡山山脉走势平缓的区域，这里的人所使用的"话"既不同于前山话，也不同于后山话，但与前山话、后山话又有相同的地方。这种比较特别的方言，被当地人称做"夹山腔"（kɑ¹³sã³³tɕiõ³³）。夹山腔区域是一片难得的过渡性区域。对夹山腔的详细描写，可以为研究语言变异及其机制提供素材。

彭泽润在《衡山南岳方言的地理研究》中，从几十个特征项目入手，对整个湖南衡山县进行了地毯式的调查，高屋建瓴地提出了夹山腔，并且确立了夹山腔的范围③。夹山腔区域包括湖南衡山县岭坡乡西部、望峰乡东部、白果镇东部小部分和龙凤乡北部。湖南衡山县白果镇东部与湖南湘潭之间往来多一些，所以湖南衡山县白果镇东部的语言受到了湖南湘潭话的影响，而湖南衡山县望

---

①彭泽润. 衡山方言研究［M］. 长沙：湖南教育出版社，1999：15－258.
②彭泽润. 衡山方言研究［M］. 长沙：湖南教育出版社，1999：15－258.
③彭泽润. 衡山南岳方言的地理研究［D］. 长沙：湖南师范大学，2003：1－8.

峰乡、岭坡乡的语言相对来说纯净一些。

本节作者选取湖南衡山县望峰乡作为夹山腔的代表地点，系统地考察了湖南衡山夹山腔的语音系统及其特点。

本节作者调查时选取的发音人是：綦子清，男，汉族，时年 77 岁，湖南衡山望峰乡登峰村六组人，一直生活在当地；郭宾娴，女，汉族，时年 19 岁，大专文化，湖南衡山望峰乡望峰村人，在当地长大。

一、湖南衡山夹山腔的语音系统

（一）声母

1. 声母分类

湖南衡山夹山腔声母（包括零声母在内）共有 24 个。

（1）双唇音声母 3 个：

p　　波、排、部、步

pʰ　　派、盼、扑、薄

m　　梅、苗、梦、灭

（2）唇齿音声母 1 个：

f　　分、凤、灰、胡

（3）舌尖中音声母 3 个：

t　　多、题、淡、电

tʰ　　拖、炭、铁、达

l　　难、兰、犁、力

（4）舌尖前音声母 3 个：

ts　　左、坐、愁、状

tsʰ　　次、族、浊、炒

s　　苏、孙、瘦、缩

（5）舌尖后音声母 5 个：

ʈ　　珍、陈、真、证

ʈʰ　　趁、昌、扯、逐

tʂ　　知、池、志、质

tʂʰ　　痴、齿、斥、直

ʂ　　诗、神、常、十

（6）舌面音声母 4 个：

tɕ　姐、厨、主、具

tɕʰ　秋、椿、枢、及

n̠　泥、软、日、牛

ɕ　写、书、晓、校

（7）舌根音声母 4 个：

k　古、葵、跪、柜

kʰ　可、婚、空、克

ŋ　牙、眼、鸭、哑

x　方、海、含、盒

（8）零声母：

ø　人、影、围、叶

2. 声母说明

有时声母 f 摩擦不明显，发音部位近似双唇的 ɸ。

（二）韵母

1. 韵母分类

湖南衡山夹山腔韵母共有 38 个，包括自成音节的鼻音 m̩。

（1）开口呼韵母 14 个：

ɿ　滋、次、瓷、思

ʅ　知、直、湿、时

a　百、策、盖、代

ã　伞、炭、看

ɑ　花、插、嫁、答

o　破、左、阔、河

õ　庞、床、放、网

e　锯、隔、狗、愁

ẽ　盘、欢、团、层

ɯ　儿、耳、二

ei　杯、最、吹、睡

ɑu　宝、早、潮、高

ən　针、朋、声、共

əu　图、组、竹、手

（2）齐齿呼韵母10个：

i　　闭、里、积、衣

ĩ　　硬、变、天、尖

iɑ　壁、滴、甲、压

iã　钉、饼、名、星

io　掠、鹊、学、若

iõ　梁、桨、香、娘

ie　铁、雪、头、漏

iɑu　标、条、交、摇

iəu　丢、九、秀、又

iən　兵、斤、音、英

（3）合口呼韵母7个：

u　　铺、固、福、乌

ua　国、怪、快、歪

uã　关、弯、万、惯

uɑ　瓜、夸、滑、瓦

uẽ　官、宽、罐、冠

uei　贵、规、跪、味

uən　滚、困、温、翁

（4）撮口呼韵母6个：

y　　猪、区、舒、余

ya　厥、越、月、甩

yɑ　瘸、茄、靴

ye　□

yẽ　软、劝、远、圈

yən　君、春、纯、永

（5）自成音节的鼻音m̀：

m̀　　姆

2. 韵母说明

（1）ye和自成音节的m̀只出现在口语词里。iã只出现在白读音里，它后边所举的例字只指该字的白读音。

（2）i在韵母中做韵头和韵尾的时候，舌位比标准元音稍微低一点，接近ɪ。

（3）e带i尾的时候开口度变大，ei、uei的实际音值是ɛi、uɛi。整个音系中，没有与ɛi、uɛi对立的ei、uei，考虑到音系的整体性，本节作者写作ei、uei。

（4）a在au、iau中舌位偏高，读ɔ。

（5）ə在əu、iəu中实际开口度大一点，偏向a。

（6）韵尾的u音色显著，和前面的韵腹处于同等重要的地位。

（三）声调

1. 声调分类

湖南衡山夹山腔有5个调类，具体见表2-1。

表2-1　湖南衡山夹山腔的调类

序号	调类	调值	例字
1	阴平	33	诗、尖、周、机
2	阳平	11	时、钱、埋、泥
3	上声	44	使、丑、老、我
4	阴去	35	试、力、活、直
5	阳去	13	湿、路、洞、件、玉、特

2. 声调说明。

阴平调值稍微下降

二、湖南衡山夹山腔的语音特点

湖南衡山夹山腔的语音系统是一个独立的系统，颇具特色。

以下从声母、韵母和声调三个方面分别论述湖南衡山夹山腔的语音特点。

（一）声母特点

（1）古代全浊声母清化，古代舒声全浊声母现在读塞音、塞擦音的时候不送气，古代入声全浊声母现在读塞音、塞擦音的时候送气。例如：

藤 ₌tẽ　　　跪 kuei²　　　洞 tən²　　　薄 pʰo²

蚕 ₌tsã　　　近 tɕiən²　　　治 tʂʅ²　　　直 tʂʰʅ²

（2）晓母、匣母的合口部分与非组声母相混。例如：

辉 ₌fei　　　欢 ₌fẽ　　　忽 fu²

杯 ₌fa　　换 fe²　　魂 ₌fən

（3）古代精组、知组、庄组、章组声母出现在细音韵母前都读 tɕ、tɕʰ、ɕ。例如：

蛆 ₌tɕʰi　　猪 ₌tɕy　　抓 ₌tɕya　　书 ₌tɕy

在洪音韵母前精组、庄组读 ts、tsʰ、s。例如：

村 ₌tsʰən　　山 ₌sã

知组二等一般读 ts、tsʰ、s。例如：

茶 ₌tsa　　赚 tsa²　　撞 ₌tsʰõ　　摘 tsa²

知组三等和章组擦音一般读 ʂ，塞擦音和塞音根据韵母不同分两组：一是只与 ʅ 相拼的 tʂ、tʂʰ；一是与其他韵母相拼的 t、tʰ。例如：

知组三等：池 ₌tʂʅ　　沉 ₌tən

章组：　　升 ⁻ʂən　　齿 ⁻tʂʰʅ　　唱 tʰõ²

（4）疑母开口一二等读 ŋ，开口三四等读 ȵ，其他读零声母。例如：

开口一二等：蛾 ₌ŋo　　眼 ⁻ŋã　　昂 ⁻ŋoŋ

开口三四等：宜 ₌ȵi　　牛 ₌ȵiən　　银 ₌ȵiən

其他：　　危 ₌uei　　元 ₌yẽ　　岳 io²

（5）泥母和来母洪音前相混。例如：

怒＝路 ləu²　　脑＝老 ⁻lau　　嫩＝论 lən²

细音前不相混。例如：

泥 ₌ȵi≠犁 ₌li　　娘 ₌ȵiõ≠良 ₌liõ　　宁 ₌ȵiən≠灵 ₌liən

（二）韵母特点

（1）鼻化韵母多，鼻尾韵母少。

鼻化韵母有 ã、õ、ẽ、ĩ、iã、iõ、uã、uẽ、yẽ，共 9 个。鼻尾韵母只有 ən、iən、uən、yən，共 4 个。没有后鼻音韵尾。

（2）果摄见系在白读层面保存开口、合口的区别。例如：

果开一：歌 ₌ko　　个 ko²　　阿 ₌o

果合一：锅 ₌ku　　过 ku²　　窝 ₌u

　　　　火 ⁻fu　　禾 ₌u　　稞 ₌kʰu

（3）一些古代合口呼韵母读开口呼或齐齿呼。例如：

遇合一三：图 ₌tsəu　　路 ləu²　　粗 ₌tsʰəu

蟹合一三：腿 ⁻tʰei　　罪 tsei²　　脆 tsʰei²

止 合 三：嘴 ⊂tɕʰi　　吹 ⊂tsʰei　　帅 saᵓ

山合一三：短 ⊂tẽ　　酸 ⊂sẽ　　泉 ⊆tɕʰi

臻合一三：钝 lənᵓ　　村 ⊆tsʰən　　律 liᵓ

（4）流摄侯韵与精组见系相拼时，尤韵与庄组相拼读e。例如：

侯韵：走 ⊂tse　　狗 ⊂ke　　厚 xeᵓ

尤韵：愁 ⊆tse　　瘦 seᵓ　　搜 ⊆se

（5）流摄侯韵与帮组、端组来母相拼时，与咸摄入声三四等韵母相同。
例如：

　　流摄侯韵：　　　亩 ⊂mie　　头 ⊆tie　　漏 lieᵓ

　　咸摄入声三四等：接 tɕieᵓ　　碟 tʰieᵓ　　猎 lieᵓ

（6）蟹摄开口一二等与曾摄入声开口一三等、梗摄入声开口二等韵母相同。
例如：

　　蟹摄开口一二等字：　　菜 tsʰaᵓ　　盖 kaᵓ　　牌 ⊆pa

　　曾摄入声开口一三等字：贼 tsʰaᵓ　　刻 kʰaᵓ　　色 saᵓ

　　梗摄入声开口二等字：择 ⊆tsʰa　　客 kaᵓ　　百 paᵓ

（7）梗摄开口三四等舒声白读 iã，文读 iən，有些只有白读或文读。例如
（表2-2）：

表2-2　梗摄开口三四等舒声白、文异读情况

类别	清	醒	命	町	京	庭
白读	⊂tɕʰiã	⊂ɕiã	miãᵓ	tiã⊆	—	—
文读	⊂tɕʰiən	⊂ɕiən	miənᵓ	—	⊂tɕiən	⊆tiən

（三）声调的特点

湖南衡山夹山腔声调的演变情况可以用表2-3表示。

表2-3　湖南衡山夹山腔声调的演变情况

现代 古代		阴平 33	阳平 11	上声 44	阴去 35	阳去 13
平声	清	诗、尖、周				
	次浊		炉、埋、泥			
	全浊		时、钱、田			

续表 2-3

古代 \ 现代		阴平 33	阳平 11	上声 44	阴去 35	阳去 13
上声	清			使、丑、浅		
	次浊			老、鲁、李		
	全浊					件、近、舅
去声	清				试、记、线	
	次浊					弄、让、路
	全浊					洞、阵、饭
入声	清	挖	眨			湿、汁、北
	次浊	接			力、末、辣	匿、玉、肉
	全浊		择		毒、杂、活	别、特、疾

（1）只有平调和升调，没有绝对的降调。

（2）平声和去声根据古代清浊分阴阳。古代上声全浊声母归属阳去。

（3）没有入声。古代入声大部分归阳去，少数归阴去，个别读阴平和阳平。大致是古代清声母和部分浊声母字读阳去，部分浊声母字读阴去。读阴平的有"拉、摸、挖"等，读阳平的有"眨、血、泽、择、宅"等。

（4）全浊声母入声的演变从系统自身看，规律性仿佛不是很强。大体上，口语中常用的字多读阴去，例如："薄、独、毒、读、嚼、贼、杂、直、碟"等。不常用的或口语中不说或后起的字大多数是阳去，例如："勃、帛、仆、达、夺、特、捷、截、寂、籍、逐、轴、辙"等。"白、石、杂、浊"等字的文白异读就能说明这种倾向，这 4 个字白读是阴去调，文读是阳去调（见表 2-4）。

表 2-4 白、石、杂、浊的文白异读情况

类别	白	石	杂	浊
白读	pʰaˀ	ʂaˀ	tsʰaˀ	tsʰoˀ
文读	paˀ	ʂʅˀ	tsʰaˀ	tsʰoˀ

三、结语

综上，湖南湘方言内部，根据古全浊声母的演变情况分为五片：长益片、娄邵片、衡州片、辰溆片、永州片。湖南衡山后山话古全浊舒声字仍保留浊音，

属于娄邵片；以湖南衡山县县城开云镇为代表的前山话古浊音声母全部清化，属于衡州片①②。

以上研究表明，湖南衡山夹山腔具有三个明显的语音过渡性特点。

（1）在湖南衡山夹山腔语音系统里，古全浊声母也已清化。从这至关重要的一点来看，夹山腔和前山话一样属于衡州片。

（2）但夹山腔在一些重要的特征上与前山话不一样，如声调上，夹山腔只有 5 个调类，没有入声调。这点和前山话有 6 个调类的特点不同，倒是与后山话相同。

（3）声母上，夹山腔与前山话一样古全浊声母清化了，但是清化后，前山话基本上是平声送气，仄声不送气，而夹山腔是舒声不送气，入声送气。夹山腔的这个特征与后山话的古全浊音，今舒声保留浊音，不送气，入声清化，大部分送气的特征很相近。

湖南衡山夹山腔与前山话、后山话的错综复杂的对应关系还有待进一步调查研究。

---

①黄雪贞．西南官话的分区（稿）［J］．方言，1986（4）：262—272.
②李蓝．西南官话的分区（稿）［J］．方言，2009（1）：72—87.

第二节　湖南祁阳白水话单字调的实验分析

湖南祁阳白水话属于湘语永全片。1935 年，吴宗济对祁阳白水镇的方言进行过研究，2005 年 5 月鲍厚星教授带领本节作者等一行用传统方法调查了白水话。在调查中，本节作者一行认为白水话有阴平、阳平、上声、阴去、阳去、入声 6 个调类，并且感觉白水话的声调很特殊，发音人说的白水话就像唱歌。本节作者运用实验方法对祁阳白水话的 6 个单字调进行分析，希望能对祁阳白水话单字调有更清晰的认识和了解。

一、湖南祁阳白水话单字调的实验和统计分析说明

（一）实验材料的选择

按照白水话声调系统 6 个单字调分类选择样字。具体如下：

（1）披、低、鸡、呆、家、铺铺盖、都、姑、疤；

（2）皮、题、奇、爬、抬、柴、蒲、徒、扶；

（3）比、底、几、把、打、解、补、赌、古；

（4）闭、帝、记、霸、戴、架、布、妒、故；

（5）被、地、住、稻、代、在、部、度、坐；

（6）笔、滴、急、八、答、夹、不、突、谷。

本节作者录音时，共调查了 5 个发音人，请每个发音人把每个样字读 3 遍，共得到 5×9×6×3＝810 个实验样本。

（二）基频数据的提取

用 Praat 分析软件对实验样本进行数据提取和分析。去掉每一个样本的弯头和降尾后再取 0%、10%、20%、30%、40%、50%、60%、70%、80%、90%、100%共 11 个百分时刻点的基频值。

（三）语音数据的归一化处理与五度值转换

本节作者所用的归一方法先是求 lz-score 的方法，公式是：

$$LZ_i = (y_i - m_y) / S_y$$

y_i 为各点的基频对数值，m_y 是 y_i （$i=1$，2，…，n）的算术平均值，S_y 是 y_i 的标准差[①]。

不同发音人的基频差异通过归一之后消除了，LZ 值呈现出很大的一致性，但不同发音人的 LZ 值上下限有时差异大，当把他们的 LZ 值放在一起比较时，LZ 值上下限的差异会一定程度地掩盖其共性。为使不同发音人的声调数据更具有可比性，本节作者再采用如下公式把 LZ 值转换为 RD 值：

$$RD = [(LZ+c)/2c] \times 5$$

名称"RD"取自 relative 和 degree 首字母的大写，c 为同一发音人 LZ 值中的最大绝对值，其实质与把 LZ 值的上下限（$-c$，c）五等分的方法来标示是一样的。推导公式如下：

$$[LZ-(-c)]/\{[c-(-c)]\div 5\} = (LZ+c)/(2c\div 5) = [(LZ+c)/2c] \times 5$$

RD 值最小为 0，最大是 5，即调域为（0，5）。这样得到的 RD 值就是采样点的五度值参考标度。

对实验结果进行五度值转换时，刘俐李以基频感知为依据，提出了"界域"和"斜差"理论，把"界域"定义为 ± 0.1 五度值，"斜差" k 即声调曲线首尾测量点的 T 值差，当声调曲线为凹凸角拱时，以凹点凸点拐点为界分割成两条曲线计算。经过她对江淮方言的统计，根据平拱以及凹拱低点斜差均值做综合考虑，取 k 值为 $|0.5|$ 作为平拱和凹凸拱的临界值[②]。本节作者认为在对实验结果进行音系学分析时，依照"界域"和"斜差"理论对实验数据进行调系归整能提高调系归整度，并且会更加符合调系的实际情况。为此，这里运用"界域"和"斜差"理论归整调系，这样，RD 值转换为五度值的区间为：

RD 值	0~1.1	0.9~2.1	1.9~3.1	2.9~4.1	3.9~5.0
五度值	1	2	3	4	5

"斜差"是首尾测量点的 RD 值差，公式为：

$$K = y_w - y_s$$

其中 y_w 为尾测量点的 RD 值，y_s 为首测量点的 RD 值。这里取 K 值为 $|0.5|$ 作为平拱和升拱降拱或凹凸拱的临界值。

[①] 朱晓农. 上海声调实验录[M]. 上海：上海教育出版社，2005：54.
[②] 本节作者在处理数据时，刘俐李老师不吝赐教，把自己的未刊稿《基频归一和调系归整的方言实验》给本节作者参考，本节作者在此表示感谢。

（四）对调长进行归一化处理

归一公式是：

$$ND_i = \frac{D_i}{\frac{1}{n}\sum D_i}$$

D_i 是绝对调长值，n 是调类的个数。

二、湖南祁阳白水话单字调的实验分析

（一）主体分布分析

"在声调格局中，每一声调所占据的不是一条线，而是一条带状的声学空间。声调调型曲线不应只看成是一条线，而应该作为一条带状包络的中线或主线。"[1] 本节作者对全部发音人的 RD 值进行了处理：求出 11 个时刻点全部发音人 RD 值的均值和标准差，用平均值加减标准差来得到每个声调分布的声学空间。每个声调分布的声学空间由上、中、下三条线构成，主要根据中线所在区间确定各声调的五度值（表 2-5、图 2-1）。

表 2-5　白水话各声调 RD 均值和标准差数据表

声调 RD 值	0%	10%	20%	30%	40%	50%	60%	70%	80%	90%	100%
阴平均值	3.02	2.97	2.94	2.92	2.95	3.09	3.45	3.85	3.86	3.23	2.07
标准差	0.25	0.22	0.21	0.18	0.15	0.11	0.10	0.18	0.22	0.32	0.43
阳平均值	1.09	1.38	1.72	1.98	2.13	2.20	2.15	2.00	1.69	1.22	0.67
标准差	0.30	0.24	0.23	0.22	0.22	0.24	0.27	0.28	0.27	0.27	0.47
上声均值	2.96	3.32	3.75	4.10	4.34	4.44	4.37	4.14	3.67	2.89	2.03
标准差	0.14	0.25	0.38	0.40	0.39	0.37	0.36	0.34	0.25	0.09	0.20
阴去均值	3.33	3.20	2.83	2.13	1.58	1.65	2.18	2.77	2.89	2.37	1.36
标准差	0.29	0.37	0.47	0.46	0.50	0.38	0.21	0.29	0.25	0.21	0.58
阳去均值	0.59	0.21	0.08	0.13	0.51	1.26	2.22	3.03	3.35	3.02	1.95
标准差	0.29	0.21	0.12	0.13	0.44	0.77	0.93	0.78	0.43	0.21	0.50
入声均值	3.12	3.14	3.15	3.12	3.07	2.99	2.87	2.68	2.38	1.91	1.38
标准差	0.29	0.26	0.24	0.24	0.23	0.23	0.23	0.23	0.25	0.27	0.41

---

[1]石锋，廖荣蓉.语音丛稿[M].北京：北京语言学院出版社，1994：16.

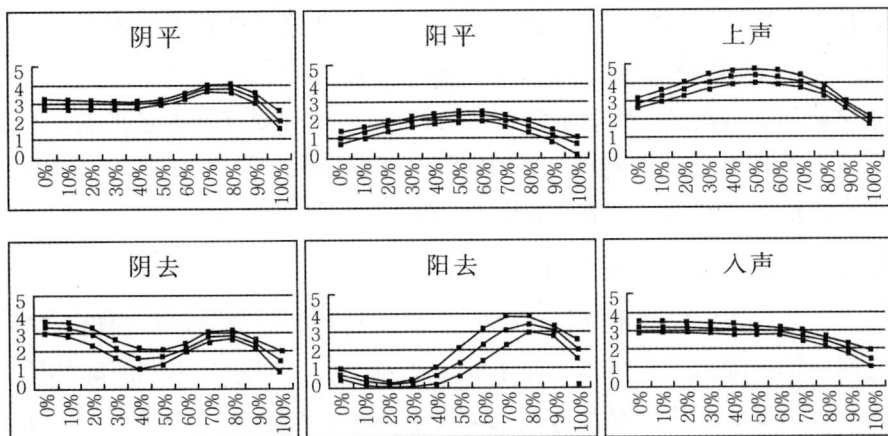

图 2-1　白水话 6 个声调的主体分布图

阴平调在调域的上部，前段微降，后段呈凸型。中线起点的 RD 值是 3.02，30％时刻点的 RD 值是 2.92，是前段的最低点；从 40％时刻点开始上升，RD 值是 2.94，80％时刻点是该声调的最高点，RD 值是 3.86；后面又下降，终点最低，RD 值为 2.07。该声调有两个折点、三个斜差，第一段下降的斜差是 -0.10，绝对值小于 0.5，本节作者把这一段记为平拱；第二段上升的斜差是 0.94，第三段下降的斜差是 -1.78，绝对值都大于 0.5，分别记为升拱和降拱。本节作者用四个调素来记该声调的五度值，记为[4453]或[3342]。

阳平调在调域下部，特征是"低""凸"，从调域的半低部升到调域中部，再下降到半低部。中线起点的 RD 值是 1.09，上升到 50％时刻点到达最高值 2.20，接着下降，终点达到最低值 0.67，五度值记为[231]。

上声调的特征是"高""凸"。从调域的半高处升到最高处再下降到中部。中线起点的 RD 值是 2.96，然后上升，50％时刻点到达最高值 4.44，终点达到最低值 2.03，五度值记为[453]。

阴去调的调型很特殊，前段下降，从 40％时刻点开始上升，到该声调的最高处 80％时刻点后再下降。中线起点的 RD 值是 3.33，40％时刻点的 RD 值为 1.58，80％时刻点的 RD 值是 2.89，终点的 RD 值是 1.36。该声调两次下降，一次上升，有两个折点，产生了三个斜差，其斜差绝对值都大于 0.5，五度值记为[4232]。

阳去调和阴去调的调型相似。起点的 RD 值是 0.59，降到 20％时刻点后又上升，20％时刻点的 RD 值是 0.08，升到该声调最高点 80％时刻点，RD 值是

3.35，接着下降，终点的 RD 值是 1.95。其起点和第一个折点的斜差最小，绝对值是 0.51，记成降拱。这个声调的五度值记为[2143]。

入声调起始段稍平，然后下降，从起点到 30％时刻点基本是平的，30％时刻点后缓慢下降到 50％时刻点，后面的降幅逐渐增大，终点降到最低，RD 值是 1.38。白水话入声调的五度值本节作者记做[442]。

（二）后部下降曲拱的分析

白水话各声调后段都下降，切掉各声调后段的下降部分，从理论上来说各声调之间应仍能区别。本节作者做了如下听辨实验：切除各声调下降的后段让发音人分辨是哪个声调。发音人首先觉得根本不是他们方言的声调，让他们把原声调听一遍后再判断切除后声调的原声调是什么，结果却能够准确地判断出来。

白水话各声调后段的下降曲拱是不是平时我们在实验研究中所说的降尾呢？从语感上来说，发音人认为去掉下降的曲拱就不是他们的声调，这说明后段的下降是必要的；从声学表现上来看，白水话各声调后段的下降与一般的降尾也不同。本节作者以阴平调为例来探讨白水话各声调后段下降部分的性质（图 2-2 至图 2-4）①。

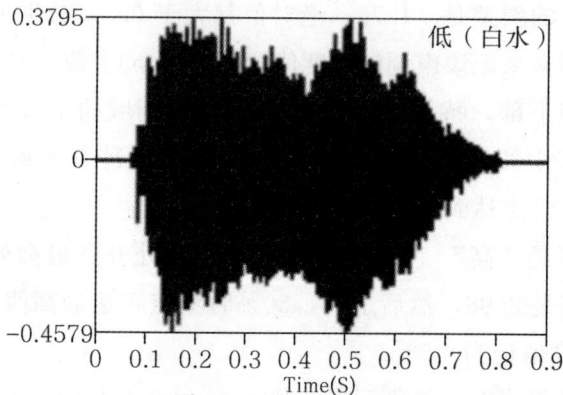

图 2-2　语音波形图

---

①图 2-2 语音波形图、图 2-4 能量图在《语言研究》2007 年第 4 期第 79—83 页上没有显示完整，现在补上。

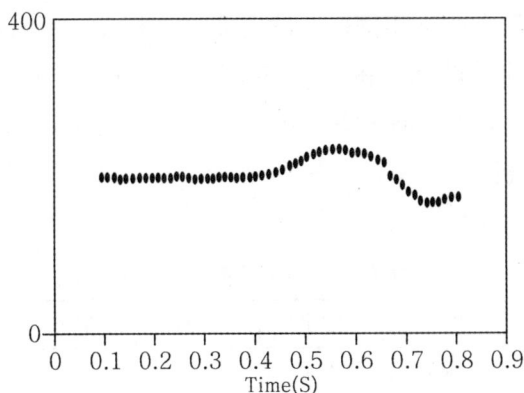

图 2 - 3　pitchtier 图

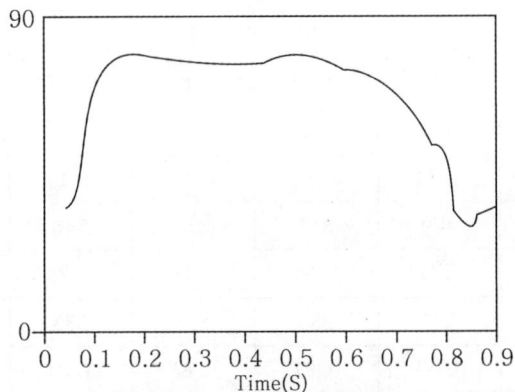

图 2 - 4　能量图

　　图 2 - 2 至图 2 - 4 是祁阳白水话阴平调的相关图：图 2 - 2 是语音波形图，图 2 - 3 是 pitchtier 图，图 2 - 4 是能量图。图 2 - 3 声调的最高点出现在 0.5s 左右，如果该声调最高点后面的是降尾，那么，后面这段的能量应当很快减弱。图 2 - 2 显示，0.5s 以后声波的振幅稍微下降，0.6s 时振幅再有一点增加，然后才很快下降。图 2 - 4 显示 0.5s 以后能量减少的速度很慢，0.6s 时还有一点上升。因此，本节作者认为白水话的阴平调后面的下降不是降尾，而是声调曲拱的重要组成部分。白水话其他几个声调的情况也是如此，后面的下降部分都是声调曲拱的重要组成部分。

　　从上面各声调的主体分布图，本节作者发现 6 个单字调的起点音高有 4 个是分布在 4 度内，2 个在 2 度内，调类多而起点音高的差异却这么少是因为复杂曲拱的调节作用：复杂曲拱就足够把不同调类区别开来。如果调型的复杂性已经能区别各声调了，依照发音省力和简便的原则，各复杂的调型之间便不需再有严格的音高区别，只有曲拱相同的，才需要音高区别。另外，复杂的调型在听和说两个方面都比简单的调型困难一些，于是在调层方面的限制就放松一些，以便使每个声调都具有最大的声学空间①。

（三）时长分析

请先看表2-6和图2-5：

表2-6   白水话时长统计表

类别	阴平	阳平	上声	阴去	阳去	入声
W1 调长（ms）	544	411	374	580	494	431
相对调长	1.15	0.87	0.79	1.23	1.05	0.91
W2 调长（ms）	487	310	259	480	456	279
相对调长	1.29	0.82	0.68	1.27	1.20	0.74
W3 调长（ms）	409	278	276	378	397	250
相对调长	1.24	0.84	0.83	1.14	1.20	0.76
W4 调长（ms）	479	344	314	546	539	331
相对调长	1.13	0.81	0.74	1.28	1.27	0.78
M 调长（ms）	277	258	221	333	301	216
相对调长	1.03	0.97	0.83	1.24	1.12	0.81
相对调长均值	1.17	0.86	0.77	1.23	1.17	0.80

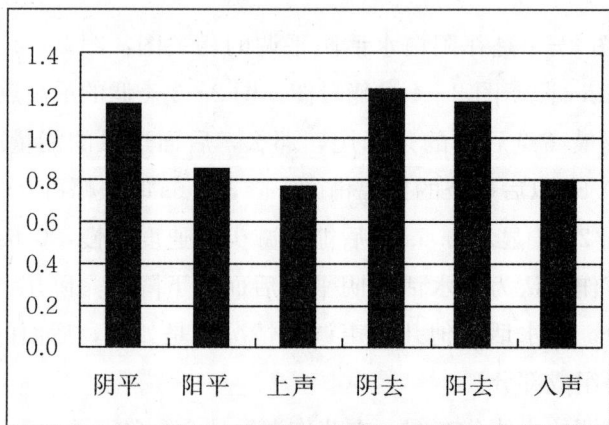

图2-5   白水话相对调长均值图

①杨时逢. 湖南方言调查报告[M]. 台北：中央研究院历史语言研究所，1974：107-108.

从表 2-6 和图 2-5 可以看出，白水话各声调时长从长到短的排序为：阴去>阳去＝阴平>阳平>入声>上声。白水话各声调之间时长差距明显，阴平、阴去和阳去的时长远远长于其他声调，绝对时长相差 100ms 左右。本节作者认为调长和折度的多少有关，因为这三个声调都是双折调，比阳平、上声和入声的单折调要多出一折，多出的一折需要更多时间来实现，双折调比单折调的时长要长，调素多的比调素少的时长要长。阳平时长比同曲拱的上声时长要长，因为阳平是低调，上声是高调。本节作者认为时长与音区的高低也有密切联系，同曲拱的声调，低调比高调的时长要长。

从实验结果看，祁阳白水话 6 个单字调的调值分别是阴平 [4453/3342]、阳平 [231]、上声 [453]、阴去 [4232]、阳去 [2143]、入声 [442]，各声调曲拱复杂。复杂曲拱常见的有凹、凸或角拱，这三种曲拱由两条直线型的曲拱复合而成，中间有一个折点。白水话的声调曲拱除了阳平、上声和入声是由两条直线型曲拱复合而成凸拱和角拱之外，阴平、阴去和阳去的曲拱由三条直线型曲拱复合形成，三条直线型曲拱形成了两个折点，这样的声调调值本节作者用 4 个调素来记录。两个折点的声调即双折调的情况是这次研究的新发现。本节作者在调查时觉得祁阳白水人说话就像唱歌。为什么白水话给本节作者的感觉和别的地方话给本节作者的感觉有这么大的差别呢？本节作者认为这是由双折调造成的：四个高低不同的调素的起伏变动，就像音乐上起伏的旋律。

三、湖南祁阳白水话单字调实验研究结果与传统研究结果比较

表 2-7 是实验研究结果与传统研究结果的比较。

表 2-7 白水话时长统计表

调类	阴平	阳平	上声	阴去	阳去	入声
实验五度值	4453/3342	231	453	4232	2143	442
传统五度值（吴宗济 1935）	34/44	21/11	54/55	24		33
传统五度值（鲍厚星 2006）	35	211	453	324	224	33

注：吴宗济的材料来自《湖南方言调查报告》（杨时逢著，以下简称《报告》），鲍厚星的材料来自《湘方言概要》（鲍厚星著，以下简称《概要》）。

从表 2-7 的比较不难看出：实验研究结果与传统研究结果的调类基本相同，调值差别比较大。

《报告》中共 5 个调类，平分阴阳，上、去、入各一个调类，《概要》和实

验结果都是 6 个调类，平、去分阴阳，上、入各一个调类。在调值上，只有上声调的实验结果与传统研究《概要》的结果一致，其余几个声调都有很大差距。

第一，阴平的传统研究结果都是微升的升调，《报告》中是[34]，《概要》中是[35]，实验结果是前平后凸的双折调，调值是[4453/3342]。

第二，阳平的传统结果是降拱调和角拱调，实验结果是凸拱调。

第三，阴去在传统研究《报告》中是中升调，在《概要》中是凹调，实验结果是前降后凸的双折调。

第四，阳去在《概要》中是前半后升的角拱调，实验结果是前降后凸的双折周。

第五，入声调的传统结果都是平调，实验结果是前平后降的角拱调。

这些有很大差距的声调除了阳平调之外，实验结果与传统结果都是前段比较一致，后段实验结果比传统结果多一个下降的拱。

前面的研究分析已经表明，这个下降的曲拱从调位的角度来说是多余的，但是从声调本身的高低变化来说是这几个声调的必要组成部分。

实验结果与传统结果的差别，一方面也许是人耳听觉上的局限，另一方面可能是因为后段的下降曲拱对调位的区别意义不大，不是母语者，就算听出了后段的下降，也容易把这段看成发音时语音停顿前的生理性降尾。

四、结语

综上，实验分析结果表明，湖南祁阳白水话的声调系统共有 6 个单字调，调类、调值分别为：阴平[4453/3342]、阳平[231]、上声[453]、阴去[4232]、阳去[2143]、入声[442]。湖南祁阳白水话的声调曲拱复杂，具有过去汉语声调研究从未发现的双折调。

第三章　湖南三峡移民迁入地语言生态（二）

第一节　湖南汨罗大荆方言的语音特点

因为三峡工程建设的需要，2001 年 8 月，重庆市忠县石宝镇居民共计 615 名从三峡移民迁至湖南省汨罗市。三峡移民的基本安置方式是以一百来人为一个村小组，在村中集中建房居住。具体安置情况见表 3-1。

表 3-1　汨罗市三峡移民的安置情况

三峡移民来源地点	三峡移民安置地点		移民人数（人）
忠县石宝镇 山羊村 新政村 新阳村	汨罗市红花乡		100
	汨罗市大荆镇	大荆村	102
		桂花村	130
		折桥村	121
	汨罗市新市镇		56
	汨罗市沙溪镇		106

随着三峡移民安置工作的完成，这些移民点的方言格局也随之发生变化，由单一的当地方言变成作为强势方言的当地方言和作为弱势方言的忠县石宝镇方言并存，并形成移民方言岛。

在湖南岳阳汨罗市三峡移民安置点中，大荆镇的移民人数最多，为 353 人。大荆镇有移民的 3 个村子，当地居民的人数分别是：大荆村 878 人，桂花村 905 人，折桥村 702 人。

湖南汨罗市大荆镇的大荆村、桂花村的方言一致。折桥村靠近汨罗市古仑乡，当地方言在语音上和大荆村、桂花村有区别，接近古仑话。本节作者选择大荆镇大荆村作为方言调查点，选择发音人，记录描写大荆村当地方言的语音特点①，为今后研究移民方言和当地方言之间的语言接触和影响，以及进一步研究湖南三峡移民语言生态奠定了基础。

湖南汨罗市位于湖南省东北部，西临南洞庭湖，东与平江县相邻，南接长沙县、望城区，西与湘阴县、沅江市接壤，北与岳阳县比邻。汨罗市大荆镇位于汨罗市的东北角。东靠三江镇、古仑乡，南与黄市乡接壤，西临火天乡，北接岳阳县。

目前，学界公开发行的著作和论文中关于湖南汨罗方言的研究成果较少。《汨罗市志》简要介绍了汨罗（主要是市区）方言的音系、词汇和句法。同时，对湖南汨罗境内各乡镇的方言进行了简要的划分。本节作者调查描写的湖南汨罗大荆方言在其中被划分到长乐区②。学者陈山青的论文《汨罗长乐话中的"AA哩"重叠式》的附录中介绍了长乐镇方言的音系③。在大多数情况下，汨罗方言只在对湖南方言进行分区的时候，才会被相关论著提到，比如吴启主先生主编的《湖南方言研究丛书》和方平权的《岳阳方言研究》④。《湖南方言研究丛书》的"湖南汉语方言概况"（代前言）中，提到汨罗方言属于湘方言的长益片，具有湘语长益片的典型特征，古代全浊声母今读塞音、塞擦音的时候，无论平仄，一般都读不送气清音⑤。但是，本节作者调查的湖南汨罗市大荆镇方言也具有自身的特点，比如，古代全浊入塞音、塞擦音多读成送气清音。而且，大荆方言的声调系统也比较有特色，比如，共分 7 个调类，去声三分⑥。

本节作者调查的时间是 2003 年 6 月和 8 月。发音合作人是黄菊兰（女，时年 64 岁）、杨秋（女，时年 40 岁），两人都是汨罗市大荆镇大荆村人，世居大荆村，初中文化，务农。在当地，年轻人和老年人的语音差别不大。

---

①湖南汨罗市大荆镇大荆村三峡移民方言，即重庆忠县石宝镇方言的语音特点已有论述，详见第一章第二节。
②汨罗市志编纂委员会．汨罗市志[M]．北京：方志出版社，1995：555-572.
③陈山青．汨罗长乐话中的"AA哩"重叠式[J]．湘潭大学学报（哲学社会科学版），2005（2）：72-75.
④方平权．岳阳方言研究[M]．长沙：湖南师范大学出版社，1999：1-191.
⑤吴启主．常宁方言研究[M]．长沙：湖南教育出版社，1998：1-4.
⑥陈山青的论文《汨罗长乐话中的"AA哩"重叠式》所介绍的长乐镇方言的声调系统是：阴平[33]、阳平[13]、上声[24]、阴去[45]、阳去[21]、入声[43]，共 6 个调类。汨罗大荆方言的声调系统与之相比，除了上声调值一个为升调一个为降调（大荆上声[42]）外，最大的不同就在于大荆方言有一个非常独特的调类：次阴去。即声母读为送气的阴去[55]字从中分化出来，读为次阴去[35]。这是长乐方言所没有的。

一、湖南汨罗大荆方言的语音系统

（一）声母

1. 声母分类

湖南汨罗大荆方言的声母有 22 个，包括零声母在内。

（1）双唇音声母 3 个：

p　　波、爬、步、背、表、北

p^h　　拼、跑、品、胖、盼、白

m　　麻、每、满、茂、孟、麦

（2）唇齿音声母 1 个：

f　　灰、红、斧、富、饭、法

（3）舌尖中音声母 3 个：

t　　刀、唐、顶、队、豆、德

t^h　　贪、土、桶、听、退、读

l　　炉、来、礼、闹、冷、腊

（4）舌尖前音声母 3 个：

ts　　资、徐、左、渐、尽、哲

ts^h　　操、疮、醋、寸、昨、取

s　　些、神、伞、赛、姓、雪

（5）舌尖后音声母 3 个：

tʂ　　知、迟、纸、制、志、治

$tʂ^h$　　侄、齿、耻、直、值、植

ʂ　　师、时、史、试、是、十

（6）舌面音声母 4 个：

tɕ　　鸡、茄、九、赵、菌、竹

$tɕ^h$　　区、潜、巧、汽、串、缺

ȵ　　恩、娘、牛、艺、尿、弱

ɕ　　靴、衡、喜、税、树、黑

（7）舌根音声母 4 个：

k　　姑、葵、改、虹、共、割

k^h　　开、砍、库、快、壳、课

ŋ　　咬、颜、哑、爱、岸、碍

x　　鼾、黄、火、浩、限、喝

(8) 零声母：

ø　　优、儿、鱼、稳、样、约

2. 声母说明

(1) ts、tsʰ、s 与标准舌尖前音相比，发音位置靠后，tʂ、tʂʰ、ʂ 与标准舌尖后音相比，发音位置靠前；

(2) 舌面音 tɕ、tɕʰ、ɕ 在和齐齿呼相拼的时候，发音部位靠后，带有舌面中音的色彩。

（二）韵母

1. 韵母分类

湖南汨罗大荆方言的韵母有 38 个，包括自成音节的 m̩、n̩。

(1) 开口呼韵母 14 个：

ɿ　　斯、词、紫、字、刺、自

ʅ　　支、时、指、世、治、直

a　　花、查、马、坝、怕、辣

ã　　山、兰、胆、赞、炭、雁

o　　坡、罗、果、货、坐、夺

õ　　汤、忙、闯、放、况、浪

ø　　扯、二、末、百、舌、盒

ø̃　　搬、团、展、算、案、汗

ai　　堆、梅、牌、太、再、坏

ei　　飞、喉、吕、费、配、倍

au　　烧、桃、老、告、套、稻

əu　　租、徒、楚、怒、兔、杜

ən　　真、坟、肾、衬、嫩、阵

əŋ　　烘、朋、统、送、控、梦

(2) 齐齿呼韵母 11 个：

i　　低、齐、米、利、去、笔

ia　　加、霞、写、借、夏

iã　　赢、听、命、钉、坪、醒

iɛ　　飘、头、走、跳、庙、标

iẽ　　烟、连、点、线、欠、念

iau　　召、超、朝、潮、照、赵

iəu　　周、流、酒、救、臭、秀

io　　略、削、鹊、脚、学、药

iõ　　张、娘、享、胀、唱、让

in　　津、平、敏、信、庆、映

iəŋ　　中、兄、熊、勇、众、用

（3）合口呼韵母6个：

u　　夫、菩、普、故、雾、木

ua　　瓜、夸、寡、卦、话、袜

uai　　乖、拐、快、怪、筷、回

uei　　亏、逵、伟、跪、位、桂

uã　　弯、关、<u>完</u>、晚、惯、罐

uən　　温、昆、文、滚、困、问

（4）撮口呼韵母5个：

y　　书、除、语、巨、处、树

ya　　抓、瘸、靴

yø　　吹、垂、税、决、月、<u>热</u>

yã　　川、玄、犬、院、劝、铅

yn　　春、群、蠢、准、顺、孕

（5）自成音节的2个：

m̩　　□~妈；妈妈

n̩　　你、□不

2. 韵母说明

（1）元音u和声母k、kʰ、f相拼或读零声母的时候略带有浊擦音v的色彩。

（2）元音a的音值，在a、ia、ua、ya中接近A，在au、iau中接近ɑ，在yã中接近ɛ。

（3）元音y单独做韵母的时候，实际音值接近舌尖前圆唇元音ʮ。

（4）元音o在io中或者单独做韵母的时候实际音值接近ʊ，在õ、iõ中比标准音值的开口度要大，接近ɔ。

（5）韵母 iã 只用来拼读白读音，所举例字都采用例字的白读音。

（6）韵母 in 的实际音值接近 iən。

（三）声调

1. 声调分类

湖南汨罗大荆方言的调类有 7 个，不包括轻声（见表 3-2）。

表 3-2　湖南汨罗大荆方言调类

序号	调类	调值	例字
1	阴平	33	西、叉、拖、追、酥、蜂
2	阳平	13	磁、吴、华、鱼、桥、煤
3	上声	42	嘴、鼠、把、耳、拐、鲁
4	阴去	55	顾、日、价、再、货、粽
5	次阴去	35	破、怕、票、造、看、痛
6	阳去	11	豆、旧、糯、碍、慢、味
7	入声	44	贴、出、鸭、郭、白、六

2. 声调说明

次阴去的实际调值接近［24］。

（四）声母和韵母配合关系

湖南汨罗大荆方言声母和韵母配合关系见表 3-3。

表 3-3　湖南汨罗大荆方言声韵配合表

	开口呼	齐齿呼	合口呼	撮口呼
p、pʰ、m、f	盘、破、麦、灰	冰、片、命	布、普、木、芙	
t、tʰ、l	刀、桶、腊	队、天、楼		
ts、tsʰ、s	柴、疮、神	徐、千、雪		
tʂ、tʂʰ、ʂ	纸、直、十			
tɕ、tɕʰ、ȵ、ɕ		茄、汽、尿、喜		菌、区、靴
k、kʰ、ŋ、x	虹、砍、矮、浩		葵、库	
ø	儿	样	稳	鱼

二、湖南汨罗大荆方言的音系特点

（一）声母的特点

（1）古代全浊声母现代读塞音、塞擦音的时候，一律读清音。其中古代舒声现代一律不送气。例如：

並母　牌 ₌pai　　群母　菌 tɕyn²

崇母　锄 ₌tsəu　　定母　定 tin²

古代全浊入声多读送气。例如：

从母　族 tsʰəu₎　　寂 tsʰi₎　　贼 tsʰi₎　　昨 tsʰo₎

　　　　杂 tsʰa₎　　捷 tsʰi₎　　戴 tsʰi₎　　绝 tsʰi₎

定母　碟 tʰi₎　　蝶 tʰi₎　　叠 tʰi₎　　达 tʰa₎

　　　　突 tʰəu₎　　特 tʰø₎　　敌 tʰi₎　　笛 tʰi₎

並母　拔 pʰa₎　　别 pʰi₎　　弼 pʰi₎　　白 pʰø₎

澄母　侄 tʂʰʅ₎　　直 tʂʰʅ₎　　择 tsʰø₎　　轴 tɕʰiəu₎

（2）古泥、来母，在洪音前混读，读 l。例如：

脑_泥母_ ＝ 老_来母_ ˊlau　　　　耐_泥母_ ＝ 癞_来母_ lai²

在细音前分开，泥母字读 n̠，来母字读 l。例如：

严_泥母_ ₌n̠iẽ≠连_来母_ ₌liẽ

纽_泥母_ ˊn̠iən≠柳_来母_ ˊliəu

（3）非组和晓组声母有混读现象。非组宕合三等字（微母字除外）读 x。例如：

方 ₌xõ　　房 ₌xõ　　放 xõ²　　纺 ˊxõ

晓组假合二、遇合一、蟹摄合口、山合二、止合三、臻合一、梗合二、通合一大部分字都混读到非组，读 f。例如：

假合二　花 ₌fa　　华 ₌fa　　　　遇合一　湖 ₌fu　　虎 ˊfu

蟹合一　灰 ₌fai　　会 fei²　　　　蟹合二　坏 fai²　　画 fa²

山合二　幻 fã²　　患 fã²　　　　止合三　辉 ₌fei　　毁 ˊfei

臻合一　婚 ₌fən　　魂 ₌fən　　　　梗合二　横 ₌fən　　宏 ₌fəŋ

通合一　红 ₌fəŋ　　洪 ₌fəŋ

（4）精组字与细音相拼时，读 ts、tsʰ、s；见组字与细音相拼时，读 tɕ、tɕʰ、ɕ，分尖团。例如：

蕉_{精组} ₌tsiɛ≠娇_{见组} ₌tɕiɛ　　千_{精组} ₌tsʰie≠牵_{见组} ₌tɕʰiẽ

晴_{精组} ₌tsin≠勤_{见组} ₌tɕin　　就_{精组} tsiən⁼≠舅_{见组} tɕiəu⁼

（5）知、庄、章三组字与洪音相拼时，大部分读 ts、tsʰ、s；在曾开三入声和蟹开三、止开三中读 tʂ、tʂʰ、ʂ。例如：

沉_{澄母} ₌tsən　　　疮_{初母} ₌tsʰõ

剩_{船母} sən⁼　　　事_{崇母} ʂʅ⁼

纸_{章母} ᶜtʂʅ　　　直_{澄母} tʂʰʅ₌

与细音相拼，知、章二组读 tɕ、tɕʰ、ɕ；庄组字读 ts、tsʰ、s 或 tɕ、tɕʰ、ɕ。例如：

张_{知母} ₌tɕiõ　　　串_{昌母} tɕʰyã ᶜ

森_{生母} ɕiŋ ᶜ　　　愁_{崇母} ₌tsiɛ

（6）古代日母字现代读零声母，只有极少数字例外，读 ȵ。例如：

肉_{通合三} ȵiəu₌　　　人_{臻开三} ₌ȵin

染_{咸开三} ᶜȵiẽ　　　任_{姓 深开三} ₌ȵin

（7）古代疑母开口一二等字读 ŋ；开口三四等字读 ȵ；合口字多读零声母。例如：

果开一 我 ᶜŋo　　　山开二 颜 ₌ŋã

流开三 牛 ₌ȵiəu　　　山合一 玩 ₌uã

止合三 魏 uei⁼　　　山开四 研 ₌ȵiẽ

（8）影母字中，影母开口一二等字读 ŋ。例如：

蟹开二 矮 ᶜŋai　　　假开二 哑 ᶜŋa

山开一 安 ₌ŋõ　　　效开一 奥 ŋau⁼

（二）韵母的特点

（1）果开一、果合一等字以及宕开一、宕合一、江开二等字的部分入声字读 o。例如：

果摄 多 ₌to　　饿 ŋo⁼　　坐 tso⁼　　破 pʰo ᶜ

宕摄 落 lo₌　　鹤 ko₌　　鹤 xo₌　　壳 kʰo₌

（2）假摄开口三等精组字有文白异读的现象。白读为 ia，文读为 i。例如：

	白读	文读
些	₌sia	₌si
斜	₌sia	₌si

姐　　ᶜtsia　　ᶜtsi

写　　ᶜsia　　ᶜsi

借　　tsiaᵓ　　tsiᵓ

（3）遇合一端系字以及遇合三庄组字读开口呼。例如：

端组　土 ᶜtʰəu　　都 ₌təu　　兔 tʰəuᵓ

泥组　路 ləuᶻ　　努 ᶜləu　　炉 ₌ləu

精组　粗 ₌tsʰəu　　苏 ₌səu　　组 ᶜtsəu

庄组　初 ₌tsʰəu　　助 tsəuᶻ　　梳 ₌səu

（4）遇合三知组、章组字读 y，与见组字混读。例如：

猪_知组 ＝居_见组 tɕy　　铸_章组 ＝句_见组 tɕyᵓ

（5）遇合三、蟹合一、止合三精组字大部分读 i。例如：

蛆 ₌tsʰi　　徐 ₌tsi　　絮 siᵓ　　须 ₌si　　取 ᶜtsʰi

罪 tsiᶻ　　碎 tsʰiᶜ　　<u>最</u> tsiᶻ　　虽 ₌si　　醉 tsiᵓ

（6）咸开三四等、山开合三四等、曾开一等端系入声字读 i。例如：

接_咸开三 tsiₐ　　蝶_咸开四 tʰiₐ

节_山开四 tsiₐ　　雪_山合三 siₐ

（7）流开一和效开三四等字合流（知系字除外），读 ie。例如：

沟_流开一 ＝娇_效开三 ₌tɕie　　楼_流开一 ＝燎_效开三 ₌lie

（8）咸摄、山摄、宕摄、江摄以及臻、曾两摄开口一等舒声字没有韵尾，读鼻化元音。例如：

咸摄　甜 ₌tiẽ　　念 ɲiẽᵓ

山摄　产 ᶜtsʰã　　颜 ₌ŋã

宕摄　亮 liõᶻ　　肠 ₌tɕiõ

江摄　窗 ₌tsʰõ　　讲 ᶜkõ

臻摄　根 ₌tɕiẽ　　恩 ₌ɲiẽ

曾摄　能 ₌ɲiẽ　　肯 ᶜtɕʰiẽ

（9）咸开一等舒声字现代读鼻化元音 ã，但是其中有关日常生活的用字，带有圆唇音色彩，读如山合一等舒声字，读 õ。例如：

潭_咸开一 ＝团_山合一 ₌tõ　　甘_咸开一 ＝官_山合一 ₌kõ

（10）深、臻两摄和曾、梗两摄的大部分舒声字合流，都读前鼻尾韵，读 in 或者 ən。例如：

真_{臻摄}＝蒸_{曾摄} ₌tsən　　　心_{深摄}＝星_{梗摄} ₌sin

（11）臻合一、臻合三端系舒声字读开口呼，读ən。例如：

臻合一　村 ₌tsʰən　　孙 ₌sən

臻合三　俊 tsən⁼　　遵 ₌tsən

（12）宕开三知组、章组和见组舒声字混读，读iõ；通合三知组、章组和见组舒声字混读，读iəŋ。例如：

宕开三　张_{知组}＝姜_{见组} ₌tɕiõ

通合三　虫_{知组}＝穷_{见组} ₌tɕiəŋ

（13）曾开一舒声字读齐齿呼（帮组字例外），读iẽ。例如：

曾_姓 ₌tsiẽ　　肯 ᶜtɕʰiẽ　　登 ₌tiẽ　　恒 ₌ɕiẽ

能 ₌niẽ　　藤 ₌tiẽ　　等 ᶜtiẽ　　层 ₌tsiẽ

（14）梗开三四等舒声帮组、精组、端组、见组字有文白异读现象。白读音读iã，文读音读in。例如：

	白读	文读
请	ᶜtsʰiã	ᶜtsʰin
井	ᶜtsiã	ᶜtsin
颈	ᶜtɕiã	ᶜtɕin
星	₌siã	₌sin
醒	ᶜsiã	ᶜsin
清	₌tsʰiã	₌tsʰin
平	₌piã	₌pin
饼	ᶜpiã	ᶜpin
病	piã⁼	pin⁼
定	tiã⁼	tin⁼
钉	₌tiã	₌tin
青	₌tsʰiã	₌tsʰin

（三）声调的特点

（1）平分阴阳，古代平声清音现代读阴平，浊音现代读阳平。

（2）古清上声和次浊上声现代读上声，古全浊上声归阳去。

（3）去声三分，声调受送气影响：古清去声现代读阴去；古次清去声自成调类，即次阴去；古浊去声和古全浊上声现代读阳去。

（4）入声不分阴阳，保留入声调类，入声塞音韵尾消失。

声调的演变见表3-4。

表3-4　湖南汨罗大荆方言声调演变情况

古调类＼今调类		阴平 33	阳平 13	上声 42	阴去 55	次阴去 35	阳去 11	入声 44
平声	清	开、专、飞						
	浊		人、麻、鹅					
	全浊		穷、平、唐					
上声	清			短、楚、五				
	次浊			老、女、五				
	全浊						厚、淡、近	
去声	全清				送、正、放			
	次清					抗、莱、唱		
	浊						害、饭、树	
入声	清							黑、百、尺
	浊							服、药、读

三、结语

综上，湖南汨罗大荆方言属于湘语的长益片，具有自身的语音特点。具体表现在以下三个方面。

（1）在声母的演变上，古代全浊声母现在读塞音、塞擦音的时候，舒声一律读不送气清音，这是湘语长益片的共同特征，而大荆方言的入声一般读送气清音，这是大荆方言声母的特点。

（2）在韵母的演变上，果摄字的今读有元音高化的现象，实际音值接近7、8号元音之间的元音[ʊ]，这和湘语娄邵片代表点双峰方言的显著特征一致；古代鼻韵尾舒声字今天多读鼻化韵；山摄合口字没有介音[u]，读圆唇鼻化元音[õ]。

（3）在声调的演变上，去声三分是湖南汨罗大荆方言的重要特色。2003年7月29日至8月1日在贵阳召开的全国汉语方言学会第十二届年会上，鲍厚星先生曾经谈到湖南省境内方言中去声三分的现象：古去声演变为阴去、次阴去、阳去三个调类。鲍厚星先生说目前湖南省内存在去声三分现象的方言有：安化的梅城、湘乡的阴山、双峰的梓门桥、岳阳的荣家湾①。其原因是"声母送气构成声调分化的条件"②。湖南汨罗大荆方言也正是由于声母送气，导致次清去声从清去声中分化出来，形成独立的调类：次阴去。湖南汨罗大荆位于汨罗的东北角，正好在北边和岳阳县接壤。湖南汨罗大荆话和湖南岳阳县县城荣家湾话在声调上都有去声三分的特征，应该是和两者地理位置接近有关系。

---

① 鲍厚星. 湘语声调演变的一种特殊格局[A] //全国汉语方言学会《中国方言学报》编委会. 中国方言学报（第一期）[M]. 北京：商务印书馆，2006：23—30.
② 湖南师范学院中文系汉语方言普查组. 湖南省汉语方言普查总结报告（初稿）[M]. 长沙：湖南师范大学内部石印本，1960.

第二节　湖南汨罗大荆方言的同音字汇

湖南汨罗大荆方言有着重要的研究价值，本节作者已经在本章第一节总结分析了湖南汨罗大荆方言的语音系统及其特点，这里主要描写的是湖南汨罗大荆方言的同音字汇。

一、湖南汨罗大荆方言同音字汇的体例及相关说明

（1）同音节的字按照韵母顺序排列，同韵母的字按照声母顺序排列，声韵相同的字按照声调顺序排列。

（2）韵母 38 个，排列顺序是：ɿ、ʅ、i、u、y、a、ia、ua、ya、o、io、ø、yø、iɛ、ai、uai、ei、uei、ɑu、iɑu、əu、iəu、ã、iã、uã、yã、õ、iõ、ø̃、iẽ、ən、in、uən、yn、əŋ、iəŋ、m̩、n̩。

（3）声母 22 个，排列顺序是：p、pʰ、m、f、t、tʰ、l、ts、tsʰ、s、tʂ、tʂʰ、ʂ、tɕ、tɕʰ、ȵ、ɕ、k、kʰ、ŋ、x、ø。

（4）声调 7 个，排列顺序是：阴平、阳平、上声、阴去、次阴去、阳去、入声，分别用数字33、13、42、55、35、11、44写出调值。

二、湖南汨罗大荆方言同音字汇

1. ɿ

ts　［33］姿、资、咨、兹、滋

　　［13］瓷、磁、词、辞、祠、糍、慈

　　［42］紫、子、姊、梓、滓

　　［11］自、寺、字

tsʰ　［33］雌

　　［42］此

　　［35］刺、赐、次

s　［33］斯、撕、私、司、丝、思

　　［42］死

　　［55］四、肆

2. ʅ

tʂ　[33] 知、蜘、支、枝、肢、之、芝

　　[13] 迟、驰、池、持

　　[42] 纸、旨、指、止、趾、址、只~有

　　[55] 制、智、翅、致、至、志、置、痣

　　[11] 痔、治

　　[44] 执、汁、质、织、职

tʂʰ　[42] 匙、耻、齿

　　[44] 侄、植、秩、直、值、殖

ʂ　[33] 施、尸、诗、师、狮

　　[13] 时

　　[42] 使、矢、屎、始、史、驶

　　[55] 世、势、示、逝、视、试、式

　　[11] 是、士、仕、柿、事、市

　　[44] 十、拾、实、食、蚀、湿、识、室、石、失

3. i

p　[13] 皮、疲、脾、琵

　　[42] 彼、比、鄙

　　[55] 贝、避、毙

　　[11] 币、被~子、备

　　[44] 笔、毕、必、弼、璧、壁、逼

pʰ　[33] 披、批

　　[55] 屁、配

　　[44] 别、撇、匹、劈、鼻

m　[13] 迷、谜、眉、楣

　　[42] 米、美

　　[44] 灭、蔑、黢~黑、觅、墨、蜜、默、密、脉

t　[33] 低、爹~娘

　　[13] 堤、题、提、蹄、啼

　　[42] 底、抵

　　[55] 帝、队

　　［11］第、地、弟
　　［44］的目~、滴、嫡、得、德
tʰ　［33］梯
　　［42］体
　　［35］剃、屉、<u>退</u>
　　［44］贴、帖、叠、蝶、谍、铁、踢、剔、笛、敌、替
l　［13］犁、黎、梨
　　［42］礼、李、里、理、鲤
　　［55］厉、丽
　　［11］荔、利、痢
　　［44］笠、立、粒、烈、列、裂、劣、栗、律、率、猎、肋、力、勒、
历、<u>泪</u>
ts　［13］徐、齐、脐
　　［42］<u>姐</u>、挤、嘴
　　［55］<u>借</u>、聚、祭、济、集、醉、剂、<u>最</u>
　　［11］罪
　　［44］接、节、则、责、积、脊、籍、鲫、即、绩、际
tsʰ　［33］蛆、妻
　　［42］取、娶
　　［35］趣、砌、碎、翠
　　［44］捷、截、切、绝、七、漆、疾、贼、戚、契、寂、绝
s　［33］西、栖、犀、<u>些</u>、须、需、虽
　　［13］<u>斜</u>、邪~毛野鬼:不正经的人
　　［42］<u>写</u>、洗
　　［55］岁、<u>谢</u>、细、羡、絮棉~
　　［44］屑、雪、悉、膝、塞、惜、昔、席、夕、熄、媳、习、薛、息、
虱、析、泄肚里~:拉肚子
tɕ　［33］鸡、机、讥、饥、肌、基
　　［13］其、旗、棋、期、骑、奇
　　［42］几、己
　　［55］锯、既、技、妓、纪、记

　　　　[44] 劫、杰、揭、结、洁、吉、格、急、级、及、击、激、极

tɕʰ　[33] 欺

　　　　[42] 启、岂、起、杞

　　　　[35] 去、气、汽、器、弃

　　　　[44] 吸、侧

ȵ　　[13] 泥、倪、宜、仪、谊、尼、疑

　　　　[42] 蚁、拟

　　　　[55] 艺、毅、聂、谚、议、孽

　　　　[44] 业、额、**热**

ɕ　　[33] 牺、溪、希、稀

　　　　[13] 随

　　　　[42] 喜

　　　　[55] 卸、系_联~_、戏

　　　　[44] 协、黑、歇、蝎、核、血、色

ø　　[33] 医、衣、依

　　　　[13] 姨、移、夷

　　　　[42] 已、椅、倚、以

　　　　[55] 意、逸、忆、亿、益、异、□_这:~个好_

　　　　[11] 易

　　　　[44] 乙、一、译、叶、页

4. u

p　　[13] 菩、脯

　　　　[42] 补

　　　　[55] 布、怖

　　　　[11] 步、部

pʰ　　[33] 铺_~盖_

　　　　[42] 谱、普、甫

　　　　[35] 铺_店~_

　　　　[44] 卜、赴、讣

m　　[13] 模

　　　　[42] 母、拇

  [11] 墓

  [44] 目、木、穆、牧

f [33] 呼、夫、肤、麸、敷

  [13] 胡、湖、狐、壶、符、扶、芙、俘

  [42] 虎、浒、府、腑、斧、抚、腐、俯、辅

  [55] 付、傅、富、副

  [11] 户、互、父、护、附、负、妇

  [44] 佛、福、幅、腹、服、伏

k [33] 姑、孤、箍、估

  [42] 古、牯、股、鼓、□_{螃~；螃蟹}

  [55] 故、固、顾

  [44] 骨、谷

k^h [33] 枯

  [42] 苦

  [35] 库、裤

  [44] 哭

ø [33] 乌、巫、诬

  [13] 吴、蜈、无

  [42] 五、伍、午、舞、武、鹉

  [11] 误、悟、务、雾

  [44] 屋、物

5. y

tɕ [33] 猪、诛、蛛、株、朱、珠、车_{~马炮}、居、拘

  [13] 除、储、渠、厨、瞿

  [42] 煮、主、举

  [55] 巨、驻、锯、注、蛀、铸、距、句、具

  [11] 住

  [44] 橘、菊、局

tɕ^h [33] 区、驱、吹

  [35] 处

  [44] 出、屈

ɕ　[33] 书、舒、输、殊、虚、嘘

　　[42] 暑、鼠、许、水

　　[55] 绪

　　[11] 树、竖

　　[44] 术、述

ø　[13] 如、鱼、渔、于、余、愚、娱、于、愉、儒

　　[42] 女、语、与、雨、宇、禹、羽、乳

　　[55] 预、日、疫

　　[11] 遇、芋、裕

　　[44] 入、玉

6. a

p　[33] 巴、芭、疤、爸、琵

　　[13] 爬

　　[42] 把

　　[55] 霸、坝

　　[11] 耙~地

　　[44] 八

pʰ　[35] 怕

　　[44] 拔

m　[33] 妈

　　[13] 麻

　　[42] 马、码

　　[44] 抹、麦

f　[33] 花

　　[13] 华

　　[55] 化

　　[11] 画

　　[44] 划、筏、罚、法、发

t　[42] 打

　　[11] 大

　　[44] 答、搭

tʰ　［44］塔、达、榻、塌、踏

l　［13］拿

　　［44］辣、拉、纳、腊、蜡

ts　［33］渣

　　［13］查、茶、搽

　　［55］诈、榨、炸

　　［44］摘、闸、扎

tsʰ　［33］叉、权、差、岔

　　［44］插、杂、察、擦

s　［33］沙、纱

　　［42］耍

　　［44］杀、刷

k　［44］夹、挟~菜、胳

kʰ　［44］掐、客

ŋ　［13］牙、伢

　　［42］哑

　　［44］鸭、押、压

x　［33］虾

　　［11］下底~

　　［44］瞎、吓~人

7. ia

t　［33］爹~~;爹爹;细~;奶奶

tʰ　［44］狄

ts　［13］斜

　　［42］姐

　　［55］借

s　［33］些

　　［42］写

tɕ　［33］家、加、嘉

　　［13］茄

　　［42］假、贾

[55] 架、驾、嫁、稼、价

[11] 谢_{姓氏}

[44] 甲

tɕʰ [42] 扯

[44] 洽、吃

ɕ [33] 虾

[13] 霞、瑕

[42] 舍

[11] 厦、夏、下、麝

[44] 辖

ø [13] 牙

[42] 哑

[11] 夜

[44] 鸭、押、压

8. ua

k [33] 瓜

[42] 寡

[55] 褂、卦

[44] 括、刮

kʰ [33] 夸

ø [11] 话

[44] 滑、猾、挖、袜

9. ya

tɕ [33] 抓

[13] 瘸

ɕ [33] 靴_{套~}

10. o

p [33] 波、菠、玻

[13] 婆

[55] 簸

[11] 薄_{~荷}

　　　　［44］勃、博、驳

pʰ　［33］坡

　　［35］破

m　［33］摸

　　［13］磨~刀、魔、摩、馍、膜

　　［11］磨石~

　　［44］莫、寞、牧

t　［33］多

　　［13］驼、驮

　　［42］朵、躲

　　［55］剁

　　［11］舵、惰

　　［44］夺

tʰ　［33］拖

　　［42］椭、妥

　　［44］托

l　［13］挪、罗、锣、箩、骡、螺、脶

　　［42］裸、暖、卵

　　［11］糯

　　［44］落、烙、骆、酪、洛、络、乐

ts　［42］左、佐

　　［11］座、坐

　　［44］作、桌、卓、啄、琢、捉

tsʰ　［33］搓

　　［35］锉、错

　　［44］戳、昨

s　［33］蓑、梭、唆

　　［42］锁、琐

　　［44］蟀、索

k　［33］哥、歌、锅、戈

　　［42］果、裹

  [55] 个、过

  [44] 各、阁、搁、郭

kʰ [33] 科、窠_{鸟~；鸟窝}

  [42] 可、颗

  [35] 课

  [44] 扩、磕、确、壳

ŋ [13] 蛾、俄、鹅

  [42] 我

  [11] 饿

  [44] 恶_{凶~}

x [13] 荷、何、河、和

  [42] 火

  [55] 货

  [11] 贺

  [44] 鹤

∅ [13] 禾

  [55] 卧

11. io

l [44] 略、掠

ts [33] 遮

tsʰ [44] 雀、鹊

s [44] 削

tɕ [44] 着_{睡~}、脚

tɕʰ [44] 尺

ɕ [33] 赊

  [13] 蛇

  [11] 射

  [44] 学

ŋ [44] 虐、弱

∅ [44] 若、约、药、钥、岳、乐_{音~}、狱

12. ø

p 　　［44］北、百、柏、伯、钵

pʰ 　　［44］迫、拍、魄、泼、白

m 　　［44］末、沫

tʰ 　　［44］脱、特、蜕

ts 　　［33］遮

　　　　［44］哲、浙、折

tsʰ 　　［33］车

　　　　［42］扯

　　　　［44］撤、彻、策、册、拆、泽、择、宅、测

s 　　［33］赊

　　　　［42］畲

　　　　［11］社、射

　　　　［44］舌、设

k 　　［44］割、葛、胳、国

kʰ 　　［44］渴、阔

x 　　［44］喝、合、盒、活

ø 　　［13］儿、而

　　　　［42］耳、尔、饵

　　　　［11］二、贰

13. yø

tɕ 　　［33］追

　　　　［13］锤、槌、垂

　　　　［44］厥、掘、撅、决

tɕʰ 　　［33］吹、炊

　　　　［44］缺

ɕ 　　［55］税、睡

ø 　　［44］悦、阅、越、粤、月、热

14. iɛ

p 　　［33］标、彪

　　　　［42］表、裱

pʰ　［33］飘

　　［35］票

m　［13］苗、描、谋

　　［42］秒、某、亩

　　［55］妙、茂、贸

　　［11］庙

t　［33］貂、雕、兜

　　［13］条、调、头、投

　　［42］斗_{容量单位}、抖

　　［55］斗_{~争}

tʰ　［33］挑、偷

　　［35］跳、透

l　［13］燎、聊、辽、撩、楼

　　［42］篓

ts　［33］焦、蕉

　　［13］愁

　　［42］走

s　［33］消、宵、霄、硝、萧、箫

　　［42］小

　　［55］瘦、笑

tɕ　［33］郊、交、胶、骄、娇、浇、钩、勾、沟

　　［13］桥、荞、乔

　　［42］绞、狡、搅、缴、狗

　　［55］教、较、校、叫、够

　　［11］轿

tɕʰ　［42］口、巧

　　［35］凑

ȵ　［33］欧

　　［13］尧

　　［42］呕、藕、鸟

　　［11］尿

ç ［33］搜、馊

　　［42］晓

　　［55］孝、效

ø ［33］妖、邀、腰

　　［13］摇、谣、窑、姚

　　［42］惹

　　［55］要_{重~}

　　［11］<u>夜</u>

15. ai

p ［13］排、牌、培、陪、赔

　　［42］摆

　　［55］拜、背

　　［11］败

pʰ ［35］派

m ［13］弥、煤、梅、枚、媒

　　［42］每

　　［11］妹

f ［33］灰

　　［13］怀、槐、淮

　　［11］坏

t ［33］堆

　　［13］台、抬、苔

　　［55］待、戴、贷、带

　　［11］代、袋、<u>大</u>

tʰ ［33］胎、推

　　［42］腿

　　［35］态、太、泰

l ［13］来、雷

　　［55］类

　　［11］耐、癞、<u>内</u>

ts ［33］灾、栽

　　　　〔13〕材、财、裁、豺、柴

　　　　〔42〕宰

　　　　〔55〕再、载、债、寨

　　　　〔11〕在

tsʰ　〔33〕猜、催、崔

　　　　〔42〕彩、采、睬

　　　　〔35〕菜、蔡

s　　〔33〕腮、鳃、筛、衰

　　　　〔55〕赛、晒、帅

k　　〔33〕该、阶、街

　　　　〔42〕改、解

　　　　〔55〕盖、介、界、芥、械、戒

kʰ　〔33〕开

　　　　〔42〕凯、楷

　　　　〔35〕概、慨、溉

ŋ　　〔33〕哀

　　　　〔13〕呆、捱

　　　　〔42〕矮

　　　　〔55〕爱

　　　　〔11〕碍不~；没关系

x　　〔13〕孩、鞋、还

　　　　〔42〕海

16. uai

k　　〔33〕乖

　　　　〔42〕拐

　　　　〔55〕怪

kʰ　〔42〕块

　　　　〔35〕筷、快、会~计

ø　　〔33〕歪

　　　　〔13〕回

　　　　〔11〕外

17. ei

p　[33] 碑、卑、<u>杯</u>、悲

　　[55] <u>贝</u>、辈

　　[11] 倍

pʰ　[35] <u>配</u>、佩、沛

f　[33] 非、飞、妃、挥、辉、徽、恢

　　[13] 肥、茴、□_{红薯}

　　[42] 匪、毁、悔

　　[55] 废、肺、惠、慧、费

　　[11] 会_{~不会}

tʰ　[35] <u>退</u>

l　[42] 吕、垒

　　[55] <u>虑</u>

　　[11] <u>内</u>

x　[13] 侯、喉、猴

　　[11] 后、厚

18. uei

k　[33] 闺、规、龟、归

　　[13] 奎、逵、葵

　　[42] 轨、鬼

　　[55] 桂、贵

　　[11] 柜

　　[44] <u>骨</u>

kʰ　[33] 亏、盔

　　[42] 跪

ts　[55] <u>最</u>

ø　[33] 威

　　[13] 危、唯、微、桅、维、违、围、为

　　[42] 委、尾、伟、苇

　　[55] 卫、畏、慰、胃、谓

　　[11] 味、未、位、魏

19. ɑu

p　　[33] 包、胞

　　　[13] 袍、浮

　　　[42] 保、饱、宝、堡

　　　[55] 报、暴、豹、爆

　　　[11] 抱、刨~子

pʰ　 [33] 泡、抛

　　　[42] 跑

　　　[35] 炮

m　　[33] 猫

　　　[13] 毛、茅、矛

　　　[42] 卯

　　　[11] 冒、帽、貌

t　　 [33] 刀、叨

　　　[13] 桃、逃、淘、陶、萄

　　　[42] 祷、岛

　　　[55] 到、倒~垃圾

　　　[11] 道、稻、盗

tʰ　 [33] 滔、掏、涛

　　　[42] 讨

　　　[55] 套

l　　 [13] 劳、牢

　　　[42] 脑、恼、老

　　　[11] 闹

ts　 [33] 糟、遭

　　　[13] 曹、槽、巢

　　　[42] 早、枣、蚤、澡、爪

　　　[55] 罩

tsʰ　[33] 操、抄、钞

　　　[42] 草、炒、吵

　　　[35] 糙、躁、造

s　　[33] 骚、烧、梢、稍

　　　[13] 韶

　　　[42] 少

　　　[55] 扫、绍

k　　[33] 高、篙、羔、糕

　　　[55] 告

kʰ　　[42] 考、烤

　　　[35] 靠

ŋ　　[33] 熬

　　　[55] 懊、奥

　　　[11] 傲

x　　[33] 蒿

　　　[13] 豪、壕、毫

　　　[42] 好

　　　[55] 浩

　　　[11] 号名字：你喊么哩～？

20. iɑu

tɕ　　[33] 朝天：三～、五～，指结婚或生小孩后的天数、召、昭、招、沼

　　　[13] 朝、潮

　　　[55] 照

　　　[11] 赵

tɕʰ　[33] 超

21. əu

t　　[33] 都

　　　[13] 徒、屠、途、涂、图

　　　[42] 堵、赌、肚猪～子

　　　[55] 度、渡

　　　[11] 肚～子痛、杜

　　　[44] 督

tʰ　　[42] 土

　　　[35] 兔、吐

　　　　　　［44］突、秃、独、读、毒

l　　［13］炉

　　　　［42］努、鲁

　　　　［11］怒、路、露

　　　　［44］鹿、禄、六、绿

ts　　［33］租

　　　　［13］锄

　　　　［42］祖、组、阻

　　　　［55］做

　　　　［11］助

　　　　［44］足

tsʰ　　［33］粗、初

　　　　［42］楚

　　　　［35］醋

　　　　［44］族、促

s　　　［33］苏、酥、梳、疏、蔬、收

　　　　［42］手、首、守、数~数

　　　　［55］素、诉、续、数~字、宿、兽

　　　　［11］受、寿

　　　　［44］速、缩、叔、熟、俗、续、赎、属、束

22. iəu

t　　［33］丢

l　　［13］刘、留、榴、硫、琉

　　　　［42］柳

ts　　［42］酒

　　　　［11］就

tsʰ　　［33］秋

s　　　［33］修、羞

　　　　［55］秀、绣、锈、袖

tɕ　　［33］周、舟、洲、州、纠

　　　　［13］求、球、仇

　　　　［42］帚、九、久、韭

　　　　［55］救、纠、究、枢

　　　　［11］臼、舅、旧

　　　　［44］烛

tɕʰ　［33］抽、丘

　　　　［42］丑

　　　　［35］臭

　　　　［44］触、曲、轴

ȵ　　［13］牛

　　　　［42］纽、扭

　　　　［44］肉

ɕ　　［33］休

　　　　［42］朽

　　　　［44］畜

ø　　［33］优、悠、幽

　　　　［13］柔、揉、尤、邮、由、油、游、犹

　　　　［42］有、友、酉

　　　　［55］诱、幼

　　　　［11］又、右、佑

　　　　［44］育、辱、褥、欲、浴

23. ã

p　　［33］班、斑、扳、颁

　　　　［42］版、板

　　　　［55］扮

pʰ　　［33］攀

　　　　［35］盼、襻

m　　［13］蛮

　　　　［42］满

　　　　［11］慢、漫

f　　［33］翻、番、蕃

　　　　［13］帆、凡、烦、繁

　　　　〔42〕反

　　　　〔55〕范、泛

　　　　〔11〕犯、患、饭

t　　　〔33〕担、丹、单、耽

　　　　〔13〕檀、弹~琴、谈、痰

　　　　〔42〕胆

　　　　〔55〕担、旦

　　　　〔11〕淡、旦、蛋、弹子~

tʰ　　　〔33〕坍、摊、滩

　　　　〔42〕毯、坦

　　　　〔35〕叹、炭

l　　　〔13〕兰、篮、蓝、栏、难、拦

　　　　〔42〕榄、览、揽、懒

　　　　〔11〕烂

ts　　　〔42〕盏

　　　　〔55〕站~立、赞

　　　　〔11〕站车~

tsʰ　　〔33〕参

　　　　〔42〕铲、产、惨

　　　　〔35〕灿

s　　　〔33〕三、衫、山、删、闩、栓

　　　　〔55〕散、疝

k　　　〔33〕艰、间、奸

　　　　〔42〕感、减、简

　　　　〔55〕监

kʰ　　　〔33〕勘、堪

　　　　〔42〕砍、坎

n̠　　　〔33〕庵

　　　　〔13〕颜

　　　　〔42〕眼

　　　　〔55〕□晚

　　　　[11] 雁

x　　[13] 函、咸、衔、韩

　　　　[42] 喊

　　　　[11] 陷、限

24. iã

p　　[13] 坪

　　　　[42] 饼

　　　　[11] 病

m　　[11] 命

t　　[33] 钉

　　　　[11] 定

tʰ　　[33] 听

l　　[42] 领

ts　　[42] 井

tsʰ　[33] 青

　　　　[42] 请

s　　[33] 星

　　　　[42] 醒

tɕ　　[42] 颈

tɕʰ　[33] 轻

ɳ　　[13] 赢

25. uã

k　　[33] 关

　　　　[55] 贯、灌、冠、惯、罐

ø　　[33] 豌、弯、湾

　　　　[13] 完、顽、玩、还有借有~

　　　　[42] 碗、腕、晚、挽

26. yã

tɕ　　[33] 专、砖

　　　　[13] 传、椽、船、拳、权

　　　　[42] 转~圈

　　　　[55] 眷、卷、绢、圈_{猪~}

tɕʰ　　[33] 川、穿、圈_{圆~}

　　　　[42] 犬

　　　　[35] 串、劝

ɕ　　　[13] 玄、悬

ø　　　[33] 冤、渊

　　　　[13] 然、燃、丸、圆、缘、铅、元、原、源、袁、辕、园、援

27. õ

p　　　[33] 帮

　　　　[13] 旁、螃

　　　　[42] 榜

　　　　[55] 谤

pʰ　　　[35] 胖

m　　　[13] 忙、茫、芒、盲

　　　　[42] 莽、蟒

t　　　[33] 当_{~时}

　　　　[13] 唐、糖、塘、棠、堂

　　　　[42] 党、挡

tʰ　　　[33] 汤

　　　　[42] 躺、倘

　　　　[35] 趟、烫

l　　　[13] 郎、廊、狼

　　　　[42] 朗、冷

　　　　[11] 浪

ts　　　[33] 庄、装

　　　　[13] 床、藏_{收~}

　　　　[55] 壮、葬、藏_{西~}

　　　　[11] 撞、状

tsʰ　　　[33] 仓、苍、疮、窗

　　　　[42] 闯

　　　　[35] 创

s　　〔33〕霜、双、桑

　　　　〔42〕嗓

k　　〔33〕刚、冈、岗、纲、缸、光、<u>江</u>

　　　　〔42〕广

　　　　〔55〕杠、虹

kʰ　　〔33〕康、糠、坑

　　　　〔13〕狂

　　　　〔42〕□咳嗽

　　　　〔35〕抗、矿、旷、况

ŋ　　〔11〕硬

x　　〔33〕荒、慌、方、肪、芳

　　　　〔13〕黄、簧、皇、蝗、妨、房、防、航、杭、行

　　　　〔42〕谎、仿、访

　　　　〔55〕放、项

　　　　〔11〕巷

ø　　〔33〕汪

　　　　〔13〕<u>横</u>、王

　　　　〔42〕网、枉、往

　　　　〔11〕望、旺

28. iõ

l　　〔13〕良、量测~、梁、粱、凉

　　　　〔42〕两

　　　　〔55〕量数~

　　　　〔11〕亮、谅

ts　　〔33〕将、浆

　　　　〔13〕墙、详、祥

　　　　〔42〕蒋、奖、桨

　　　　〔55〕酱

　　　　〔11〕像、匠

tsʰ　　〔33〕枪

　　　　〔42〕抢

s　　［33］箱、厢、湘、襄、相~互、镶

　　　［42］想

　　　［55］相~貌

　　　［11］象

tɕ　［33］张、章、樟、疆、僵、姜

　　　［13］长~短、肠、场、强

　　　［42］长生~、涨、掌

　　　［55］帐、胀、障

　　　［11］仗、丈、杖

tɕʰ　［33］昌、菖、腔、匡、筐、眶

　　　［42］厂

　　　［35］畅、唱、倡

ȵ　　［13］娘

ɕ　　［33］伤、商、香、乡

　　　［13］常、尝、裳、偿

　　　［42］享、赏

　　　［55］向

　　　［11］上、尚

ø　　［33］央、秧、殃

　　　［13］瓤、羊、洋、杨、阳、扬

　　　［42］养、壤

　　　［11］让、样

29. õ

p　　［33］般、搬

　　　［13］盘

　　　［55］半、绊

　　　［11］伴、拌

pʰ　［33］潘

　　　［35］判、叛

m　　［13］瞒、馒

t　　［33］端

[13] 谭、潭、团

[42] 短

[55] 锻

[11] 段、断

t^h　[33] 贪

[35] 探

l　[13] 南、男

[11] 乱

ts　[33] 沾、粘

[13] 缠、蚕

[42] 展

[55] 占

ts^h　[42] 喘

s　[33] 酸

[42] 闪、陕

[55] 扇、算、蒜

[11] 善

k　[33] 甘、柑、泔、干~净、肝、竿、杆、官、棺、观

[42] 敢、橄、赶、管、馆

[55] 干~部

k^h　[33] 刊、宽

[42] 款

[35] 看

ŋ　[33] 安、鞍

[55] 暗、按、案

[11] 岸

x　[33] 鼾、欢

[13] 寒、完

[42] 缓

[55] 汉

[11] 旱、汗、换、唤

30. iẽ

p　　[33]鞭、编、边

　　　[13]便~宜

　　　[42]匾、扁

　　　[55]变

　　　[11]瓣、辩、辨、便方~

pʰ　　[33]偏

　　　[35]骗、片

m　　[13]绵、棉、眠

　　　[42]勉、免

　　　[11]面

t　　[33]颠、登、灯

　　　[13]腾、誊、藤、田、填

　　　[42]点、典、等

　　　[55]店、凳

　　　[11]垫、电、邓

tʰ　　[33]天、添

l　　[13]镰、廉、联、连、怜、莲

　　　[42]脸

ts　　[33]尖、煎、增、曾姓氏、憎、争、睁

　　　[13]潜、钱、前、全、泉、层

　　　[42]剪

　　　[55]渐、箭

tsʰ　　[33]签、迁、千

　　　[42]浅

s　　[33]仙、鲜、先、宣、生、牲、甥、僧

　　　[13]旋

　　　[42]选、省

　　　[55]线

tɕʰ　　[33]耕、肩、坚、更、庚、跟、根

　　　[13]钳、乾

　　　　［42］检、俭、茧

　　　　［55］健、建、见、剑

　　　　［11］件

tɕ　　［33］谦、牵

　　　　［42］恳、垦、肯

　　　　［35］欠

ɲ　　　［13］严、阎、檐、年、研、能

　　　　［42］染、碾

　　　　［11］念、砚

ɕ　　　［33］掀

　　　　［13］嫌、贤、恒、衡

　　　　［42］险、显

　　　　［55］宪、献、恨

　　　　［11］现、县

ø　　　［33］烟、淹、阉

　　　　［13］炎、延、言

　　　　［42］演

　　　　［55］燕、厌、艳、焰、堰

31. ən

p　　　［33］奔

　　　　［13］盆、彭、澎

　　　　［42］本

m　　　［13］门

　　　　［11］闷

f　　　［33］昏、婚、分、芬、纷、荤

　　　　［13］魂、混、浑、焚、坟、<u>横</u>

　　　　［55］喷、粪、奋

　　　　［11］份

t　　　［33］敦、墩

　　　　［13］臀、橙

　　　　［42］<u>等</u>

　　　　　〔55〕盾

l　　〔13〕伦、沦、轮

　　　　〔11〕嫩

ts　　〔33〕针、斟、蒸、珍、真、尊、遵、贞、侦、征

　　　　〔13〕沉、承、丞、陈、臣、存、呈、程、成、城、盛~饭

　　　　〔42〕枕、拯、诊、整

　　　　〔55〕证、症、镇、震、振、俊、郑、正、政

　　　　〔11〕阵

tsʰ　〔33〕村、撑、称

　　　　〔42〕逞

　　　　〔35〕趁、衬、寸、秤

s　　〔33〕深、身、生、申、伸、孙、声、升

　　　　〔13〕神、辰、晨、唇、乘、绳

　　　　〔42〕沈、审、婶、损

　　　　〔55〕甚、肾、慎、圣、送、胜

　　　　〔11〕剩

x　　〔42〕很

32. in

p　　〔33〕彬、宾、冰、兵、槟

　　　　〔13〕贫、凭、平、坪、评、瓶、萍

　　　　〔42〕丙、秉、柄、饼、禀

　　　　〔55〕并、鬓

　　　　〔11〕病

pʰ　〔33〕拼

　　　　〔42〕品

m　　〔13〕民、鸣、明、名、铭

　　　　〔42〕敏、悯、抿、皿

　　　　〔11〕命

t　　〔33〕丁、钉~子

　　　　〔13〕停、亭、庭、蜓、廷

　　　　〔42〕顶、鼎

　　　　　　［55］钉~桌子

　　　　　　［11］<u>定</u>

tʰ　　　［33］挺、<u>听</u>

l　　　　［13］灵、零、铃、林、淋、临、邻、鳞、陵、凌、菱

　　　　　　［42］<u>领</u>

　　　　　　［11］另、令

ts　　　［33］侵、津、精、莹、晴

　　　　　　［13］寻、秦、情、晴

　　　　　　［42］<u>井</u>

　　　　　　［55］浸、进、晋

　　　　　　［11］尽、静、净

tsʰ　　［33］亲~戚、<u>渣</u>、<u>查</u>

　　　　　　［42］<u>请</u>

　　　　　　［35］亲~家

s　　　　［33］心、辛、新、薪、<u>星</u>

　　　　　　［42］<u>醒</u>

　　　　　　［55］信、讯、性、姓

tɕ　　　［33］经、今、金、襟、巾、筋、京、荆、惊、鲸

　　　　　　［13］琴、禽、勤、芹、擒

　　　　　　［42］锦、紧、仅、警、景、谨、<u>颈</u>

　　　　　　［55］劲、境、敬、镜、竞、禁、径

　　　　　　［11］近

tɕʰ　　［33］卿、<u>轻</u>

　　　　　　［42］寝

　　　　　　［35］庆

ɲ　　　　［13］任姓氏、人、银、宁、凝、<u>赢</u>

　　　　　　［42］忍

ɕ　　　　［33］森、兴~旺、参人~、欣

　　　　　　［13］荀、旬、巡、型、刑、行~动

　　　　　　［42］省

　　　　　　［55］嗅、幸、兴高~

　　　　　　［11］杏

ø　　［33］因、姻、鹰、蝇、鹦、英、婴、缨、音、阴、殷、莺、樱

　　　　　　［13］寅、迎、盈、淫、荣、萤

　　　　　　［42］引、隐、影、饮、颖

　　　　　　［55］印、应、映

33. uən

k　　［42］滚

　　　　［55］棍

kʰ　　［33］昆、坤

　　　　［42］捆

　　　　［35］困

ø　　［33］温、瘟

　　　　［13］文、纹、蚊、闻

　　　　［42］稳

　　　　［11］问

34. yn

tɕ　　［33］均、钧、君、军

　　　　［13］裙、群

　　　　［42］准

　　　　［11］菌

tɕʰ　　［33］春

　　　　［42］蠢、顷

ɕ　　［33］熏、薰

　　　　［55］顺、舜、训

ø　　［33］晕

　　　　［13］云、匀

　　　　［42］允、尹

　　　　［55］运、泳、韵、刃、纫

　　　　［11］闰、润、孕

35. əŋ

p　　［33］崩

　　　　　　[13] 朋、蓬、篷

m　　　　[13] 萌、蒙

　　　　　　[42] 猛

　　　　　　[11] 梦、孟

f　　　　　[33] 烘、风、枫、疯、丰、封、峰、蜂、锋

　　　　　　[13] 宏、红、洪、鸿、冯、缝~衣、逢

　　　　　　[42] 讽

　　　　　　[11] 奉、凤、缝门~

t　　　　　[33] 冬、东

　　　　　　[13] 同、铜、桐、筒、童、瞳

　　　　　　[42] 懂、董

　　　　　　[55] 冻、栋

　　　　　　[11] 动、洞

tʰ　　　　[33] 通

　　　　　　[42] 统、桶、捅

　　　　　　[35] 痛

l　　　　　[13] 农、脓、隆、浓、龙、笼

　　　　　　[42] 拢、陇、冷

　　　　　　[11] 弄

ts　　　　[33] 宗、棕

　　　　　　[13] 崇、从、松~树

　　　　　　[42] 总

　　　　　　[55] 粽

tsʰ　　　[33] 聪、匆、葱

s　　　　　[33] 松~紧

　　　　　　[55] 送、宋

k　　　　　[33] 弓、躬、宫、恭、供、公、蚣、工、功、攻

　　　　　　[42] 拱、汞

　　　　　　[55] 贡

　　　　　　[11] 共

kʰ　　　　[33] 空~间

　　　　［42］孔

　　　　［35］控、空~白

36. iəŋ

tɕ　　［33］中~间、忠、终、钟

　　　　［13］虫、穷、重~复

　　　　［42］仲、种~子、肿

　　　　［55］中打~、众、种~菜

　　　　［11］重轻~

tɕʰ　　［33］充、冲、春

ɕ　　　［33］兄、胸、凶

　　　　［13］熊、雄

ø　　　［13］戎、绒、融、容、蓉

　　　　［42］勇、涌

　　　　［11］用

37. m̩

ø　　　［42］□~妈:妈妈

38. n̩

ø　　　［35］□不

　　　　［11］你

三、结语

　　综上，湖南汨罗大荆方言属于湘语的常益片，独具特色。汨罗大荆方言的研究价值不仅在于填补方言单点研究上的空白，更重要的是能从语言交际和方言接触的角度为进一步研究湖南三峡移民的语言问题和语言生态提供原始的语言资料。湖南汨罗大荆方言同音字汇的描写结果有效地反映了三峡移民的迁入地湖南汨罗大荆当地居民的语音面貌。

第四章　湖南三峡移民迁入地语言生态（三）

第一节　湖南武冈方言（文坪话）的语气词系统考察

湖南省武冈市毗邻湖南邵阳市的城步苗族自治县、新宁县、邵阳县、隆回县、洞口县、绥宁县六县，现为湖南西南部的中心县级市，其境内方言差异比较明显。目前，学界认为武冈方言属于湘语娄邵片。武冈的代表方言俗称"城里话"，与之对应的"乡里话"内部存有差异，与"城里话"相比，差异尤为明显。武冈境内南部的文坪镇处于武冈市、新宁县、城步苗族自治县三县交界处。文坪话是境内很有特点的"乡里话"，方言语气词很能体现方言个性。为此，本节作者对该方言的语气词系统进行了调查研究。

湖南武冈方言（文坪话）的语气词，少数可采用通行写法，大多不易确定汉字形式，本节记录的是音同或音近字，实在找不到合适汉字的，用"□"代替。有的语气词读音特殊，超出语音系统。有的语气词常常与前一音节产生音变或合音。这些均将在本节加以描写或说明。此外，对本节所使用符号说明如下。

（1）语气词右上角小等号"＝"表示同音或近音。
（2）同形的语气词则在右上角标"1、2"，以示区别。
（3）例句中用"～"代替所讨论的语气词。
（4）为节省篇幅，方言例句除特殊情况外均不标音。
（5）方言例句对应的普通话紧随方言例句用楷体字在尖括号"〈　〉"中标出。

一、湖南武冈方言（文坪话）单音节独用的语气词

按韵母类别，单音节独用的语气词有七类共 17 个。其中 a 韵 6 个，o 韵 3 个，ə 韵 3 个，i 韵 1 个，iau 韵 1 个，iɛ 韵 2 个，io 韵 1 个。

（一）属于a韵的语气词

1. 嘎＝［a⁴⁵］

（1）"嘎"常用于陈述句，表肯定，辩解，警告（或威胁），以及临时性叮嘱（或提醒）等［＋行事/权势］语气。例如：

①她乖汰［kuai⁴⁴ tʰai⁴⁵］～。〈她确实漂亮。〉（肯定）

②我冇得迄［tɕʰi⁵³］，是为得要带嫩人～，不像她，只耍干诈。〈我没有去，是由于要带娃娃，不像她，纯粹是变着法子偷懒。〉（辩解）

③你当真格打我，要得～。〈你真的敢打我，等着瞧。〉（警告或威胁）

④夜里伽［ia⁴⁵ li⁴⁵ ka⁴⁴］行路，要记得担电筒～。〈晚上走路，要记着拿手电筒。〉（临时性叮嘱或提醒）

（2）"嘎"还用于具［＋褒扬］义的陈述句末，改变原句感情色彩，表达否定语气，使句子变成反语句。句中褒扬性词语需要重读。例如：

⑤你，好人一个～。（意即，你根本就不是一个好人，其实坏透了）

（3）"嘎"用于某些感叹句末，表示因事情出乎意料或超出寻常而感到［＋惊讶］的语气。例如：

⑥果座山果些格陡～！〈这座山这么陡！〉（因出乎意料而惊讶）

⑦果个葡萄酸跟挂～！〈这个葡萄酸得很！〉（因超乎寻常而惊讶）

（4）"嘎"用于某些祈使句末，表是否可以商量的［＋探询］语气，含有"好不好"或"好吗"的意思。例如：

⑧把她打个电话～？〈给她打一个电话去好不好/好吗？〉

（5）"嘎"用于这种祈使句，可使人听起来温和、亲切和有礼貌，受话者也有被尊重感。"嘎"的前面还可以稍做停顿。例如：

⑨把我打件毛衣，～？〈给我织一件毛衣，好吗/好不好？〉

（6）"嘎"前有停顿，疑似叹词，好比独立语。其实不然，它是突然顿悟而特意追加的，表是否可以商量［＋探询］义，以舒缓语气。比如上例⑨。

2. 吧＝［ba¹³］

"吧"在新派和有一定文化的老派中使用得比较普遍。主要是赋予说话内容以［＋不确定］的语气，不必证实或回应。常用于陈述句、是非问句和祈使句，不用于感叹句。例如：

⑩外头落雪～。〈外面莫非下雪。〉（陈述句）

⑪你还冇得进五十岁～？〈你可能还没有五十岁？〉（是非问句）

⑫校长，快滴子放假～，要莫，雪落满山，学生就回不成嘎！〈校长，快点放假吧，否则，大雪封山，学生就回不去了!〉（祈使句）

3. 嘛¹ ［ma³¹］

（1）"嘛¹"用于陈述句末，表示［＋断然肯定］的语气，以示所述内容完全可以确证。例如：

⑬你冇想拜堂～。〈你肯定不想结婚。〉

（2）"嘛¹"用于陈述句末，当与"（只）怕、（好）像（是）、恐怕"等含有估测义的词语相匹配时，含有［＋可确证性］的估测语气。这时，"嘛¹"相当北京话"吧"。例如：

⑭搞传销格人行嘎了么？——怕还冇得行～。〈搞传销的人走了吗？——恐怕还没有走吧。〉

4. 嘛² ［ma⁴⁵］

（1）"嘛²"用于陈述句中，表［＋提顿］，有五种情况。

一是"嘛²"用于列举对象，引出话题。例如：

⑮卤菜～、米花～、铜鹅～，才真格是我侬武冈格特产。〈卤菜、米花和铜鹅，才真的是我们武冈的特产。〉

二是"嘛²"用于让步分句，表［＋让步］语气。例如：

⑯就算他讲得冇好～，也要等他把话讲清。〈即使他话讲得不好，也要等他把话讲完。〉

三是"嘛²"用于一般假设分句末，表［＋假设］语气。例如：

⑰她听见嘎你讲她果样格坏话～，她肯定要哭死咯。〈如果她听见了你说她这样的坏话，她肯定会很伤心的。〉

四是"嘛²"用于两歧式假设分句末，表示［＋两可/两难］语气，含［＋犹疑不决］义。例如：

⑱看她果样格消沉嘎，宽得她格心～，怕她冇爱，冇宽得她格心～，又冇安。〈见她这样消沉，安慰她，怕她不高兴，不安慰她的话，又不忍心。〉

五是"嘛²"用于"NP就NP"或"VP就VP"式句末（当然，句中的NP或VP必须相同），表示不在乎、不介意或没关系等［＋无所谓］语气。例如：

⑲晏滴子就晏滴子～，又冇是件好大格事。〈晚一些就晚一些，又不是一件大不了的事情。〉

（2）"嘛²"用于陈述句末，则表示所说内容具［＋事理显然］义，听话者本该不言而喻。例如：

　　⑳事就是果样格～。〈事情原本就是这样的。〉

　　（3）"嘛²"可用于反问句末，加强[＋反问]语气。例如：

　　㉑我哪里得嘎他格好处费～？〈我哪里收了他的好处费？〉（意即，我绝对没有收过他的好处费。）

　　（4）"嘛²"用于祈使句末，表命令、请求、催促等[＋权势/行事]语气。这点相比北京话的"吧"，语气更急切。例如：

　　㉒直倒莫动～！〈站着别动！〉（命令）

　　㉓准我迄～！〈请你允许我去！〉（请求）

　　㉔快滴子行～！〈快点走！〉（催促）

　　（5）"嘛²"还可用于感叹句末，表[＋感叹]语气。例如：

　　㉕你果条裙子蛮乖汰～！〈你这条裙子多么漂亮啊！〉

　　5. 呐＝[la⁴⁵]

　　"呐"用于问句，基本语义是[＋询问]。明知他人将做或已做什么，用"呐"含有[＋要求证实/强调]义，属无疑而问。可用于寒暄句末，纯属明知故问。用法与北京话的"吧"部分重合。例如：

　　㉖他想明年子修屋～？〈他打算明年建房子吧？〉

　　㉗担着箍子到田里打药～？〈拿着喷雾器，是到田里洒农药吧？〉

　　6. 嘎＝[ka⁴¹]

　　（1）"嘎"的使用频率相当高。类似北京话"了＋啊"，属兼类词，可兼表语气和时态。"嘎"常用于陈述句末。所表语气丰富，有时表[＋提醒/催促]语气，例如：

　　㉘晏完～，还冇起来，车就过身～。〈太迟了啊，还不起床，车就赶不上了啊。〉

　　（2）当长久未遂的心愿终于达成或即将达成时，用"嘎"可表[＋喜悦]语气。例如：

　　㉙她应倒嫁把我～。〈她终于答应嫁给我了啊。〉

　　（3）"嘎"也可表[＋可惜/遗憾][＋醒悟][＋纳闷]等语气，例如：

　　㉚我娘老子身体冇好～，我迄街上行不动～。〈我母亲生病了啊，我去城里去不成了啊。〉（可惜或遗憾）

　　㉛果下子晓得她格弯弯肠子～。〈这一会儿懂得她的心思了啊。〉（醒悟）

㉜她起先冇想回迄咯，何帝格又回迄～。〈她开始不愿意回去的，怎么又回去了啊。〉（纳闷）

（4）当"嘎"表［＋不耐烦］［＋抱怨］等语气时，主要用于否定陈述句末。例如：

㉝困觉［kʻuən⁴⁵ gau⁴¹］，困觉，冇等她～。〈睡觉，睡觉，不等她了啊。〉（不耐烦）

㉞她冇听我格话～。〈她不听我的话了啊。〉（抱怨）

（5）"嘎"用于祈使句末，表［＋决然劝止］语气。例如：

㉟我晕～，莫筛酒～！〈我醉了啊，别再斟酒了啊！〉

（二）　属于o韵的语气词

1. 哦［o³⁴］

拒绝性答句有直接拒绝和间接拒绝两种。间接拒绝性答句的拒绝语气本来就比较委婉，但为了使这种拒绝性语气更加和缓，文坪话采用句末缀以语气词"哦"的方式，加强［＋婉拒］义。例如：

㊱娘老子，我迄姨娘屋里耍几天，要得么？〈妈妈，我去姨妈家里玩几天，可以吗？〉——怕你伢老子冇准你迄～。〈只怕你爸爸不会准许你去哦。〉（其实是自己不允许去）

2. 么［mo⁴⁴］

（1）"么"用于疑问句和祈使句末，表［＋疑问/祈使］语气，有时具［＋强调/提醒］义。用于疑问句末表［＋询问］，疑大于信。"么"字疑问句，大致跟北京话的"'吗'字是非问句"相对应。例如：

㊲迄山里捞柴，喊我～？〈去山里打柴的话，可以叫上我吗？〉

（2）"么"用于祈使句末，语气则具［＋关心/体贴］义。主要用于幼对长、主对客和下对上。例如：

㊳水昝起嘎，爷爷，你面身洗澡～。〈水已经准备好了，爷爷，你先洗澡。〉（幼对长）

㊴姨丈您先困觉～，大早要赶回迄。〈姨父，请您先睡觉，您明天清早还要赶回去。〉（主对客）

㊵主任，你冇好得老火，早滴子迄看看～。〈主任，你病得很厉害，要早点去看医生。〉（下对上）

（3）有时，"么"还以"听么"这种附加追问的形式置于祈使句末，表［＋强调/提醒〕语气，主要体现在长辈对晚辈说的话中。例如：

㊶放嘎学一直回屋里，莫捱[an¹³]里捱[an¹³]起，听～？〈放了学就直接回家，别在路上磨磨蹭蹭的，听到了吗？〉

3. 啰 [lo⁴⁴]

用"啰"，语气轻松、随便，常用于非正式场合。如果正式场合用"啰"，就显得不庄重。

（1）"啰"用于疑问句末，表〔+商询〕语气，语气平缓，但不用于是非问句。例如：

㊷半日吃么格～？〈中午吃什么？〉（特指问）

㊸你迄有～？〈你去不去？〉（正反问）

㊹你面身讲，我面身讲～？〈是你先讲话还是我先讲话？〉（选择问）

（2）"啰"用于祈使句，表请求〔+权势〕语气。例如：

㊺迄～，迄～，你我一同迄～，横直[wen¹²tɕi⁴⁵]你有空。〈去，去，请你和我一块去，反正你有的是时间。〉

（3）"啰"用于陈述句，情况多样，主要有六种。

第一，有时"啰"用于句中或句末，表〔+嗔怪〕〔+警告〕等语气，例如：

㊻要得～，你也背嘎讲我格坏话～。〈好呀，连你都背地里说我的坏话。〉（嗔怪）

㊼有把我格面子～。〈不给我面子（等着瞧）。〉（警告）

第二，有时"啰"用于句中，表〔+提顿〕语气，引出后句。例如：

㊽你～，哪个敢撩你。〈你，没有哪一个人敢惹你。〉

第三，有时"啰"用于句末，表〔+惋惜〕语气，例如：

㊾今日你迄看戏么？——我有得空～。〈今天你去看电影吗？——可惜我没有时间。〉（本来想去而不能）

第四，有时"啰"用于句末，强调事实或看法，例如：

㊿是你把她气走咯～。〈是你将她气跑的。〉

第五，有时"啰"用于句末，表示一种对事实〔+不满〕的语气，例如：

51千百年格道，被你一金箍棒就敲嘎～。〈千百年的道行，被你用金箍棒一下子就敲去了。〉

第六，有时"啰"用于句末，表示一种对事实〔+无可奈何〕的语气。这时句子往往蕴含一种反事实的假设。例如：

(52)她扭扭扯扯冇肯来～。〈她扭扭捏捏不肯来。〉（蕴含：如果她肯来，就……）

（4）此外，“啰”用于虚拟假设句末，强调[＋假设] 义。例如：

(53)犁田耙田你还要得，摸砖刀就冇是他格敌手～。〈种田你还行，如果做泥工，你根本就不是他的对手。〉

（三） 属于ə韵的语气词

1. 呢= [$lə^{45}$]

“呢”用于疑问句末，表[＋深究兼提醒] [＋征询]，语气急切。跟“啰[lo^{44}]”一样，用于特指问句、正反问句和选择问句，不用于是非问句。

（1）“呢”以用于正反问句最为常见。问句形式是，在句末加“冇呢”，或“V 冇 V……呢”。例如：

(54)果个事，她晓得冇～？〈这件事情，她知不知道？〉

(55)你迄冇迄～？〈你去不去？〉

（2）“呢”用于特指问句末，表[＋急于求证] 语气。例如：

(56)他是哪个～？〈他是哪一位？〉

（3）“呢”也用于选择问句前项，表达一种任选式[＋征询] 语气，显得正式又庄重。例如：

(57)你伲迄～，我伲迄？〈是你们去，还是我们去？〉

2. 呃= [$ə^{13}$]

“呃”用于特指问句、正反问句、陈述句、感叹句和祈使句。在句中，“呃”有时听来疑似“哦”。这其实是“呃”的音变，绝非“哦”“呃”能通用，毕竟两者语气意义很不同。

（1）“呃”用于特指问句和正反问句末，表[＋询问兼深究] 语气。例如：

(58)（问敲门人）哪个～？〈哪一位？〉（特指问）

(59)分开果久格时间嘎，你想冇想我～？〈分别这么长时间了，你有没有想我呢？〉（正反问）

（2）“呃”用于陈述句末，主要表[＋估测] 语气。语气意义上有点类似“嘛[1]”，跟北京话的“吧”也大致相当，但它并不要求证实或者不一定能够得到证实。句中常用[＋估测] 义副词。例如：

(60)调个背她就冇看见嘎，嗯格[$ən^{45}gə^{45}$] 长了翅架～。〈转个身她就不见了，莫非长了翅膀。〉

(3)“呃”用于陈述句末，强调实情，增强肯定语气。例如：

(61)我当真格好想你～。〈我真的很想你。〉

(4)“呃”有时还用于所带情绪很重的陈述句末，重读，表[+否定]语气，使句子成反语句。例如：

(62)他做格好事～。〈他做的好事。〉(其实他做的是一件坏事)

(5)“呃”用在某些感叹句末，表[+感叹]语气。在这些感叹句中，“呃”常常与增强感叹作用的“果、几、蛮、好、太、真”等词语搭配使用。例如：

(63)俚里根死蛇果长～!〈那里有一条死蛇这么长啊!〉

(64)将将子过身格徕徕子长得几爱人～!〈刚才走过去的小孩长得多么讨人喜爱啊!〉

(6)“呃”用于祈使句，表示较为直率的请求、劝阻、催促、建议、征询等[+权势/行事]语气。例如：

(65)你走开滴～，龙灯来嘎。〈请你走远一点，龙灯舞过来了。〉(请求)

(66)莫逗得她哭～。〈别把她逗哭了。〉(劝阻)

(67)快滴子迄～，慢滴她冇理你嘎。〈快一点儿去，晚了她就不理你了。〉(催促)

(68)果样呐，你先讲～。〈这样吧，你先发言。〉(建议)

(69)我要他当头，你伲看要得冇～。〈我要他当头儿，你们看可不可以。〉(征询)

3. 咯[kə³³]

(1)“咯”相当于北京话的语气词“的”，主要用于陈述句末，加强[+肯定]语气。例如：

(70)他讲得冰清玉清，今日退钱来～。〈他讲得清清楚楚，今天来还钱的。〉

(2)“咯”还用于疑问句末，但只用于对已然事情发问的特指问句，加强[+征询]语气。例如：

(71)你是哪年子拢武冈～?〈你是哪一年来武冈的?〉

(四) 属于i韵的语气词

属于i韵的语气词只有“哩⁼[li¹³]”。

北京话的“呢[ne]”可用于陈述句、疑问句，有时还用于祈使句。而文坪话的“哩⁼[li¹³]”，一般用于非是非问句。

北京话中能用“呢”的陈述句和祈使句，文坪话几乎都是用“哩”。言说者用"哩"，起［＋提示焦点］的作用，意在提醒言听者特别注意自己的话语焦点。表示话语焦点的语词往往带强调重音。

（1）"哩"用于陈述句，其语义比较丰富。例如：

⑫你还看电视，明日做早班～。〈你还在看电视，明天要上早班。〉（提醒）

⑬催么格，还早～！〈催促什么，时间还早！〉（不耐烦）

⑭出鬼，衣服□［laŋ⁴⁴］嘎几天，还有得干～！〈奇怪，衣服晾晒了好几天，还没有干！〉（惊异）

⑮好～，果次就照你格主意做～。〈好，这一次就按照你的意见办。〉（勉强同意）

⑯校长要果样格做～，老师们冇得哪个拦得倒！〈校长要这样做，老师们没有哪一个阻挡得了！〉（无可奈何）

⑰我伲迄塘里捞鱼么？〈我们去水塘里捉鱼吗?〉——要得～！〈好的!〉（一拍即合）

⑱就你啰里巴唆，班车过嘎身～！〈就是由于你啰里啰唆，公共汽车都赶不上了!〉（嗔怪）

（2）"哩"用于祈使句末，表劝止、催促、呼请等［＋权势/行事］语气。例如：

⑲冇哭～！〈别哭!〉（劝止）

⑳快滴子收谷～，来嘎雨！〈快点收（晒着的）稻谷，下雨了!〉（催促）

㉑（远远地喊）娘老子，回来吃饭～！〈妈妈，回来吃饭!〉（呼请）

（五）属于iau韵的语气词

属于iau韵的语气词只有"了［liau¹³］"。

"了［liau¹³］"的语义和用法跟北京话的"了"部分重合。新派和有一定文化层次的老派较为常用。

（1）主要用于一般陈述句末，凸显［＋将然/已然］，表示事情将有变化或已有变化。例如：

㉒天要□［laŋ⁴⁴］起嘎～。〈天要放晴了。〉（将然）

㉓冇得落雨～。〈不下雨了。〉（已然）

（2）有时也用于"最/太……"格式，作谓语的陈述句尾，表［＋强化肯定］义。例如：

㉔岳老子讲你最灵泛～。〈岳父说你很聪明。〉

（六）属于iɛ韵的语气词

1. 吤⁼［tɕiɛ^{31}］

“吤”，新派男性常用。与“吤”的句中分布位置相同的，还有“呔⁼［tai^{31}］”（老派常用）和“啧⁼［tsə^{31}］”（新派女性常用）。三者语气意义和作用相同，应当是三个自由变体，故这里只讨论“吤”。

（1）文坪话中，如果陈述如意或高兴的事，一般用“嘎”。如果特意或赌气陈述不如意或中性的事，一般用“吤”。例如：

(85)我婆娘长□长夜［dʑiæ̃^{12} lin^{45} dʑiæ̃^{12} ia^{44}］就晓得打麻将～。〈我妻子整天整夜只知道打麻将。〉

（2）“吤”有时用于陈述句中人称的称呼语后面，除了用于［＋提顿］，还旨在使口气随意而温和，语重心长。例如：

(86)老弟～，你冇好过就冇要果些格绊蛮。〈弟弟，你生病就不要这样地拼命。〉

（3）“吤”用于祈使句末，表劝阻或鼓励等［＋权势/行事］语气。例如：

(87)莫作声～，装酣！〈别说出来，装糊涂！〉（劝阻）

(88)崽崽，喊个“孃孃”～！〈宝宝，叫一声“妈妈”！〉（鼓励）

（4）“吤”用于感叹句“太A～！”（A表示褒义的形容词语）的后面，加强不满、不愿或反感等［＋否定］义。这里的“太”须重读。例如：

(89)你太好过～！（其实并不认为“好过”）

（5）“吤”用在正反问句末，表［＋埋怨/责问/嗔怪］语气。形式是正反问，但事实确信无疑，强调事实显而易见，或强调看法、论断毋庸置疑。例如：

(90)你做果样格事，应该冇～？〈你做这样的事情，应该不应该？〉（蕴含“太不应该”）

(91)来嗅嗅果朵花香冇～？〈来闻一闻这朵花香不香？〉（蕴含“根本不香”）

2. 咧［liɛ^{45}］

（1）“咧”用于陈述句，但通常用于答句末。“咧”用以强调答句，彰显事实或情况。例如：

(92)谷种买转来嘎么？〈谷种买回来了吗？〉——他冇得迄～。〈他根本就没有去买。〉

（2）当“咧”用于陈述句中时，表［＋提顿］，以示语意未完，稍做停顿，提起下文。例如：

(93)就你灵聪，我～，是个死脑壳。〈只有你聪明，我，是个大笨蛋。〉

（七）属于io韵的语气词

属于“io”韵的语气词，只有“□[lio¹³]”。

“□[lio¹³]”可能是“了＋哦”或“哩＋哦”音变的结果。其特点是：语音几成稳定形式，一般言听者似乎察觉不到是合音；语义不再是原来单用语气词语义的简单叠加。因此，应该看作语气词独用。

属于“io”韵的语气词常在祈使句或陈述句末，表呼请、申明，以及经常性叮嘱（提醒）等[＋权势/行事]语气。例如：

(94)老三，进屋里吃茶～！〈老三，进来喝茶！〉（呼请）

(95)我喊嘎她，她说冇空，她肯定冇来～。〈我喊了她，她说没有时间，她一定不会来。〉（申明）

(96)变天～，担把伞。〈要变天了，拿把伞。〉（经常性叮嘱或提醒）

二、湖南武冈方言（文坪话）双音节独用的语气词

湖南武冈方言（文坪话）中的双音节独用的语气词，有“来嘛⁼[lai¹²ma³¹]”和“嘁哩[tɕʻi⁴⁵li³¹]”两个。

（一）来嘛

（1）文坪话中没有单用的语气词“来[lai¹²]”。“来嘛”，使用频率较高，但分布单一，用在几个并列的假设复句组成的多重复句中，表[＋为难/埋怨]语气。但只用在假设复句前一分句末。例如：

(97)修得屋～，钱用不来，冇修得屋～，一屋人连床夹火弄。〈如果修房子，钱就周转不来，如果不修房子，一家人就挤在一个小房子里。〉

（2）有时后续句不说出，“来嘛”在前半句话后表[＋提顿]。对后续句，听者不言自明。例如：

(98)嘚[də³¹]得你～，……。〈骂你的话，……。〉（“……”省略的语意可能是：你受不住，冇嘚[də³¹]得你～，你又上嘎天。〈如果不骂你，你又飘飘然。〉）

（二）嘁哩

（1）文坪话也没有单用的语气词“嘁[tɕʻi⁴⁵]”。“嘁哩”用于夸大的陈述句或感叹句中，表[＋估测]语气，含有“至少”等[＋夸大]义。例如：

⑨她起码五十来岁～，还扯谎讲只三十多哩。〈她至少有五十来岁，还撒谎说只有三十多岁。〉（陈述句）

⑩果个家老鼠有五六斤重～，老鼠洞好大呃！〈这个家老鼠至少有五六斤重，老鼠洞这么宽啊!〉（感叹句）

（2）在某些条件分句末，"喊哩"对条件起［+强调］作用。条件复句以结果分句前置最为常见。例如：

⑩叫她帮忙呃，喉咙喊嘶～。〈叫她帮忙，除非喉咙喊得嘶哑了才成。〉

三、湖南武冈方言（文坪话）双音节连用的语气词

文坪话有 4 个单音节语气词构成 3 组双音节连用的情况，即："么啰[mo⁴⁴lo⁴⁴]""么呢[mo⁴⁴lə⁴⁵]"和"咯啰[kə³³lo⁴⁴]"。

（一）么啰、么呢

"么啰""么呢"连用于疑问句末，有时语流音变为[mo³³]或[mə³³]。"么"主要用于与北京话"'吗'字是非问"相当的偏性是非问句末，疑大于信。

"啰"和"呢"都用于非是非问句末。用"啰"，话语轻松随便，用"呢"则正式又庄重；"啰"能使语气平缓，"呢"则使语气急切。语义上，"啰"为[+商询]，"呢"为[+深究]。

连用的目的是改变语效，但又并非简单地叠加。它们连用的形式，实际是"［（……+么）+啰/呢?］"。这样，连用后的语义也不纯粹是两者语义之和。

关键的是，有"啰"或"呢"能改变"么"字是非问句的信疑度。信疑度的改变，便是"么啰""么呢"连用后，"互补"或"中和"收到的效果。

其具体表现是：

（1）"么啰"问句接近于北京话的"吧"字是非问，虽然仍属偏性问，但信疑度是信大于疑。例如：

⑩迄嘎长沙～?〈去过长沙吧?〉

（2）"么呢"问句接近北京话的正反问或选择问，偏性问性质改变，信疑度是信疑各半。例如：

⑩迄嘎长沙～?〈去没去过长沙/去过长沙还是没有去过?〉

（二）咯啰

"咯啰"连用于一般陈述句末，有时语流音变为[ko³³]。"咯"单用，基本作用是强化肯定，"啰"则能使语气平缓。两者连用后，实质形式是"［（……+咯）

＋啰。〕"。

同样，两者连用后，语义也不是简单相加，而是有"互补"或"中和"的动因在起作用，作用的结果是"咯啰"连用，基本语气意义被凸现为责备、承诺、忧虑等［＋权势/行事］语气。例如：

⑭他果样格对我～。〈他不应该这样对待我。〉（责备）

⑮你托格事，要得～。〈你托付的事，没问题。〉（承诺）

⑯她三岁嘎，还冇晓得讲话～。〈她三岁了，还不能说话。〉（忧虑）

有时，"咯啰"用于假设复句的结果分句末，强化事实，暗含一种担心情绪。例如：

⑰冇出日头格话，床被冇得干～。〈如果不出太阳的话，被子不会干。〉

四、结语

综上，湖南武冈方言（文坪话）的语气词系统如下。

独用语气词共 19 个。"嘎、吧、嘛[1]、嘛[2]、呐、嘎、哦、么、啰、呢、呃、咯、哩、了、吩、咧、□［lio[13]］"等 17 个属于单音节语气词，"来嘛、喊哩"属于双音节语气词。在 17 个单音节语气词中有"么、啰、呢、咯"4 个能够构成 3 组双音节语气词连用的情况，即"么啰""么呢""咯啰"。

这些语气词中可分布于句中的有"嘛[2]、啰、吩、咧、来嘛、喊哩"6 个。其中，"嘛[2]"既可表提顿也可表列举，"啰、吩、咧、来嘛、喊哩"只表提顿。其他都只能分布于句末。用于句末表陈述的词气词有"嘎、吧、嘛[1]、嘛[2]、嘎、哦、啰、呃、咯、哩、了、吩、咧、□［lio[13]］、来嘛、喊哩、咯啰"；用于句末表感叹的语气词有"嘎、嘛[2]、呃、吩、喊哩"；用于句末表疑问的语气词有"吧、嘛[2]、呐、么、啰、呢、呃、咯、吩、么啰、么呢"；用于句末表祈使的语气词有"嘎、吧、嘛[2]、嘎、么、啰、呃、哩、吩、□［lio[13]］"。

第二节　湖南新化方言形容词构形类别及其语法特点

湖南新化县属于湖南省娄底市，位于湖南省中部偏西地区，资水中游，雪峰山东南麓。东与娄底市的涟源、冷水江两个县级市交界，南与邵阳市的新邵、隆回两个县为邻，西与怀化市的溆浦县接壤，北与益阳市的安化县毗连。

新化建县始于宋代。宋熙宁五年（1072），湖南转运副使蔡煜开辟梅山，将梅山分为两县：上梅为新化县，隶属邵州；下梅为安化县，隶属潭州。建县后，宋王朝诏谕江西大批移民迁至新化，随后定居下来，而境内瑶族大都移居西北、西南一带的崇山峻岭之中。故当时新化境内有主客户之分。由于新化县在历史上经历了民族离合、移民迁入等变迁，故新化县境内方言情况十分复杂，颇为独特。

新化县境内方言复杂、独特的情况，从以下两点，便可见一斑。

（1）古音古义，保存较多。比如，"涨水"之"涨"今普通话读[tʂaŋ²¹⁴]，而新化话读[tɕ yõ²¹]①，印证了钱大昕的"古无舌上音"的论断。再比如，普通话"行走"一词，新化话只用"行"，而"走"仍为"跑"义。

（2）方言归属，很难定论。关于新化方言的归属，至今有三种说法：一说认为属于湘方言的老湘语②，一说认为属于赣方言③，还有一说认为是湘语加西南官话的综合型方言④。之所以如此，正是因为新化方言中掺杂了多种方言因素的缘故。

最早对新化方言进行调查研究的是赵元任先生。1935—1936 年，赵元任、丁声树、杨时逢、吴宗济、董同龢等五位先生调查了江西方言、湖南方言和湖北方言。杨时逢先生于 1974 年整理出版了《湖南方言调查报告》。其中新化方言由赵元任先生调查记音，所记的是龙源村语音。20 世纪 50 年代后期，以湖南师范学院（今为湖南师范大学）中文系语言教研室为主的方言调查组对全省 80 多个县市进行了一次大规模的方言普查，于 1960 年 9 月编印出《湖南省汉语方言普查总结报告》。1993 年 5 月，邓丽萍撰写了名为《新化音系及其声调声母实验》的硕士论文，对新化城关镇老派方言的语音系统做了较为深入的探讨。

---

① 罗昕如. 新化方言研究[M]. 长沙：湖南教育出版社，1998：69.
② 鲍厚星，颜森. 湖南方言的分区[J]. 方言，1986（4）：257—272.
③ 周振鹤，游汝杰. 湖南省方言区画及其历史背景[J]. 方言，1985（4）：273—276.
④ 李蓝. 湖南方言分区述评及再分区[J]. 语言研究，1994（2）：56—75.

1996 年 4 月，《新化县志》正式出版（湖南出版社），其中第二十九篇第三章
"方言"记录了新化城关镇音系。1998 年 7 月，罗昕如先生出版的《新化方言研
究》是关于新化方言调查研究的集大成之作，该书对新化方言的语音系统、词
汇构成及语法特征进行了全面的描写，并做了较为深入的论述①。

　　尽管如此，新化方言的许多方面还是有进一步研究的必要。本节作者主要
考查了新化方言形容词的构形类别，并深入探讨了其语法特点。

一、湖南新化方言形容词的构形类别

　　湖南新化方言形容词的构形，概括起来，主要有两大类型：一是重叠式；
一是附加式。大致说来，双音节形容词采用重叠式，而单音节形容词既有附加
式，也有重叠式。

　　湖南新化方言形容词的附加式非常丰富，几乎每一个单音节形容词都可以
有附加形式。附加式有前加和后加两种，如果用 b 表示附加成分，用 A 表示形
容词的话，那么，前加式为 bA，比如，捞松、铁紧、拍饱、箭直、繃细、拉
粗；后加式则为 Ab 哩[li] 和 Abb 哩[li]，比如，圆滚（滚）哩、新崭（崭）
哩、油烙（烙）哩、黄捞（捞）哩、嫩繃（繃）哩、凉洗（洗）哩。

　　重叠式也多种多样，与普通话相比，要丰富得多。

　　就单音节词而言，新化方言大部分形容词没有重叠式，其余小部分采用十
分独特的方式进行重叠式构形：

　　（1）"A 闹 A 屎"式，比如，熟闹熟屎、癫闹癫屎、酸闹酸屎；

　　（2）"A 更 A 脑"式，比如，圞更圞脑、歪更歪脑、软更软脑；

　　（3）"A 山 A 里"式，比如，白山白里、红山红里、黑山黑里。

　　至于双音节词，有三种形式：

　　其一，是与普通话一致的 AABB 式，比如，舒舒服服、崭崭齐齐、闹闹热
热、雷雷堆堆；

　　其二，是 bAbA 式，比如，梆硬梆硬、捞轻捞轻、挤密挤密；

　　其三，是 bA 巴 A 式，比如，苦咸巴咸、着神巴神、劈陡巴陡。

　　为了便于分析，现将新化方言形容词的构形情况列成表格（表 4 - 1）。

---

①罗昕如 . 新化方言研究[M]. 长沙：湖南教育出版社，1998：16－322.

表 4-1 新化方言形容词的构形情况

构形类型		附加成分	构成形式	例子	普通话
附加式	前加式	捞、拉、拍、稀、溜、清、令、焦、干、董、滚、梆、挤、铁、苦、加、喷、戗、构、箭、劈、泡、蚩、锋、送、橙、绯、墨、滴	bA（唧）	捞稀、捞薄（唧）、捞松、捞轻（唧）、捞空，拉瘪、拉粗、拉碎、拉糜、拉瘦，拍满、拍饱（唧）、拍齐（唧），稀烂、稀弄、稀散、稀碎、稀糟，溜圜（唧）、溜滑、溜壮、溜软、溜活，清臭、清腥、清甜（唧），令光、令尖（唧）、令燥（唧），焦干（唧）、焦湿、焦润，干高、干大、干长、干宽，懂高、懂大、懂长、懂宽，滚热（唧）、滚耐，梆硬，挤密，铁紧，苦咸，加淡，喷香（唧），戗烧，构冷、构凉，箭直（唧），劈陡，泡松（唧），蚩重，锋快，送白（唧），橙黄（唧），绯红（唧），墨黑，滴苦	-
	后加式	茸、匝、胀、猫、笋、烙、崭、喷、救、潭、梆、亚、苦、巴、滚、溜、呵、洗	Ab 哩〔li〕 Abb 哩〔li〕	毛茸哩、毛茸茸哩，密匝哩、密匝匝哩，老胀哩、老胀胀哩，嫩猫哩、嫩猫猫哩、细猫哩、细猫猫哩、轻猫哩、轻猫猫哩，嫩笋哩、嫩笋笋哩，油烙哩、油烙烙哩，新崭哩、新崭崭哩，齐崭哩、齐崭崭哩，香喷哩、香喷喷哩，弯救哩、弯救救哩，黄潭哩、黄潭潭哩，硬梆哩、硬邦邦哩，丑亚哩、丑亚亚哩，咸苦哩，壮巴哩、壮巴巴哩，壮滚哩、壮滚滚哩，活溜哩、活溜溜哩，滑溜哩、滑溜溜哩，圜溜哩、圈圈圈哩，圈呵哩、圈呵呵哩，凉洗哩、凉洗洗哩	-
重叠式			AABB	闹闹热热、干干净净、舒舒服服、发发跳跳（很机灵，很活泼）、崭崭齐齐、清清爽爽、雷雷堆堆、精精恭恭、潜潜心心、欢欢喜喜、乖乖呔呔（漂漂亮亮）	+
			bbAA	捞捞稀稀、构构凉凉、硬硬邦邦、弯弯救救、密密匝匝	-
			bAbA	焦干焦干、拉瘦拉瘦、挤密挤密、橙黄橙黄、稀弄稀弄、滴苦滴苦、铁紧铁紧、捞松捞松、懂高懂高	+
			bA 巴 A	焦干巴干、拉瘦巴瘦、挤密巴密、橙黄巴黄、稀弄巴弄、滴苦巴苦、铁紧巴紧、捞松巴松、懂高巴高	-
			A 闹 A 屎	癫闹癫屎、蛮闹蛮屎、懵闹懵屎、暴闹暴屎（暴燥且不讲理）、歪闹歪屎、弯闹弯屎、蠢闹蠢屎、傻闹傻屎、硬闹硬屎、软闹软屎、黄闹黄屎、白闹白屎	-
			A 更 A 脑	癫更癫脑、蛮更蛮脑、懵更懵脑、暴更暴脑、歪更歪脑、弯更弯脑、蠢更蠢脑、傻更傻脑、硬更硬脑、软更软脑、黄更黄脑、白更白脑	-
			A 山 A 里	白山白里、黑山黑里、红山红里、黄山黄里	-

注："＋"表示与普通话构成形式一致，"－"表示与普通话构成形式不一致。

二、新化方言形容词构形与普通话的异同

从表 4-1 中可以看出，新化方言形容词的构形颇有特色，与普通话异多同少。具体地说，有如下三个方面的表现。

（1）普通话中，单音节最普遍，也几乎是唯一的重叠形式的是 AA（de）式，比如，红红（的）、长长（的）、快快（的/地）。而新化方言中像"长、红、高、快、冷、厚"等绝大部分常见的单音节形容词没有重叠形式，它们要表示程度意义，往往通过附加式来实现（表 4-1）。新化方言中也有少数单音节形容词可以重叠，不过它们的重叠形式比较独特，主要有两种情况：①"A 闹 A 屎"式或"A 更 A 脑"式。这种情况的两类重叠形式大都用于含贬义的形容词，比如，懵、暴、丑、恶、傻、蠢等，重叠以后意义得到强调，贬义的色彩也更浓。②除此之外，某些具体可感的表示状态的词，也可以有这种形式的重叠，比如，黄、白、红、黑、蓝等颜色及歪、斜、弯等词，它们重叠以后，表示人们不喜欢的意义。比如，黄闹黄屎（黄更黄脑），黄山黄里、黑山黑里，本意是想要红、白等其他颜色而非黄色、黑色；弯闹弯屎（弯更弯脑），本来想要直而不能得直，都不如人意。

（2）新化方言双音节形容词中，合成式的如普通话一样可按 AABB 的方式重叠，重叠后程度加深，如乖乖呔呔（非常漂亮）、闹闹热热（非常热闹）、雷雷堆堆（非常愚笨）、发发跳跳（非常机灵、活泼）。在普通话中，已带附加成分的形容词只能按 bAbA 的形式重叠，没有其他形式，比如"笔直"，只能说"笔直笔直"，不能说"笔笔直直"。而新化方言中已经通过附加式构形构成的形容词，其重叠形式可以是 bAbA 式，比如，捞稀捞稀、梆硬梆硬、拉瘦拉瘦、构凉构凉、泡松泡松、溜滑溜滑；也可以是 bbAA 式，比如，捞捞稀稀、梆梆硬硬、拉拉瘦瘦、构构凉凉、泡泡松松、溜溜滑滑；还可以是 bA 巴 A，比如，捞稀巴稀、梆硬巴硬、拉瘦巴瘦、构凉巴凉、泡松巴松、溜滑巴滑。

（3）就附加法而言，新化方言比普通话丰富得多。普通话中的前加成分极为有限，在新化方言众多的前加成分中，普通话也用的只有稀、溜、焦等 3 个，并且范围比新化方言窄，比如，普通话说焦干、焦湿，但不说焦润；说稀烂、稀散，但不说稀乱、稀糟；说溜滑、溜活，但不说溜圆、溜圈、溜壮、溜软。至于后加式，普通话中只有红、黑、绿、沉等少数的词（主要是表示颜色的）可带叠音的后缀，比如，红彤彤、黑乎乎、绿油油、沉甸甸等，而新化方言许

多单音节形容词都可以带一个单音节后缀再加哩[li]，表示新的语法意义。比如，油烙哩、丑亚哩。而且这些单音节后缀可以重叠为双音节，比如，毛茸茸哩、密匝匝哩、油烙烙哩、香喷喷哩、新崭崭哩、壮巴巴哩、丑亚亚哩、圞溜溜哩。

三、新化方言形容词构形各形式之间的关系

以上初步分析了新化方言形容词构形之后各形式的特点，但更值得我们注意的是各种形式之间的关系。

首先，新化方言的重叠式与附加式常配合使用。比如，有前加式的"bA"就有与之对应的前加重叠式 bAbA、bbAA、bA 巴 A 等形式，如捞松捞松、捞捞松松、捞松巴松；有"bA 唧"，就有与之对应的 bAbA 唧，如清甜清甜唧。同样，有后加式"Ab 哩"，就有与之对应的后加重叠式"Abb 哩"，如壮巴巴哩。

其次，就附加式而论，如表 4－1 所述，按照构词词缀 b 与词根 A 的关系，大致分前加式和后加式两大类。前加式与后加式的区别不仅在于 b 的前后位置不同，比如，有前加式"bA"，却没有后加式 Ab，而只有"Ab 哩"；有前加式"bA 巴 A"，却没有后加式"Ab 巴 A"。一般说来，构词词缀"哩"，是后加式的标志，即每一个后加式都有构词词缀"哩"，而前加式却没有。

各形式之间有大致的分工。

（1）前加式中，"bA"是基本形式，A 一般能单独使用，加上 b 则表示程度加深。比如，紧——铁紧（很紧），臭——清臭（很臭）。bAbA 是前加式中表程度最深的，相当于英语中形容词的最高级，比如，铁紧铁紧（紧得不能再紧了）、拉瘦拉瘦（瘦得不能再瘦了）。特别是当 bAbA 中的第一个 b 的读音有意加重、加长时，更是如此。

前加式中，带构词词缀"唧"的形式，即"bA 唧""bAbA 唧"，一般所描述的事物性质是令人喜爱的。比如有"清甜唧""清甜清甜唧""令燥唧""令燥令燥唧"，却没有"滴苦唧""滴苦滴苦唧"，即带有令人厌恶性质的形容词 A 的前加式不能带"唧"。但是，没带"唧"的形式"bA""bAbA""bbAA"三者是"中立"的，词根 A 的性质可以是令人喜欢的，也可以是令人讨厌的。比如既有"清甜""清甜清甜"，也有"滴苦""滴苦滴苦""捞松""捞松捞松""捞捞松松"。而"bA 巴 A"式则带有不合人意、不满的贬义色彩，比较"捞松捞

松与捞松巴松""铁紧铁紧与铁紧巴紧""墨黑墨黑与墨黑巴黑""挤密挤密与挤密巴密"等就可以清楚地看到，前一词是纯客观的，而后一词则更清楚地说明人们主观上并不喜欢这样。

（2）后加式的各形式之间的分工，与前加式一样，"Ab 哩"为基本式，"Abb 哩"是最高级，比如，圝溜哩——圝溜溜哩，毛茸哩——毛茸茸哩，黄潭哩——黄潭潭哩，老胀哩——老胀胀哩，黄捞哩（煎烤食物黄而脆）——黄捞捞哩，后一词比前一词表示的程度更高。

从同一个词根 A 的各种形式能否同时成立来看，前加式中"bA""bAbA""bA 巴 A"三者都能同时成立，比如，劈陡——劈陡劈陡——劈陡巴陡，令尖——令尖令尖——令尖巴尖，焦湿——焦湿焦湿——焦湿巴湿；而"bbAA"则不一定与前三者同时成立，比如"构冷"，可以说"构冷构冷"，也可以说"构构冷冷"，还可以说"构冷巴冷"；而"清腥"，可以说"清腥清腥"，也可以说"清腥巴腥"，但不能说"清清腥腥"；"墨黑"，可以说"墨黑墨黑"，也可以说"墨黑巴黑"，但不能说"墨墨黑黑"。"bA 唧"与"bAbA 唧"具有一致性，可以同时成立，比如，泡松唧——泡松泡松唧。后加式中，"Ab 哩"与"Abb 哩"总能同时成立。

从同一个形容词 A 能否有前加式、后加式两种形式来看，大多数形容词只有前加式，或者只有后加式；少数形容词既有前加式，又有后加式。但对于同一个形容词 A 来说，大多数情况是前加式的词缀 b 和后加式的词缀 b 不是同一个成分。比如"壮"的前加式为"溜壮"，后加式则为"壮巴里"或"壮滚哩"；"黄"的前加式为"橙黄"，后加式则为"黄潭哩"。极少数形容词前加式与后加式的词缀 b 完全相同。比如，香，喷香——香喷哩；硬，梆硬——硬梆哩。有趣的是，"喷香""梆硬"和"崭新"已经是普通话中的词汇。

附加式构形中的构词词缀 b 可以从三方面分类。

（1）从 b 与 A 的相对位置来看，有的 b 只能放在 A 前，比如"清"（清臭），"焦"（焦干），"拉"（拉粗）；有的 b 只能放在 A 后，比如"亚"（丑亚哩），"烙"（油烙哩），緔（嫩緔哩）；极少数 b 既能放在 A 前，又能放在 A 后，比如"崭"（崭新、新崭哩），"溜"（溜滑、滑溜哩）。

（2）从 b 与 A 搭配的关系来看，有的 b 只能与一个 A 搭配，比如"劈陡"的"劈"，"箭直"的"箭"；有的 b 能与多个 A 搭配，比如"拉"（拉瘪、拉粗、拉碎、拉糜、拉瘦），"捞"（捞稀、捞薄、捞松、捞轻、捞空），"緔"（细緔哩、轻緔哩、嫩緔哩）。

（3）从 b 的词汇意义来看，可分两种。一种是只表示程度加深这样纯粹的语法意义，相当于普通话的"很""非常"，比如"捞轻"中的"捞"。另一种从表面上看，只是表示程度加深的语法义，但隐含着 b 自身的词汇义，比如"箭直"指像射箭一样直，"劈陡"指像用斧子劈的一样陡峭。所以，概括词缀的含义，如果仅只指出是"程度副词，相当于普通话中的很"是远远不够的。

四、结语

综上，湖南新化方言形容词构形类别与汉语普通话一样，有附加式和重叠式两种。但是，它又有其独特之处：单音节形容词的前加成分非常丰富，后加式有 Ab 哩[li] 和 Abb 哩[li] 两类；单音节形容词没有 AA 式重叠，其重叠形式有 A 闹 A 屎、A 更 A 脑、A 山 A 里等；附加式双音节形容词重叠为 bbAA 式、bAbA 式和 bA 巴 A 式等。

第五章　湖南三峡移民迁入初期语言生态

第一节　湖南衡阳三峡移民迁入初期的语音系统及其特点

根据三峡工程建设需要，湖南衡阳地区先后分三批安置了三峡外迁移民 337 户 1483 名。第一批 233 户 1002 名于 2001 年 8 月 13 日来自重庆市忠县新生镇；第二批 36 户 156 名于 2002 年 8 月 17 日来自重庆市忠县乌杨镇；第三批 68 户 325 名于 2004 年 7 月 25 日来自重庆市开县后坝镇。三批均安置在属于湘语长益片的衡南县、衡阳县和衡山县三县①。"迁得出"业已完成。"稳得住，逐步能致富"成为后期帮扶工作的重点。

要"稳得住，逐步能致富"，就要适应安置地的社会生活环境。言语交际问题是社会生活环境中的首要问题。如果移民与安置地居民的言语差异太大，就会存在明显的交际困难，就定会给移民的生活带来许多不便，也一定会影响移民融入当地社会的速度和程度。这样，就势必会影响到"稳得住，逐步能致富"较高目标的实现。所以，2004 年 11 月 22 日至 12 月 28 日，本节作者对这些移民进行了实地跟踪调研。调研发现：移民迁出地与迁入地之间在语言上存有明显差异。这些差异成为移民融入当地社会一个不可忽视的重要障碍；同时导致移民在社区整合和社会适应等方面缺乏一定的文化和心理基础。移民交际上的帮扶，无疑应是移民后期扶持工作的重要内容。选择三峡移民语言接触与融合问题进行研究的主要目的，就是要帮助移民解决言语差异带来的交际困难，以便让移民尽快融入当地社会，以促进移民"稳得住，逐步能致富"较高目标的更好实现。

而言语差异中，较为显著的便是语音特色。该地区移民都是来自西南官话

---

①鲍厚星，颜森．湖南方言的分区[J]．方言，1986（4）：273—276．

区成渝片①，但三批移民迁入时间不同。人口的迁移会影响到语言变化的速度②。本节作者旨在考查该地区三峡移民迁入初期的语音系统与特点，所以为使考查结果更具代表性，本节作者在 2005 年 2 月 10 日至 2 月 28 日抽样选取的测试对象是迁入衡阳地区的第二批移民。这次配合语音特点测试的主要合作人，都是居住在衡山县长江镇石桥村的移民。他们是：聂启成，男，时年 57 岁，初中文化，迁入前只会说忠县话；冯启秀，女，时年 55 岁，文盲，迁入前只会说忠县话；聂勇，男，时年 32 岁，中专文化，迁入前会说忠县话，还能说不标准的普通话；聂小娟，女，时年 25 岁，初中文化，迁入前会说忠县话，还能说点普通话。

一、湖南衡阳三峡移民话的语音系统

（一）20 个声母

1. 按发音部位分的声母类别

（1）双唇音声母 3 个：

p　　步、别、波

pʰ　盘、皮、迫

m　　木、米、黑

（2）唇齿音声母 2 个：

f　　飞、冯、饭

v　　午、吴、乌

（3）舌尖中音声母 3 个：

t　　道、多、帝

tʰ　同、夺、逃

l　　兰、怒、连

（4）舌根音声母 4 个：

k　　跪、革、歌

kʰ　葵、刻、看

x　　话、灰、红

①黄雪贞．西南官话的分区（稿）[J]．方言，1986（4）：262—272．
②郭熙．中国社会语言学（增订本）[M]．杭州：浙江大学出版社，2004：128．

ŋ　欧、硬、袄

(5) 舌面音声母 3 个：

tɕ　经、节、举

tɕʰ　丘、齐、去

ɕ　休、旋、虚

(6) 舌尖前音声母 4 个：

ts　招、祖、争

tsʰ　昌、从、潮

s　扇、苏、生

z　饶、若、日

(7) 零声母：

ø　延、元、围

2. 按发音方法分的声母类别

(1) 清塞音声母：

①不送气的：

p、t、k

②送气的：

pʰ、tʰ、kʰ

(2) 清塞擦音声母：

①不送气的：

ts、tɕ

②送气的：

tsʰ、tɕʰ

(3) 擦音声母：

①清音：

f、s、ɕ、x

②浊音：

v、z

(4) 浊鼻音声母：

m、l、ŋ

（5）零声母：

ø

（二）37 个韵母

1. 按照四呼分的韵母类别

（1）开口呼韵母 13 个：

ɿ　　资、支、日

a　　爬、麻、拉

o　　波、河、郭

ɛ　　色、北、百

ɚ　　而、耳、二、儿

ai　　盖、街、鞋

ei　　倍、妹、杯

ao　　保、桃、烧

əu　　丑、收、周

an　　三、竿、寒

ən　　庚、彭、吞

aŋ　　桑、岗、张

uŋ　　翁、猛、茂

（2）齐齿呼韵母 10 个：

i　　提、以、急

ia　　家、夹、牙

iɛ　　灭、接、页

iai　　解、械、谐

iau　　小、交、苗

iəu　　九、丢、有

ian　　检、连、廉

in　　灵、心、星

iaŋ　　良、向、杨

iuŋ　　胸、龚、用

（3）合口呼韵母 8 个：

u　　绿、木、出

ua 刮、刷、袜

uɛ 阔、扩、括

uai 帅、坏、快

uei 桂、累、卫

uan 酸、官、关

uən 横、温、准

uaŋ 床、狂、王

（4）撮口呼韵母 6 个：

yo 确、学、脚

yɛ 月、决、血

yi 居、区、女

yu 欲、曲、续

yan 圆、选、娟

yn 琼、营、勋

2. 按照韵尾分的韵母类别

（1）元音韵母 24 个：

①单元音韵母 7 个：

ʅ、a、o、ɛ、ɚ、i、u

②二合元音韵母 12 个：

ai、ei、ao、əu、ia、iɛ、ua、uɛ、yo、yɛ、yi、yu

③三合元音韵母 5 个：

iai、iau、iəu、uai、uei

（2）鼻音韵母 13 个：

①前鼻音韵母 8 个：

an、ən、in、yn、ian、uan、uən、yan

②后鼻音韵母 5 个：

aŋ、uŋ、iaŋ、uaŋ、iuŋ

（三）5 个调类

5 个调类包括阴平，阳平，上声，去声，入声。

具体情况如下（下面举的例子中，依次为今调类、今调值、古调类、古清浊、例字）。

(1) 阴平：

阴平——［55］——平声——清——婚、知、超

(2) 阳平：

阳平——［21］——平声——全浊——陈、床、才

阳平——［21］——平声——次浊——人、龙、难

(3) 上声：

上声——［42］——上声——清——好、展、丑

上声——［42］——上声——次浊——染、老、买

(4) 去声：

去声——［35］——上声——全清——柱、社、倍

去声——［35］——去声——清——汉、帐、唱

去声——［35］——去声——全浊——阵、助、树

去声——［35］——去声——次浊——漏、怒、帽

(5) 入声：

入声——［33］——入声——清——黑、各、却

入声——［33］——入声——全浊——宅、食、舌

入声——［33］——入声——次浊——六、纳、麦

二、湖南衡阳三峡移民话的音系特点

（一）声母特点

（1）移民话不分鼻音 n 和边音 l，都说成 l（有的移民说成 n，有时个别移民可能不自觉地既说成 n，又说成 l）。总之，l 和 n，在移民话中根本没有区别意义的作用。比如"难、兰、怒、路"等字，移民话都说成 l（或有时不自觉地说成 n）。

（2）移民话不分翘舌音 tʂ、tʂʰ、ʂ、ʐ 和平舌音 ts、tsʰ、s，都说成 ts、tsʰ、s、z。

（3）普通话一部分零声母字，在移民话中用辅音作声母。比如普通话的"疑、业、严、研、宜、义、议、砚、验、酽"等字，移民话用 l（或 n）作声母，这些字都是中古的疑母字。普通话"额、讹、淹、爱"等字，移民话用 ŋ 作声母，这些字多是中古疑母字，有少数是中古影母字。而普通话中一些以辅音为声母的字，移民话又说成零声母。比如普通话"容、融、蓉"等字，移民话

说成 iuŋ。"荣"字，移民话说成 yn；"略、虐、疟"等字，移民话说成 iəu。

（4）移民话某些字的声母的送气与不送气的读法，正好与普通话相反。

一是普通话中的送气声母，移民话不送气。比如"翘、炽、触、颤"等字，普通话中声母读送气音 tʂʰ，移民话是不送气音 ts。"湃"字，普通话中声母是送气音 pʰ，移民话说成不送气音 p。"腆、挑（挑选）、屯"等字，普通话中声母是送气音 tʰ，移民话说成不送气音 t。"廓"字，普通话中声母是送气音 kʰ，移民话说成不送气音 k。

二是普通话中的不送气声母，移民话说成送气音。比如"概、溉、搁、箍"等字，普通话是不送气声母 k，移民话说成送气音 kʰ。"截、捷、浸、歼"等字，普通话是不送气声母 tɕ，移民话说成送气音 tɕʰ。"鄙、辟、遍"等字，普通话是不送气声母 p，移民话说成送气音 pʰ。"堤、夺、铎、抖"等字，普通话是不送气声母 t，移民话说成送气音 tʰ。"宅、秩、拙、浊"等字，普通话分别是不送气声母 tʂ和ts，移民话说成送气音 tsʰ。

（5）移民话与普通话比较，舌面音声母与舌根音声母偶有混淆。

比如"街、皆、阶、解（解开）、间（几间房子、房间）"等字，普通话声母是 tɕ，移民话声母是 k。"敲、壳（地壳）、嵌、掐、卡（关卡、卡住）"等字，普通话声母是 tɕʰ，移民话声母是 kʰ。"咸、陷、项、杏"等字，普通话声母是 ɕ，移民话声母是 x。也就是说，普通话中的舌面音声母 tɕ、tɕʰ、ɕ，移民话分别说成舌根音 k、kʰ、x。这些字都是中古见系二等字。有的字又恰好相反，比如"蛤蟆"的"蛤"，普通话为 xa³⁵，移民话为 ɕia²¹，是中古匣母二等字。"龚、供（白读音）、弓（白读音）"，普通话声母为 k，移民话声母为 tɕ，这几个字是中古见母三等字。"刚刚"的"刚"，在移民话中读 tɕiaŋ⁵⁵，"刚刚"说成"将将儿"。有些字移民话可以既读成舌面音，又读成舌根音，比如"豇豆"的"豇"，移民话有时读成声母 tɕ，有时读成声母 k，《广韵》为"古双切"，是见系二等字。

（6）普通话有极少数声母为 ʂ 的字，移民话声母读为 tsʰ，比如"慎、伸、束"等字。反过来，有不少普通话声母为 tʂʰ 的字，移民话反而读成 s，比如"常、尝、刹（刹那间）、禅（禅宗）"等字。这些字，都是中古《广韵》禅母字和船母字。

（7）移民话声母，还有个别的特殊读音，与普通话很不同，且又分为两种情况。

其一，普通话同古音不一致，移民话同古音一致。比如"茎"，普通话声母是 tɕ，移民话声母是 x；"溪"，普通话声母是 ɕ，移民话声母是 tɕʰ；"虹"，普通话是 xoŋ³⁵，而移民话声母是 kaŋ³⁵；"蔫"，普通话声母是 n，音为 nian⁵⁵，移民话是零声母，音为 ian⁵⁵。"茎"，《广韵》"户耕切"；"溪"，《广韵》"苦奚切"；"虹"，《广韵》"户公切"和"古巷切"两读；"蔫"，《广韵》"谒言切"。以上这些情况，移民话都是与古音一致的。

其二，与古音完全无关。比如"皲（皲裂）"，普通话声母是 tɕ，移民话声母是 tsʰ。"隶"，普通话声母是 l，移民话声母是 t。"械"，普通话声母是 ɕ，移民话声母是 tɕ。"额头"的"头"，普通话声母是 tʰ，而移民话声母是 l（或 n）。"粘"，普通话声母是 n，移民话声母 ts。"傻"，普通话声母是 ʂ，移民话声母是 x。"脐"，普通话音为 tɕʰi³⁵，移民话在"脐带"中，音为 tɕʰi²¹，但在"肚脐眼"中，音为 tɕi⁵⁵。

（二）韵母特点

（1）移民话不分舌尖前元音 ɿ 和舌尖后元音 ʅ。把普通话中的 ʅ 全部读为 ɿ。例如，知=资，迟=词，诗=丝。

（2）移民话没有 e 韵母。普通话中的 e 韵母，移民话分别读成 ɛ 或 o 韵母。读 ɛ 的，有"得、革、格、遮"等；读 o 的，有"个、各、歌、搁"等。

（3）移民话没有 uo 韵母。普通话中的 uo 韵母，移民话一般读为 o 韵母，比如"锅、多、说、过、作、错、撮、所、活、果、郭"等。普通话中 kʰuo 音节的所有字以及 kuo 音节里的入声字，移民话都读为 uɛ 音节，比如"阔、扩、括"和"国、帼、蝈"等。

（4）移民话没有 ɤŋ、iŋ 等后鼻音韵母。普通话中的 ɤŋ，移民话分为 uŋ 和 ən 两类。一般说来，如果是同双唇音相拼，就读为 uŋ，比如"蹦、碰、捧、冯"等（"彭""烹"两字念 ən 韵母）。同其他声母相拼，就读为 ən，比如"等、灯、邓、登"等（"疼"字念 ən 和 uŋ 都可以）。还有极少数例外，比如"绳"字，移民话韵母为 yn。普通话的 iŋ，移民话绝大多数念 in，比如"另、令、灵、宁"等；少数念 yn，比如"营、倾"等。

（5）普通话的 yɛ 韵母字，移民话中分布比较复杂。一部分读为 yo，比如"学、雀、确、乐（音乐）、觉（觉得）"等；另一部分仍然读为 yɛ，比如"雪、血、缺、月"等。除以上两种情况以外，还有念其他音的，比如"靴"，念 yi；"桷"，念 o；"约"，念 yo。

（6）普通话 iɛ 韵母的部分字，移民话中大部分仍然读为 iɛ，另一部分读为

iai。比如"皆、解、界、届"等。还有一小部分读为 ai，比如"街、鞋"等。极个别的字有特殊读法，例如"茄（茄子）"，移民话读为 yi。

（7）普通话的 y 韵母字，移民话中分为两个部分，一部分念 yi，另一部分念 yu，都是复元音，移民话中没有单元音 y。念 yi 的，有"与、于、鱼、雨"等，这些字都是古代的非入声字；念 yn 的，有"局、橘、屈、曲"等，这些字都是古代的入声字。

（8）普通话有一部分收鼻音韵尾的字，移民话读为不收鼻音韵尾的字；反过来，普通话又有一部分不收鼻音韵尾的字，移民话却读为收鼻音韵尾的字。比如，普通话收鼻音韵尾的"杉（杉树）、湍、疝（疝气）、岩、晌（晌午）、堂（堂屋）、蒙（发蒙）"等，移民话都读为不收鼻音韵尾的音，直接收元音韵尾。普通话应该不收鼻音韵尾的"亩、某、茂、懋、皱、阜"等，移民话又读为收鼻音韵尾的音。

（9）普通话与移民话在韵母"u、y"介音上有时恰好互为补充，表现有二。其一，普通话有 u、y 介音的，移民话没有 u、y 介音，比如"窗"。普通话 uən 韵母字，如果同 t、tʰ、l、ts、tsʰ、s 等声母相拼，移民话都无一例外地读为 ən 韵母，比如"顿、钝、吞、豚"等。其二，普通话没有 u、y 介音的，移民话有 u、y 介音，比如"铲、厦（大厦）、掀、鲜"等。

（10）移民话有儿化和儿化韵。有时，移民话儿化和儿化韵比普通话还多，比如"梨""树"等字，普通话不儿化，移民话要儿化，如果不儿化，就必须分别说成"梨子""树子"。

（11）移民话韵母，还有一些与普通话韵母很不相同的情况，但又不像上面那些例子那样大体上是有规律可循的。比如"砌"字，移民话有两个读音，一个音是 tɕʰyu，另一个音是 tsʰuei，都不是普通话音 tɕʰi⁵¹。"横"字，移民话文读音是 xən，这是符合语音发展有关规律的，但白读音是 xuan，就谈不上什么规律。"划"字，移民话文读音是 xua，与普通话是一致的，但白读音是 xo²¹，这是因为"划"字古代就一直是入声字。

（三）声调特点

（1）古代入声自成调类，但丢失了塞音韵尾 p、t、k，也没有喉塞韵尾ʔ，是舒声中平调。个别古代入声字，移民话读为阴平和去声，比如"挖"字，读为阴平；"肉、剧、戏、玉"等字，读为去声。调值与普通话有较大差异，调型没有明显的中升调，有降升调。阴平与普通话相同，阳平由高升调读成低降调，上声由降升调读成半高降调，去声和普通话的阳平相似。

（2）移民话有变调。移民话有些词语当两个阳平连在一起时，后一个阳平要变调，读为阴平。比如"裁缝、篾条、砣儿、娃儿、场合、毛毛、瓶瓶、笼笼、槽槽、筒筒、蒙蒙（膜）、棚棚、婆婆、馍馍（馒头）、绳绳儿（绳子）、婆娘、麻糖、麻螂（蜻蜓）、锄头、犁头"等。两个去声的叠音字在一起，有的时候要变调，把后面那个去声字变为阳平，比如"弟弟、妹妹、洞洞、罐罐"等。

三、湖南衡阳三峡移民话的声韵拼合

（一）开口呼韵母只与以下声母拼合①

1. ɿ

ts（知）、tsʰ（词）、s（思）、z（日）

2. a

p（巴）、pʰ（怕）、m（妈）

f（发）

t（大）、tʰ（他）、l（拉）

k（嘎）、kʰ（卡）、x（哈）、ŋ（△）

ts（杂）、tsʰ（查）、s（沙）

ø（啊）

3. o

p（波）、pʰ（破）、m（摸）

t（多）、tʰ（拖）、l（罗）

k（歌）、kʰ（可）、x（河）

ts（作）、tsʰ（错）、s（所）、z（弱）

ø（屙）

4. ɛ

p（白）、pʰ（拍）、m（墨）

t（得）、tʰ（特）、l（勒）

k（格）、kʰ（克）、x（黑）、ŋ（△）

ts（遮）、tsʰ（车）、s（舍）、z（热）

---

①这里，有音无字的用三角符号"△"表示。

ø(诶)

5. ər

ø(二)

6. ai

p(拜)、pʰ(派)、m(卖)

t(代)、tʰ(太)、l(奈)

k(盖)、kʰ(开)、x(害)、ŋ(爱)

ts(在)、tsʰ(菜)、s(晒)

7. ei

p(贝)、pʰ(赔)、m(妹)

8. ao

p(包)、pʰ(跑)、m(毛)

t(刀)、tʰ(套)、l(闹)

k(高)、kʰ(靠)、x(好)、ŋ(袄)

ts(找)、tsʰ(草)、s(少)、z(饶)

9. əu

t(斗)、tʰ(偷)、l(楼)

k(够)、kʰ(口)、x(后)、ŋ(欧)

ts(周)、tsʰ(抽)、s(拽)、z(肉)

10. an

p(班)、pʰ(盘)、m(满)

f(翻)

t(单)、tʰ(谈)、l(蓝)

k(赶)、kʰ(看)、x(喊)、ŋ(按)

ts(站)、tsʰ(蚕)、s(山)、z(染)

11. ən

p(本)、pʰ(盆)、m(门)

fʰ(分)

t(等)、tʰ(滕)、l(冷)

k(跟)、kʰ(肯)、x(很)、ŋ(硬)

ts(正)、tsʰ(趁)、s(身)、z(名)

12. aŋ

p(帮)、pʰ(旁)、m(忙)

f(放)

t(当)、tʰ(糖)、l(浪)

k(刚)、kʰ(抗)、x(航)、ŋ(昂)

ts(张)、tsʰ(藏)、s(桑)、z(让)

13. uŋ

p(蹦)、pʰ(碰)、m(梦)

f(风)

t(动)、tʰ(同)、l(弄)

k(工)、kʰ(空)、x(红)

ts(中)、tsʰ(从)、s(送)、z(绒)

（二） 齐齿呼韵母只与以下声母拼合

1. i

p(笔)、pʰ(皮)、m(米)

t(地)、tʰ(体)、l(泥)

tɕ(几)、tɕʰ(起)、ɕ(洗)

ø(移)

2. ia

p(△)、pʰ(△)、m(△)

t(△)、l(△)

tɕ(家)、tɕʰ(恰)、ɕ(下)

ø(牙)

3. iɛ

p(别)、pʰ(撇)、m(灭)

t(蝶)、tʰ(铁)、l(捏)

tɕ(接)、tɕʰ(切)、ɕ(歇)

4. iai

tɕ(解)、ɕ(懈)

5. iau

p(表)、pʰ(票)、m(庙)

t(掉)、tʰ(条)、l(疗)

tɕ(叫)、tɕʰ(桥)、ɕ(小)

ø(要)

6. iəu

t(丢)、l(留)

tɕ(酒)、tɕʰ(求)、ɕ(修)

ø(有)

7. ian

p(边)、pʰ(片)、m(面)

t(点)、tʰ(天)、l(年)

tɕ(见)、tɕʰ(前)、ɕ(先)

ø(眼)

8. in

p(宾)、pʰ(贫)、m(名)

t(顶)、tʰ(听)、l(拧)

tɕ(进)、tɕʰ(请)、ɕ(星)

ø(应)

9. iaŋ

pʰ(△)

t(△)、tʰ(△)、l(娘)

tɕ(将)、tɕʰ(强)、ɕ(想)

ø(样)

10. iuŋ

tɕ(供、单指"供他读书"的"供")、tɕʰ(穷)、ɕ(胸)

ø(用)

（三）合口呼韵母只与以下声母拼合

1. u

p(不)、pʰ(扑)、m(木)

v(污)

t(读)、tʰ(土)、l(怒)

k(古)、kʰ(哭)

2. ua

k(挂)、kʰ(夸)、x(话)

ø(挖)

3. uɛ

k(国)、kʰ(阔)、x(惑)

ø(喂、呼语词)

4. uai

k(怪)、kʰ(快)、x(坏)

ø(外)

5. uei

t(对)、tʰ(退)、l(累)

k(贵)、kʰ(亏)、x(回)

ø(位)

6. uan

t(端)、tʰ(团)、l(乱)

k(关)、kʰ(宽)

ø(碗)

7. uən

k(棍)、kʰ(困)、x(昏)

ø(问)

8. uaŋ

k(光)、kʰ(矿)、x(黄)

ø(望)

（四）撮口呼韵母只与以下声母拼合

1. yi

l(女)

tɕ(举)、tɕʰ(去)、ɕ(虚)

ø(鱼)

2. yu

tɕ(局)、tɕʰ(曲)、ɕ(蓄)

ø(育)

3. yo

l(略)

tɕ(脚)、tɕʰ(却)、ɕ(学)

ø(药)

4. yɛ

tɕ(决)、tɕʰ(缺)、ɕ(血)

ø(月)

5. yan

tɕ(倦)、tɕʰ(全)、ɕ(鲜)

ø(选)

6. yn

tɕ(军)、tɕʰ(群)、ɕ(句)

ø(云)

四、结语

本节作者以湖南衡阳三峡移民的语言接触与融合问题为研究个案，考查了湖南三峡移民迁入初期的语音系统与特点。

首先，描写了湖南衡阳地区三峡移民迁入初期语言的声韵调：移民迁入初期的语言有 20 个声母（含零声母），37 个韵母，5 个调类。

然后，重点考查了三峡移民迁入初期语言的音韵特点。

最后，描写了三峡移民迁入初期语言的声韵拼合规律。

其考查结果无疑能为下一步进行迁出地和迁入地语音系统及其特点的对比做好前期准备，甚至能为进一步研究该地区三峡移民语言的接触、演变与融合问题奠定基础。要让移民更好地融入当地社会，就必须清楚移民话、普通话、当地话之间的异同，这样才能减少言语交际中的障碍和误解，完成言语交际上从接触、隔阂、磨合到融合的过程，最终达到"稳得住，逐步能致富"的目的。

所谓语言的变化在很大程度上是使用语言的人的变化。因此，本节作者的考查结果还能为今后动态追踪该地区移民语音特点在语言接触中的演变及其层次保留最初材料。

第二节　湖南衡阳三峡移民迁入初期的疑问句系统与特点

本节作者在本章第一节的基础上，以湖南衡阳地区三峡移民为研究个案，持续考查了这一地区三峡移民迁入初期的疑问句系统与特点，以期为进一步研究该地区三峡移民的语言接触、演变与融合问题做好前期工作。

为使考查结果更具代表性，本节作者在 2006 年 7 月 8 日至 7 月 20 日，持续抽样选取的测试对象还是迁入衡阳地区的第二批移民。

这次配合疑问句测试的主要合作人，都是居住在衡山县长江镇石桥村的移民。他们是：聂启成，男，时年 58 岁，初中文化，迁入前只会说忠县话；冯启秀，女，时年 56 岁，文盲，迁入前只会说忠县话；聂勇，男，时年 33 岁，中专文化，迁入前会说忠县话，能说不标准的普通话；聂小娟，女，时年 26 岁，初中文化，迁入前会说忠县话，能说点普通话。

正如著名语言学家邵敬敏先生在《现代汉语疑问句研究》中所指出的，所有的疑问句都是一种"选择"。作为选择，有两种类型：一为"是非选择"，一为"特指选择"。两者的根本区别在于，回答时，前者为肯定或否定，后者为针对性回答。据此，便得出疑问句"选择系统"这一新系统：是非选择问，包括单项是非选择问（"是非问句"）和双项是非选择问（"正反问句"）；特指选择问，包括有定特指选择问（"选择问句"）和无定特指选择问（"特指问句"）①。

本节作者根据这一疑问句新系统，对湖南衡阳地区三峡移民迁入初期言语中的疑问句系统及其特点进行了考查。至于反问句，在句法结构形式上同一般疑问句没有区别，但表达功能不同，属于语用类，情况较为特殊。因而，在后文予以单列考查。为论述需要，行文例句对应的普通话紧随例句用尖括号"〈 〉"标出。为省篇幅，例句不予标音。

一、是非选择问

（一）单项是非选择问

请先看普通话中单项是非选择问的例句：

---

① 邵敬敏 . 现代汉语疑问句研究（增订本）［M］. 北京：商务印书馆，2014：9—10.

①你们是 2002 年 8 月 17 日迁过来的吗？

②你们这一批总共迁来了 36 户 156 名吧？

③你们这一批全都安置在衡山县？

例①至例③，形式特点较为明显。较之陈述句，句法结构基本相同；提问时，上升语调突出；语气词专用化，比如常用"吗""吧"等，用"吗"表示疑大于信，用"吧"则表示信大于疑，有时"吗"可以省略，但礼貌性弱化；回答时，可用态势语，比如点头、摇头等，也可用答语词，比如肯定常用"是、嗯"等，否定常用"不、没有"等。

在这些方面，移民话和普通话存在差异。而差异更大的是，普通话中的有些是非问，移民话大多采用选择问形式，且在不用强调时，还可以不用语气词。例如：

④你晓不晓得这个消息？〈你知道这个消息吗？〉

⑤后天小明结婚，你来不来？〈后天小明结婚，你能来吗？〉

移民话的是非问句末，往往不像普通话用语气词"吧、吗"，而常用"啥、嗦、唛、哈"等，且常蕴含估测语义。回答方式跟普通话基本相同。例如：

⑥那篇论文还可以啥？〈那篇论文还可以吧？〉

⑦你想送点东西给你老师嗦？〈你想送点东西给你老师吧？〉

⑧还差点钱唛？〈还差点钱吧？〉

⑨不去上街了哈？〈你不去上街了吧？〉

例⑥"啥"体现言说者对某一事实已有主观肯定性倾向，但又不敢确信，于是通过委婉含蓄的询问方式表达出来。例⑦表示言说者已知某种情况而又不能肯定，希望对方证实。例⑧"唛"表肯定性估测。例⑨"哈"表现言说者话语的主观肯定性倾向，仅希望言听者证实，期盼言听者肯定或明确地回答。这些语气词用在是非问句末，所表示的基本语气意义是估测，相当于普通话中的"吧"。

"哈"既可连缀于句末，也可在句末的停顿后面，再单独出现，表示请求别人去做某事，带有商量口吻。这类似普通话的"行吗、好吗"，主要表祈使。但回答语与普通话不同，移民话常用"嗯、哈、好、要得"等，普通话常用"行、不行、好、不好"等。例如：

⑩他把这本字典带回家去哈？〈他把这本字典带回家去行吗？〉

⑪你给我看倒一下摊摊，哈？〈你帮我照看一下摊位，行吗？〉

此外，"哈"单独出现，也同样可表估测，类似"是吧、对吧"。与例⑨不同的是，这往往是言说者没有得到言听者回答时的再次发问，不重复所问内容，只用一个"哈"表示。有的时候，言说者已知言听者做了或未做某事，但为了突显对言听者该行为的惊愕，同时也为进一步确认自己的想法，常用"嗦"，表愕然惊叹兼确定无疑。这实质上是用是非问形式表达肯定内容。这种是非问句的疑问度相当小。例如：

⑫他没有来，哈？〈他没有来，是吧？〉

⑬是恁个说的，哈？〈是这样说的，对吧？〉

⑭你还是没有娶她嗦？〈你还是没有娶她呀？〉

⑮这样的事你都还不晓得嗦？〈这样的事情你都还不知道呀？〉

（二） 双项是非选择问

请先看普通话中的双项是非选择问例句：

⑯你们是不是从重庆忠县迁来的？

⑰你们迁来后想不想老家？

⑱你们迁来后想没想老家？

例⑯至例⑱是普通话中正反问句的基本形式。例句都可用"V不（没）V"（"V"可以是词或短语）提问。仅从这点看的话，正反问疑似是非问。但正反问与是非问的明显区别是：言说者既可用动词或形容词的肯定式和否定式组成并列式作谓语，让言听者选择其中一项作答，也可与有定特指选择问（选择问句）一样，用别的作答。再细加分辨，三者内部也存有差别。

例⑯可替换为"你们是从重庆忠县迁来的，是不是？"，显然不必讨论；例⑰⑱若分别替换为"你们迁来后想老家，想不想？"和"你们迁来后想老家，想没想？"，似乎尚需讨论。这得从言说者有无语义倾向中寻找原因。例⑰⑱中，言说者信疑各半，没有任何肯定性或否定性估测语义倾向。可称之为"中性型非判断正反问"。而例⑯信多于疑，言说者有肯定性估测语义倾向。这种肯定性估测语义倾向是言说者建立在某种已知事实或已有观点基础上的。"是不是"移到句子之后作为附加问出现，倾向于判断性估测，但所蕴含的肯定性估测倾向依旧。可称之为"偏性型判断正反问"。例⑰⑱又代表了"中性型非判断正反问"的两个次类。这可由否定词"不、没"的不同语义予以划界。即"不"常用于否定未然的主观意愿，"没"常用于否定已然的客观叙述。

普通话中的"偏性型判断正反问"，在移民话中是通过是非问形式体现出来的。普通话中的"中性型非判断正反问"，其答问方式较之移民话，差别甚为明显。这明显差别，主要有以下几种情况。

当谓语是单音节的动词或形容词时，正反问提问式与普通话一致，都用"X不X"形式。但当谓语是双音节的动词或形容词时，两者的提问式呈现出差异：移民话常用"X不XY"式，将双音节词后一音节省略；而"XY不XY"是普通话的完整常式，双音节词的两个音节都完整说出。另外，移民话还会发生语流音变，音节"不"常常弱化，甚至脱落，"X不XY"形式变成"XXY"删略变式。但答语式与普通话相同，肯定式答语是"X"或"XY"，否定式答语是"不X"或"不XY"。例如：

⑲你看不看见她？/你看看见她？〈你看没看见她？〉

⑳她高不高兴？/她高高兴？〈她高不高兴？〉

当言说者询问某种状态是否已然存在时，常用"V+得有+O+不/没有/没得"或"VP+没有/没得"提问。这两种形式都与普通话的"V+有+O+没有"相当。但是回答式略有不同。移民话，肯定式常用"V+得有"或"有"，否定式常用"没有"或"没得"；而普通话，往往单用"有"或"没有"回答。例如：

㉑你带得有手机不/没有/没得？/你带手机没有/没得？〈你带手机没有？〉

㉒他包包里揣得钱没得？/他包包里揣钱没有/没得？〈你包里装钱没有？〉

当言说者询问某一动作会不会或做什么事情习惯不习惯时，常用"V+得来/得成+V不来/不成"或"V+不+V+得来/得成"提问。说"得来"和"得成"与否，往往表现出言说者修养度的高低。这种提问式大致与普通话的"会不会+V/VP"相当。但回答式不同，移民话回答常用"V+得来/得成"或"V+不来/不成"，普通话常用"会+V"或"不会+V"。例如：

㉓你做得来（得成）/做不来（不成）这种事哟？/你做不做得来/得成这种事哟？〈你会不会做这件事？〉

当言说者询问某种状态是否为将然存在时，常用"VP+不"提问。这与普通话的"要不要+VP"相当。回答形式也与普通话相同，肯定式用"要"，否定式用"不要"。例如：

㉔你带手机不？〈你要不要带手机（呀）？〉

㉕他包包里揣钱不？〈他包里要不要装钱（呀）？〉

当言说者估测某种动作或某种状态是否具有可能性时，常用"得不得+V/

A"提问。言说者往往怀揣某种担心，问句蕴含"只怕……"的语意。这种提问式与普通话的"会不会＋V"相当。回答也常用不确定语气。倾向肯定性的回答，用"嗯，可能要……"或"看样子，可能要……"，倾向否定性的回答，用"不得"或"可能不得"。普通话倾向肯定性的回答，则常用"会＋V"或"可能会＋V"，倾向否定性的回答，用"不会＋V"或"可能不会＋V"。例如：

㉖明天得不得刮大风？〈明天会不会刮大风？〉

㉗他得不得箍倒我嫁他？〈他会不会强迫我嫁他？〉

当言说者欲表现一种较亲切的询问语气时，常用"得＋V/A＋不"或"V＋得＋补语＋不"提问。这里，"V/A"常表言说者的一种可控性趋向或者主观性意愿。当表一种主观性意愿时，问句常蕴含言说者的某种担心或忧虑，"不"读得很轻，听起来疑似[bo]。这种提问方式与普通话的"能不能/会不会＋V/A（＋补语）"相当。移民话，回答前者用"得＋V/A"或"不得＋V/A"，回答后者用"V＋得＋补语"或"V＋不＋补语"。普通话的回答一般都用"能/会＋V"或"不能/不会＋V"。当由于心情难过或因为避讳需要时，可不直接回答，这与普通话一样，只需用叹息或摇头予以回应。例如：

㉘后天开会他得来不？〈后天开会他能不能来？〉

㉙她的病得好不？〈她的病会不会好？〉

㉚他安空调得行不？〈他能不能把空调安装得很好？〉

㉛她哄得睡娃儿不？〈她会不会哄睡小孩？〉

二、特指选择问

（一）有定特指选择问

请先看普通话中的有定特指选择问例句。

㉜这场球，赢了？输了？

㉝到底是你去呢₁，是我去呢₁？①

㉞（是）你的书包，还是他的书包呢₁？

㉟他是不是老师呢₁？

例㉜至例㉟可涵盖普通话选择问全部基本类型。言说者常提出并列两项或

---

①呢，语气词，用在句末：a. 表示疑问，如"你干什么呢？"b. 表示确定的语气，如"他没来呢。"c. 表示动作正在进行，如"我正吃饭呢。"d. 使句子略停顿一下，如"今年呢，比去年收成好。"这里，将 a. 表示疑问的"呢"称作"呢₁"，将 b、c、d 表示非疑问的"呢"称作"呢₂"。

多项选择，让言听者从中或从外进行选择。普通话选择问的形式很有特点。前后选择项之间可用关联词语联系。关联词语可用于后项，也可前后照应，如例㉝至例㉟；当然也可不用，如例㉜。关联词语以"还是"最为典型，可单用，（如例㉞）。如果用"是"则常需构成"是……还是……"或"是……不是……"等全框型框式结构。书面上前后选择项可分别用问号，也可前项用逗号，后项或最后一项用问号。常用语气词"呢$_1$"。"呢$_1$"可前后项都不用或都用，也可只用于前项或后项。选择项可以独立成句，也可并存于一句之中。

移民话选择问形式，较之普通话，在选择项、关联词语、语气词、停顿和语序等方面，似乎更具弹性和灵通。普通话有些选择问在移民话中往往通过正反问的方式体现。比如普通话例㉟还可替换为"他是老师不是？"，形式由"VP＋否定词＋VP"变成"VP＋否定词"。但这在移民话中常用"V＋否定词＋VP"的正反问形式予以表现。普通话常用语气词"呢$_1$"，"呢$_1$"主要表深究。这种语气意义，在移民话中不用语气词也能体现，并且不用语气词是移民话选择问的常式。移民话即使要用语气词，也是用"哦、哟、嘛、哚、喃"等。移民话选择问有两种基本句型："框式结构"型和"正反问句"型。例如：

㊱是你的主意，还是他的主意（哦/哟/嘛）？〈这是你的主意，还是他的主意呢$_1$？〉

㊲小王是不是去了（哟/哦/哚/喃）？〈小王是去了还是没去呢$_1$？〉

相对来讲，"哟、哦、哚"用于选择问，常重在追问。"嘛、喃"用于选择问，常重在怀疑。因此尽管同样是用于选择问，但后者较之前者，语气显得更加柔和委婉。再者，例㊱有明确的选择性框式结构"是……还是……"，整个句子的疑问度远远大于例㊲。移民话选择问的这两种基本句型能体现两种基本语义类型："深究加追问"型和"怀疑加深究"型。

（二）无定特指选择问

请先看普通话中的无定特指选择问例句。

㊳这笔记本是谁的呢$_1$？

㊴她哪一年结的婚？

㊵这型号的电脑是在哪里生产的？

㊶今天你拿什么礼物去参加婚宴呀？

㊷你怎么爬上去的？

㊸你怎么回去了？

㊹事情办得怎（么）样？

例㊳至例㊹特指问专用疑问代词代替未知内容，言说者希望言听者就疑问代词作答。疑问代词可以代替的未知内容众多，指代人物如例㊳，指代时间如例㊴，指代方所如例㊵，指代事物如例㊶，指代方式如例㊷，指代原因如例㊸，指代情状如例㊹。

移民话较之普通话，特指问的差异也较大。这些差异集中体现在疑问代词和语气词的使用和数量上。较之普通话，移民话特指问中疑问代词和语气词的使用更为婉转灵通，数量也更丰富。从以下移民话常见的疑问代词例句中，就可见一斑。

指代人物，有"哪（一）个、啥（子）人"等，类似"谁"。例如：

㊺是哪一个在别个背后造谣哟？〈是谁在别人背后造谣呢₁？〉

指代事物，有"哪样、啥（子）、啥东西、啷么东西、咋个法儿"等，类似"什么"。例如：

㊻他说的哪样？〈他说的什么？〉

值得指出的是，"啥子"指代人物、事物，使用频率相当高，大多时候可替代普通话的"什么"。

指代方式、原因或性质，有"咋个、咋块、咋个法儿、啷个、啷们、啷块、啷刻、仲咯"等，类似"怎么"。例如：

㊼咋个法儿才把他治得住哟？〈怎么才能把他管住？〉

指代情状，有"啷个的、咋个的、啷们的、啷块的"等，类似普通话"怎么了"；"啷个样、咋样、咋个样、啷么样"等，类似普通话"怎（么）样"。例如：

㊽那个人啷个的？〈这个人怎么了？〉

㊾你们觉得他说的话啷个样？〈你们觉得他说的话怎么样？〉

指代方所，有"哪个凼儿、啥地方、啥子地方、哪个地方、哪儿、哪根儿、哪点儿、哪个塌塌"等，类似"哪里、哪儿、什么地方"。例如：

㊿你晓不晓得哪个凼儿有商店吧？〈你知不知道什么地方有商店？〉

指代时间，有"哪哈儿、哪阵（儿）、哪阵子、哪个时候（儿）、哪种时候、啥子时候、啥时候儿、多会儿"等，类似"什么时候、什么时间"。例如：

51他哪哈儿去吧？〈他什么时候去？〉

语气词的基本功能是传信或传疑[1]。普通话典型语气词有"的、了、呢$_2$、啊、吧、呢$_1$、吗"7个。这7个语气词从"的"到"吗"依次是一个从传信到传疑的连续统[2]。而据学界已有研究成果，普通话疑问语气词一共只有4个：啊、吧、呢$_1$、吗[3]。据本节作者前期考查，移民话常用语气词则多达19个（这将在本章第三节讨论），即嘛、哒、哈、啥、呀、哦、哚、个、嗦、哟、嗝、噻、哩、喃、吔、喎、唛、咯嘛、哇嘛。至于这些语气词从传信到传疑的连续统，尚待进一步考查和建立。但有一点毋庸置疑：表疑问的语气词较之普通话，丰富得多，至少有"嘛、哈、啥、呀、哦、嗦、哟、吔、喎、唛"10个。这10个可表疑问的语气词，根据表达需要，在不同语境中，大多可附加于特指疑问句末。

三、反问句

请先看普通话中的反问句例句。

⑤你比谁不精明，我敢撒谎吗？

⑤全不懂，全不会，可悲不可悲？

⑤到底个人事大，还是天下事大？

⑤即使知道了，又顶什么用呢$_1$？

例⑤至例⑤的反问用法依次为：是非问、正反问、选择问、特指问。也就是说，一般疑问句式，都可以构成反问句式。当然，构成量上有程度上的分别。其中，以是非问构成的反问用法最为常见，其次是特指问，最少见的是选择问与正反问。

尽管反问句在句法结构形式上同一般疑问句无异，但其语用特点和语用意义却不尽相同。反问句的语用特点为：或者凸显情绪的不满，或者表现见解的独到，或者传递力量的约束。反问句的语用意义为：或者表困惑，或者表申辩，或者表责怪，或者表反驳，或者表催促，或者表提醒[4]。

反问句的特点是无疑而问。形式上是"问"，其实重在有所肯定或有所否定。字面肯定的，语意否定；字面否定的，语意肯定。一般疑问句式的反问用

①陆俭明. 关于现代汉语里的疑问语气词[J]. 中国语文，1984（5）：330-337.

②齐沪扬. 语气词与语气系统[M]. 合肥：安徽教育出版社，2002：191.

③齐沪扬. 语气词与语气系统[M]. 合肥：安徽教育出版社，2002：330.

④邵敬敏. 现代汉语疑问句研究（增订本）[M]. 北京：商务印书馆，2014：221-225.

法所体现的特殊语用价值，跟这些句式的句法结构特点很有关系。

移民话较之普通话，反问句的语用功能基本相同，但形式有所不同。这主要体现在反问实词的提取、反问语气词的选择、反问句法结构的运用上。

在反问实词的提取上，普通话常用"难道（是/不是）"，移民话常用"硬是""默倒""未必""莫非"等。当然，移民话很多时候不用表反问的实词，而是依靠话语重音表肯定或否定，这与普通话相类似。

在反问语气词的选择上，普通话常用"吗"，而移民话常用的至少有"嘛、哦、唛、嗦"4个，占移民话用于疑问句末表疑问语气词的40%。例如：

㊏你以为我硬是不明白嘛？〈你以为我真的不明白吗？〉

㊐你默倒就把我按下去了哦？〈你以为就把我弄下去了吗？〉

㊑未必/莫非你敢骂我唛？〈难道你敢骂我吗？〉

㊒个个都抢倒说，你就不开腔了嗦？〈个个争着发言，你就不开口了吗？〉

㊓这样的话哪个不会说？〈这样的话谁不会说？〉

㊔说这些啥子用？〈说这些还有什么用？〉

例㊏至例㊑既有表反问的实词，又有表反问的语气词。例㊒没有表反问的实词，但有表反问的语气词。例㊓㊔既没有表反问的实词，也没有表反问的语气词。例㊓重音在"哪个"，普通话的重音在"谁"，全句用否定性反问句式表肯定；例㊔重音在"啥子用"，普通话的重音在"还有"，稍有不同，都指"一点用也没有"，全句用肯定性反问句式表否定。

反问句在反诘程度上实际形成三个等级：表责怪、反驳的强级，表催促、提醒的中级，表困惑、申辩的弱级。当然，影响反诘程度的因素是多方面的[①]。

在反问句法结构的运用上，移民话较之普通话，有两个普通话所没有的表强级反诘程度或表中级反诘程度的框式结构。

其一，是半句型框式结构。这指的是语气词"嘛""嗦"常常中置于"……，V/A＋啥子＋嘛/嗦＋V/A"中的后分句形成的框式结构。这一框式结构在语气上近似陈述，实质表反问。在移民话中，这是一种常用的框式结构。更有特色的是，这一框式结构只有肯定式表否定，没有否定式表肯定。言说者用它表达责怪、反驳、催促或提醒的语意，相当于"不要＋V/A"。例如：

㊕半夜哩，还唱啥子歌嘛唱？〈半夜了，不要唱歌了。〉

---

① 邵敬敏. 现代汉语疑问句研究（增订本）[M]. 北京：商务印书馆，2014：239－241.

⑥③船到桥头必然直，你焦啥子嗉焦？〈船到桥头必然直，你不要担心。〉

其二，是全句型框式结构。这指的是由"[（主语₁＋）谓语＋（X＋都＋X＋了）]ₐ，{主语₂＋谓语[还＋动词＋啥子＋语气词（哟/嗉）]}ᵦ?"中的前后 A、B 两个分句合成的全句型框式结构。其中，X 可以是数词、动词或形容词。分句 A 表已然程度的强调，主语₁一般不出现；分句 B 表反问，主语₂常常出现，且一般是肯定形式表过量程度的否定。根据语境不同，该表达式也会相应蕴含责怪、反驳、催促或提醒的语意。例如：

⑥④百都百个了，你还数啥子（哟/嗉）？〈已经一百个了，不要再数了。〉

⑥⑤（人）走都走了，你还喊啥子（哟/嗉）？〈（人）已经走了，你不要再喊了。〉

⑥⑥（颜色）红都红了，你还涂啥子（哟/嗉）？〈（颜色）已经红了，你不要再涂了。〉

四、结语

综上，现将考查结果归纳如下。

（1）是非选择问。单项是非选择问（是非问句）的特点主要体现在句式选取和语气词的运用上。普通话有些是非问，移民话大多采用选择问；普通话语气词专用化，常用"吗""吧"，移民话表强调时常用语气词"啥""嗉""唛""哈"，当无须表强调时，可以不用。双项是非选择问（正反问句）的特点主要体现在句式选取和问答方式上。普通话的"偏性型判断正反问"，移民话常常通过是非问体现出来；普通话的"中性型非判断正反问"的问答方式较之移民话，至少表现出六个方面的差异。

（2）特指选择问。有定特指选择问（选择问句）的特点主要体现在句式选取和语气词的运用及其所体现的语气意义上。普通话有些选择问，移民话往往通过正反问体现；普通话常用语气词"呢₁"，主要表深究，但该语气意义，移民话不用语气词也能体现，且不用语气词是移民话选择问的常式，移民话即便使用语气词，也是常用"哦""哟""嘛""哚""喃"。无定特指选择问（特指问句）的特点主要体现在疑问代词和语气词的使用和数量上。移民话较之普通话，特指问中疑问代词和语气词的使用更为婉转灵通，数量也更丰富。

（3）反问句。其特点主要体现在反问实词的提取、反问语气词的运用、反问句法结构的选择上。普通话常用反问实词"难道（是/不是）"来表反问，移民话常用"硬是""默倒""未必""莫非"。普通话常用语气词"吗",移民话常用"嘛""哦""唛""嗦"。移民话有两个普通话所没有的、表示强级反诘程度或者表示中级反诘程度的框式结构:一是语气词"嘛""嗦"常中置于"V/A+啥子+嘛/嗦+V/A"中的后分句的半句型框式结构;二是"〔(主语$_1$+)谓语+(X+都+X+了)〕$_A$,{主语$_2$+谓语〔还+动词+啥子+语气词(哟/嗦)〕}$_B$?"的全句型框式结构。

第三节　湖南衡阳三峡移民迁入初期的语气词系统与特点

本章前两节已述及，三峡移民"迁得出"业已完成，"稳得住，逐步能致富"是后期帮扶工作的重点。三峡移民的语言接触与融合问题，是后期帮扶工作中一项不可忽视的内容。为此本节作者以湖南衡阳地区三峡移民为研究个案，进一步考查了这一地区三峡移民迁入初期的语气词系统与特点，以期为进一步研究该地区三峡移民的语言接触、演变与融合问题做好前期工作。

为使考查结果更具代表性，本节作者在 2007 年 6 月 18 日至 7 月 28 日，持续抽样选取的测试对象仍然是迁入衡阳地区的第二批移民。

这次配合语气词测试的主要合作人，都是居住在湖南湘语长益片①的衡山县长江镇石桥村的移民。他们依旧是：聂启成，男，时年 59 岁，初中文化，迁入前只会说忠县话；冯启秀，女，时年 57 岁，文盲，迁入前只会说忠县话；聂勇，男，时年 34 岁，中专文化，迁入前会说忠县话，还能说不标准的普通话；聂小娟，女，时年 27 岁，初中文化，迁入前会说忠县话，还能说点普通话。

考查湖南衡阳地区三峡移民迁入初期的语气词系统和特点，发现少数语气词可采用通行写法，大多不易确定汉字形式，因此记录的是音同或音近字。有的读音特殊，超出语音系统。有的常常与前一音节产生音变或合音。因此，考查中，以语音为线索，采取尽量分析、合并类同的办法。为论述方便，在例句中，将所讨论的语气词用"～"代替。为省篇幅，对于方言例句一概不予标音，同时对方言例句也不列出对应的普通话，但对方言例句的进一步阐述或说明用括号"（　）"标示。值得指出的是，由于旨在讨论语气词系统及其特点，为论述集中，本节作者只考查了语气词独用的情况，对语气词连用的情况暂不予考查。

一、单音节独用的语气词

按韵母分类，这类语气词有六类，共 17 个。其中[ᴀ]韵系列的 5 个，[o]韵系列的 5 个，[ɛ]韵系列的 2 个，[i]韵系列的 1 个，[æ]韵系列的 3 个，[ai]韵系列的 1 个。

---

①鲍厚星，颜森．湖南方言的分区[J]．方言，1986（4）：273—276.

（一） 属于［ᴀ］韵系列的语气词

1. 嘛［mᴀ］

"嘛"用于疑问句末表［＋反问］，蕴含［＋不满］语意，用肯定形式表否定，否定形式表肯定。例如：

①别个啷个看得明白～？（别人看不明白）

②啷个不可以去～？（完全可以去）

有时在疑问句末，表［＋商量］，即表现言说者有一个主张，但不敢确定，因而说出来征求言听者的意见，表［＋明显征求意见］语气。例如：

③楞个做要不要得～？/这样对不对头～？

在祈使句末，常表示言听者理当这样做，表较强［＋请求］语气。这类情况，只要有可能，言听者一般都会按照言说者的要求去做。例如：

④把收音机声音关小点～。

⑤你去买菜～。

有时，"嘛"置于"V/A＋啥子＋嘛＋V/A"（"V/A"为单音节谓词性词语）惯常框式结构，不仅蕴含言听者理应不这样做，更表"不要＋V/A"等［＋禁止］语气。例如：

⑥学生在上课，吼啥子～吼。（不准吼）

⑦她又不会骂你，怕啥子～怕。（不用怕）

2. 哒［tᴀ］

"哒"用于陈述句末，言说者用以提醒言听者注意所述焦点，语气具［＋开放性］。句子或有"前言"，或有"后语"。如果"前言"或"后语"蕴含于句中没有出现，也作为"言外之意"传递给言听者。例如：

⑧我还没有吃饭～。（此句或蕴含"前言"，如别人的催促语"你还不快去上班"；或蕴含"后语"，如自己的应答语"等我吃了饭就走"。）

有时所述事情本来是言说者所期望的，但不能肯定，而现在终于达成，那么，"哒"表［＋提醒兼得意］语气。例如：

⑨我们打败他们了～。/你没有追到我～。

3. 哈［xᴀ］

"哈"用于祈使句末表［＋嘱咐］［＋请求］［＋告诫］语气。例如：

⑩出门要下细点～。（嘱咐）

⑪帮我把摊摊照倒～。（请求）

⑫前头的，莫伽轮子～。（告诫）

有时，"哈"单独出现于句子停顿以后，表［＋回指强调］语气，具［＋反复叮咛］意味。主要用于上对下，含［温柔／昵爱］义。例如：

⑬乖，听话，～，爸爸出差回来就来看你。

⑭过十字路口要看倒车子，～。

在是非问句末，表［＋估测兼肯定］语气，相当于普通话中的"吧"。表现言说者话语的主观肯定性倾向，仅希望言听者证实，期盼言听者肯定或明确地回答。例如：

⑮你起了床了～？

⑯你不去上街了～？

有时"哈"还可单独出现在是非问句停顿以后，同样表［＋估测］。这通常用于言说者在没有得到言听者应答时再次发问，但不重复所问内容，只用一个"哈"表示，相当于附加追问形式"是吧"，表［＋估测兼追问］语气。例如：

⑰她没有去，～？

⑱是楞个看见的，～？

在是非问句末，表［＋商量］语气，则相当于"……好吗?"。虽然有时用于言说者真正向言听者征求意见，但有时并非真正向言听者征询意见，而是言说者仅用［＋商量］口吻告知欲行之事，与对方打招呼而已。例如：

⑲那我就先回去了～？

⑳你把这袋米带回家去～？

㉑同志们，开会了～？

还可用于祈使句、陈述句开头部分，语意未完，略加停顿，表［＋提醒／强调］，有把事情往"重"里说的意思。例如：

㉒大家听清楚了～，这是他自己说的哟。

㉓谨防倒～，梯子是摇的哟。

4. 啥［SA］

"啥"用于疑问句末强化［＋深究］语气，体现言说者急于得到言听者确定回答的迫切心情，主要用于特指问、正反问或选择问。例如：

㉔是嘟个拿的～？（特指问）

㉕你到底去不去～？（正反问）

㉖她干还是不干～？（选择问）

当用在是非问句末尾时，则表 [＋估测兼肯定] 语气。这体现言说者对某一事实已有主观肯定性倾向，但又不太自信，于是通过礼节性、含蓄式的询问表达出来。例如：

㉗那篇文章还可以～？

㉘还补一张要得～？

5. 呀 [iA]

"呀" 用于疑问句末表 [＋没有想到/不相信] 语气。例如：

㉙他还没去～？

㉚小王没有去上课～？

当所述之事在言说者看来相当重要，或不能被轻易忽视，但又确实因客观原因无法进行时，"呀" 常置于感叹句末，表 [＋无可奈何] 的感叹语气，有把事情往 "重" 里说的意思。例如：

㉛那件事，我查很久了～，还是没得法解决。

㉜没得法～，昨天下雨噻，只好以后找时间了。

（二） 属于 [o] 韵系列的语气词

1. 哦 [o]

"哦" 用于疑问句末表 [＋反问] 语气，蕴含 [＋夸张] 语意。例如：

㉝楞个好的女孩，你到哪里还找得到～？（那女孩独一无二）

常用于陈述句中，表 [＋列举事项]。例如：

㉞你炖羊肉的时候，就把花椒～，姜～，八角～，大料～，一样都放点噻。

2. 哚 [to]

"哚" 用于祈使句末表 [＋祈使] 语气，使整个句子蕴含 [＋等……完成/停下再说] 语意。不过，"再说" 的具体内容不一定出现。例如：

㉟我把作业做了～。（等我把作业做了再说）

㊱莫慌答题～。（先别忙着答题，等检查试卷是否缺页再说）

3. 个 [go]

"个" 用于陈述句末强调所述事情具 [＋与众不同] 的语义特点。句子往往是针对一个与它相应的比较句而发的。这比较句可显现于字面之上，也可隐含于话语之中。例如：

㊲你们到睡得安逸哟，我一夜都没睡～。（比较句 "你们到睡得安逸哟" 显现于字面之上）

㊳再你啷个说，我反正不答应的～。（比较句"别人答不答应我不管"隐含于话语之中）

4. 嗉［so］

"嗉"用于疑问句末表［＋反问］语气，带有［＋意外/惊讶］语意，用肯定形式表否定，否定形式表肯定。例如：

㊴你默倒他炝皮～？（他不炝皮）

㊵个个都抢倒说，你就不开腔了～？（你也该开腔）

用于是非问句末，但与单纯是非问句不一样，因为言说者已知某种情况而又不能肯定，希望对方证实，得到明确答案。"嗉"用以表［＋估测］，相当于普通话的语气词"吧"。例如：

㊶你想送点东西给你老师～？

当言说者对事情没有想到或有所怀疑，但经过证实，果真如此的时候，在陈述句末用"嗉"表［＋惊讶］［＋恍然大悟］语气。例如：

㊷那个女生是他的女朋友～。（惊讶）

㊸说了半天，原来就是他～。（恍然大悟）

5. 哟［io］

"哟"用于疑问句末常表［＋询问］，带有［＋不耐烦］［＋怀疑］语意。例如：

㊹半天都出不倒门，还在做啥子～？（询问兼不耐烦）

㊺小张，这件事是不是真的～？（询问兼怀疑）

在祈使句末，表亲切而和缓的［＋请求］［＋告诫］［＋嘱咐］语意。例如：

㊻莫讲礼～，都是自家人，随便点。（请求）

㊼小心点～，莫打烂了～。（告诫）

㊽明天八点开会，记倒～。（嘱咐）

在陈述句末，表［＋强调事实］语意。例如：

㊾那个人好老奸～，你啷个斗得赢他嘛。

㊿那件红衣服交了钱的～。

（三）属于［ɛ］韵系列的语气词

1. 嗝［kɛ］

"嗝"用于陈述句末表［＋以新知示人］语意，用法有二。

一是言说者告知言听者［＋未知］之事。这［＋未知］之事，包括［＋将然］之事、［＋已然］之事或［＋本然］之事。不论属于哪一种情况，言说者都是将它当作对方不知道的一种新情况来加以告知的。“嗝”的语气前提是所叙之事为对方所不知，至于事情是不是新发生的并不重要。例如：

(51)后天要下雨～。(将然)

(52)去年小张来找过她～。(已然)

(53)这串葡萄有点酸～。(本然)

二是言说者告知言听者[＋未料]之事。言说者对事情的告知，蕴含相反的预设。但现在实际情况相反，令言说者感到意外，用“嗝”外化这种[＋意外]语意。如果说，前一用法是以未知的新知示人，那么，这种用法则是以未料的新知示人。例如：

(54)这坛糍糟不甜～。(预设：“糍糟”应该是甜的。)

(55)他耍的那个朋友是骗子～。(预设：交朋友谁都会注意品德。)

(56)对门李大伯的老幺都考起博士研究生了～。(预设：考上博士研究生原是一件不容易的事)

2. 噻［sɛ］

“噻”用于陈述句末有时表[＋担忧][＋警告]语意。例如：

(57)你还去打赌博～，家当怕要输完了哟。(担忧)

(58)小明你还讲话～，我就告老师哟。(警告)

在陈述句末有时还表[＋确认事实/事理]语意，强调事实或事理的[＋显而易见]语义特点。句中往往蕴含另一语意。例如：

(59)我不得搞错～。(蕴含：请您放心)

(60)他没有开腔了～。(蕴含：你也莫再说了)

(61)你是他爸爸～。(蕴含：你自然该管)

在祈使句末，表[＋要求][＋期望][＋催促][＋责怪]语意，常用重音、升调。有时，言说者往往带有抵触情绪，有意反话正说。表面上是让对方继续说或者继续做，实际上是禁止对方“再说下去，再做下去”。而当表达的是[＋禁止]语意的时候，用的则是重音、降调。例如：

(62)借给我用两天～。(要求)

(63)小江，把车开快点～。(期望)

(64)天都黑了，快回去～。(催促)

(65)你说是学生，你就拿出学生证来～。(责怪)

(66)说、说、说、你接倒说～。(禁止)

（四）属于［i］韵系列的语气词

哩[li]，用于陈述句末，表[＋辩解］语气，蕴含[＋事实的确如此］语意。这往往是言说者针对一定的言语前提进行辩解。此言语前提是言听者认为言说者没有对所嘱之事或所说之话加以重视而心存否认或不满，言说者因此申辩。例如：

(67)这件事我过问了～，关系太复杂了，没得法解决呀。

(68)她去了～，结果男的根本就没来。

（五）属于［æ］韵系列的语气词

1. 喃［læ］

“喃”用于祈使句末，表和缓的[＋商量］语气。言说者想要求言听者干什么，而又觉得不宜过于直接，因此用“喃”增加和缓的商量语气，以达到自己的目的。例如：

(69)让她看哈儿～。

(70)你再往里站进去点～。

在陈述句中，表[＋提顿］语气，让言听者注意后面要说的话。例如：

(71)不过～，以后买也可以，说不定还便宜些。

2. 吔［iæ］

“吔”用于疑问句末，“吔”起[＋弱化深究］作用。按语气意义的侧重而言，可表[＋询问］［＋好奇］［＋反诘］语气。女性使用，则常表[＋娇滴］语气。例如：

(72)这本书是哪个的～？（询问）

(73)你啷个晓得了～？（好奇）

(74)你啷个觉得我不安逸你～？（反诘）

(75)你来不来～？（娇滴）

在陈述句、疑问句末，用升调表[＋商量］语气，用降调表[＋估测］语气。有时还蕴含[＋自问］意味。例如：

(76)我还默倒你在做清一色～。

(77)还要不要抬桌子去～？

(78)那今天我们还买不买～？

表[＋估测］语气的另一情况是，“吔”常独用于陈述句的句中或句首，前后用逗号隔开，稍事提顿，引出表[＋突然醒悟］的估测句。例如：

⑦早上我帮她买了个MP3，回来我心里又打鼓了，～，她莫以为在追她哟。

⑧～，昨天那个戴眼镜的莫不就是他。

3. 呙〔uæ〕

有时疑问句在形式上是特指问，但言说者并不是想要言听者针对特指疑问词做出回答，而仅仅是对事件表示好奇而已。"呙"用于这种疑问句末，只起强化〔＋好奇〕语气的作用。例如：

⑧你啷个晓得了～？（对"你晓得"好奇）

⑧他来又是做啥子～？（对"他来"好奇）

（六）属于〔ai〕韵系列的语气词

唛[mai]，用于表〔＋反问〕的疑问句末，起缓和语气作用。疑问句尽管表〔＋反问〕，但"唛"置于句末，便弱化了言说者与言听者之间的对立情绪。有时语意蕴含〔＋理解/同情〕，有时语意蕴含〔＋戏谑/诙谐〕，有时语意蕴含〔＋自我解嘲〕。例如：

⑧他不楞个说，他以后还说得起话～？（理解）

⑧未必你敢骂我～？（戏谑）

⑧你以为我硬是不懂～？（解嘲）

有时，在是非疑问句末，表〔＋商量/估测〕语气。例如：

⑧还差点钱～？（估测）

⑧我出去顺便帮你取了～？（商量）

用在一种比较特殊的陈述句末，该陈述句属于一种习惯表达式："不都不是……～，……"。这种表达式常见于儿童用语。例如：

⑧不都不是爷爷买的～，爸爸骗人。

⑧呜呜，不都不是这个奥特曼～，重新买一个。

二、双音节独用的语气词

双音节独用的语气词，主要有"咯嘛[koma]"和"喥嘛[touma]"两个。

1. 咯嘛〔koma〕

"咯嘛"用于陈述句末，表〔＋仅此而已〕语气。有把事情往"轻"里说的意味，与普通话的语气词"罢了"类似。例如：

⑩你才吃两碗饭～，不得把你胀倒。（不算多）

⑨我不过做了应该做的事～，没啥子了不起。（不必说）

2. 哇嘛［touma］

"哇嘛"用于陈述句末，表［+凸显强调］语气，有把事情往"重"里说的意味。例如：

⑰我给你说了的～，啷个就搞丢了？（突显强调事实）

⑱你是他家长～，当然要找你。（突显强调身份）

可见，"哇嘛""咯嘛"的语气意义刚好互补。关于这一点，还可再举一些例子加以比较。例如：

⑲a. 他是技术员哇嘛。（当然比我强）

　　b. 他是技术员咯嘛。（比我强不了多少）

⑳a. 来了百把人哇嘛。（不算少）

　　b. 来了百把人咯嘛。（不算多）

㉑a. 你吃的两碗面哇嘛。（怎么就饿了）

　　b. 你吃的两碗面咯嘛。（当然该饿了）

三、结语

（一）移民话独用的语气词系统

独用语气词共 19 个。"嘛、哒、哈、啥、呀、哦、哚、个、嗦、哟、嗝、噻、哩、喃、吔、㕵、唛"等 17 个属于单音节，"咯嘛、哇嘛"等 2 个属于双音节。

这些语气词都能够分布于句末。在句末表［+陈述］的，有"哒、个、嗦、哟、嗝、噻、哩、吔、唛、咯嘛、哇嘛"等 11 个；在句末表［+感叹］的，有"呀" 1 个；在句末表［+疑问］的，有"嘛、哈、啥、呀、哦、嗦、哟、吔、㕵、唛"等 10 个；在句末表［+祈使］的，有"嘛、哈、哚、哟、噻、喃"等 6 个。

这些语气词中，"哈、哦、喃、吔"等 4 个可以分布于句首或句中。其中，"哈"，可在陈述句和祈使句中表［+提顿］；"哦"，可在陈述句中表［+列举］；"喃"，可在陈述句中表［+提顿］；"吔"，既可用于陈述句首，也可用于陈述句中，表［+提顿］。

（二）移民话独用语气词所具语音、语法和语用等方面的特点

语音上，具有超音系特点，体现在韵母和调值上。移民话语音系统（详见本章第一节）中并没有［æ］韵母，但移民话语气词系统中［æ］韵系列的语气词

有"喃[læ]、吔[iæ]、喎[uæ]",这很好地反映了语气词在语流音变中语音的灵活性。移民话语气词非轻声,且调值多为低降调,这可能是移民话听起来调子比较低沉的原因。

语法上,语气词为是非疑问句的必要成分。因为移民话的是非疑问句式为"陈述句+疑问语气词",所以必须依靠疑问语气词完成疑问功能。通常应该是用升调表疑问,用降调表陈述。由此,可以推测:是不是移民话语气词固有的低降调的非轻声特点,影响了是非疑问句用升调表疑问功能的发育,从而增强了是非疑问句对疑问语气词的依赖度。

语用上,根据言语行为理论①,语气词是一种产生言外之意的指示手段。考查发现,移民话语气词的使用频率相当高,这可能跟语气词能指示言外之意的表达功能有关。

---

①奥斯汀. 论言有所为[A] //许国璋,摘译. 中国社会科学院语言研究所语言学情报研究室. 语言学译丛(第一辑)[M]. 北京:中国社会科学出版社,1979:1—14.

第六章　湖南三峡移民语言融合生态（一）

第一节　重庆开县移民原籍方言语音特点及移民后变化

重庆开县位于重庆市东北部，地处长江之北，西邻四川省开江县，北接重庆市城口县和四川省宣汉县，东毗重庆市云阳县和巫溪县，南邻重庆市万州区。重庆市开县厚坝镇位于开县东部，地处三峡库区小江回流处。2004 年 7 月，1300 多名重庆开县的三峡移民迁入湖南，分别被安置在湖南邵阳的邵东县、衡阳的衡阳县、永州的祁阳县、娄底的涟源市、益阳的桃江县和赫山区等县（区）。

重庆开县三峡移民方言属于西南官话成渝小片①②，迁入安置地的居民所说的话属于湘方言，这两种方言的差异很大。重庆开县的话离开了开县本土那个适合它发展的环境，在迁入地这种插花式安置的移民环境中，正面临快速衰微的现状。为了对移民方言进行保存，本节作者对移民方言的语音进行了调查研究。本节作者以安置在湖南邵东县的开县移民的方言为调查研究对象。1300 多名重庆开县移民中，有 43 户 200 多名厚坝镇庙坪村的三峡移民住进了位于湖南邵阳市邵东县范家山、周官桥、魏家桥、黄陂桥、两市镇等乡（镇）10 多个安置点的新家。

湖南邵东方言属于湘方言娄邵片③，与湘方言其他片区差异很大，与西南官话成渝小片差异更大。本节作者调查的发音人被安置在湖南邵东县的范家山镇龙江村。重庆开县话与湖南邵东范家山话有很大的差别，相互之间根本不可能用方言交流。因此，成年人在与当地人交流的过程中不得不使用普通话，不会

①黄雪贞. 西南官话的分区（稿）［J］. 方言，1986（4）：262—272.
②李蓝. 西南官话的分区（稿）［J］. 方言，2009（1）：72—87.
③鲍厚星，陈晖. 湘语的分区（稿）［J］. 方言 2005（3）：261—270.

普通话的移民与当地人交流就会有很大困难，小孩则是由用普通话与当地小孩交流到逐渐学会用范家山话与当地人交流。到 2010 年 8 月本节作者前往实地调查时，移民小孩已经完全学会了邵东范家山话，完全能用范家山话和当地人交流了。移民过去一直说的厚坝镇庙坪村话，只在移民内部交流时使用，移民小孩甚至在移民内部交流时，也使用新学会的邵东范家山话或者普通话。

发音人情况：廖灿富，男，时年 65 岁，初小文化；廖灿银，男，时年 70 岁，初小文化；周芳翠，女，时年 32 岁，初中文化。

一、重庆开县移民原籍方言的语音系统

详见本书第一章第一节。

二、重庆开县移民原籍方言的语音特点

（一）移民方言声母的特点

（1）中古全浊声母今全部清化，其中古平声今读塞音、塞擦音时一般送气，古仄声一般不送气。例如：

平声　糍 tsʰɿ²¹　　皮 pʰi²¹　　屠 tʰu²¹　　茶 tsʰa²¹　　葵 kʰuei²¹

仄声　字 tsɿ⁴³⁵　　第 ti⁴³⁵　　度 tu⁴³⁵　　助 tsu⁴³⁵　　白 pei²¹

其中也有少数例外，如古平声的"池、除"今读不送气清音，古仄声的"状、叛、造、拔、凿、泽、择、宅、族、特、掘、突"今读送气清音，"茄"读零声母。

（2）不分尖团，古精组字、见组字今逢细音均读[tɕ、tɕʰ、ɕ]。例如：

齐＝奇 tɕʰi²¹　　节＝结 tɕie²¹　　酒＝九 tɕiəu⁴²

尖＝肩 tɕian⁴⁵　　西＝希 ɕi⁴⁵

（3）没有翘舌音声母[tʂ、tʂʰ、ʂ]，知、庄、章三组字及与洪音相拼的精组字，一般读成舌尖前音[ts、tsʰ、s]。例如：

知＝资 tsɿ⁴⁵　　租＝猪 tsu⁴⁵　　糟＝招 tsau⁴⁵

散＝扇 san⁴³⁵　　糍＝尺 tsʰɿ²¹

其中有个别例外，比如，知组的"摘"读[tɕie²¹]，章组的"蔗"读[tɕiɛ⁴²]。

（4）古见组字今与洪音相拼时读[k、kʰ、x]，与细音相拼时读[tɕ、tɕʰ、ɕ]。

见组开口二等字今一般读细音韵母，声母读[tɕ、tɕʰ、ɕ]，少数见组开口二等字有文白异读的现象，白读音读洪音韵母，声母读[k、kʰ、x]，文读音读细音

韵母，声母读[tɕ、tɕʰ、ɕ]。例如：

细音：家 tɕia⁴⁵　　介 tɕiai⁴³⁵　　街 tɕiai⁴⁵　　解 tɕiai⁴²

　　　交 tɕiau⁴⁵　　减 tɕian⁴²

洪音：皆 kai⁴⁵　　街 kai⁴⁵　　解 kai⁴²　　敲 kʰau⁴⁵

　　　减 kan⁴²　　咸 xan²¹

（5）非组、晓组字混读方面的特点。

古晓组字今与细音相拼时，一律读[ɕ]声母，不与非组字相混；与洪音相拼时，部分读[x]声母，部分读[f]声母，部分[x、f]自由变读。其中，今读韵母为开口呼以及[uaŋ、oŋ]时，读[x]声母；今读韵母为[u]时，混入非组，读[f]声母；今读韵母为其他合口呼时，与非组相混，可以[x、f]自由变读。

古非组字今读韵母为[u]时，读[f]声母；宕摄、通摄字韵母为[uaŋ、oŋ]，混入晓组，读[x]声母；读其他韵母时，与晓组相混，可以[x、f]自由变读。非[u]韵母的合口呼，读作[f]声母时，上齿与下唇内侧靠近，声母与韵腹之间，有较长时长带轻微摩擦的间隔，本节作者认为是韵母有韵头[u]。

非组、晓组的分混关系具体见表6-1。

表6-1　非组、晓组的分混

类别	非组	晓组
细音韵母		ɕ 瞎 ɕia²¹　选 ɕyan⁴²
韵母 u		f 虎＝斧 fu⁴²
开口呼韵母及 uaŋ、oŋ	x 孩 xai²¹　黄＝房 xuaŋ²¹　红＝冯 xoŋ²¹	
其他合口呼	x/f 飞＝灰 xuei⁴⁵/fᵘei⁴⁵　婚＝分 xuen⁴⁵/fᵘen⁴⁵	

（6）古泥、来两母字的今读声母不分，一般读边音声母[l]。例如：

脑＝老 lau⁴²　　泥＝犁 li²¹　　奴＝六 lu²¹　　男＝兰 lan²¹

这些边音声母有时也可以自由变读为鼻音声母[n]。泥、来两母也有个别字读零声母，比如"吕、聂"。

（7）古日母字除止摄日母字今读零声母以外，其余各摄今读[z]声母。例如：

止摄：儿＝而 ɚ²¹　　耳 ɚ⁴²　　二 ɚ⁴³⁵

其余：日 zɿ²¹　　如 zu²¹　　热 ze²¹　　锐 zuei⁴³⁵　　柔 zəu²¹

　　　燃 zan²¹　　染 zan⁴²　　软 zuan⁴²　　人 zen²¹　　忍 zen⁴²

（8）古疑、影母开口一等字今读[ŋ]声母。例如：

安 ŋan⁴⁵　　岸 ŋan⁴³⁵　　恩 ŋen⁴⁵　　昂 ŋaŋ²¹　　呕 ŋəu⁴²　　藕 ŋəu⁴²

疑母与今齐齿呼韵母相拼时，与泥、来母相混，读[l]声母，例如：

蚁 li⁴³⁵　　业 lie²¹　　严 lian⁴²　　疑 li²¹　　阎 lian²¹　　验 lian⁴³⁵　　艺 li⁴³⁵

（9）古以母除了"孕"读[z]声母以外，其余今读零声母。

（二）移民方言韵母的特点

（1）没有入声韵，中古入声韵的塞音韵尾已经消失，变成以元音收尾的开音节。例如：

直 tsʅ²¹　　湿 sʅ²¹　　滴 ti²¹　　毒 tu²¹　　局 tɕyi²¹

（2）咸摄、深摄今读-n尾，分别与山摄、臻摄今读相同。例如：

耽=单 tan⁴⁵　　谈=弹 tʰan²¹　　甜=田 tʰian²¹

心=新 ɕin⁴⁵　　针=真 tsen⁴⁵

（3）曾摄、梗摄与深摄、臻摄合流，阳声韵读[en、in、uen、yen]，入声韵读[i、ʅ]，其中知、庄、章组的开口三等字及其他开口一二等字读[en]，其余开口三四等字读[in]，知、庄、章非组的合口三等字及其他合口一二等字读[uen]，其余合口三四等字读[yen]。例如：

曾=蒸=针=真 tsen⁴⁵

承=成=沉=陈 tsʰen²¹

林=鳞=凌=零 lin²¹

（三）移民方言声调的特点

开县移民方言的声调与其他西南官话的声调格式框架一样，四个调类，平分阴阳，中古全浊上声归去声，入声归阳平。

（1）平分阴阳。古平声清声母字今读阴平，古平声浊声母字今读阳平。例如：

古平声清声母字：糟 tsau⁴⁵　　猪 tsu⁴⁵　　低 ti⁴⁵　　杯 pei⁴⁵

古平声浊声母字：曹 tsʰau²¹　　除 tsʰu²¹　　题 tʰi²¹　　陪 pʰei²¹

（2）浊上归去。古清声母上声、次浊上声今读上声，古全浊上声今读去声。例如：

古清声母上声字：　胆 tan⁴²　　堵 tu⁴²　　倒 tau⁴²　　懂 toŋ⁴²

古次浊声母上声字：揽 lan⁴²　　鲁 lu⁴²　　老 lau⁴²　　拢 loŋ⁴²

古全浊声母上声字：淡 tan⁴³⁵　　杜 tu⁴³⁵　　道 tau⁴³⁵　　动 toŋ⁴³⁵

（3）清去、浊去同调。古清声母去声字和古浊声母去声字今读调相同。

例如：

古清声母去声字：布 pu⁴³⁵　　　钓 tiau⁴³⁵　　　壮 tsuaŋ⁴³⁵　　　镇 tsen⁴³⁵

古浊声母去声字：步 pu⁴³⁵　　　调 tiau⁴³⁵　　　撞 tsuaŋ⁴³⁵　　　阵 tsen⁴³⁵

（4）入声归阳平。没有入声调类，古入声调与古平声浊声母字今读调值相同，为阳平调。例如：

古入声字：　　　　直 tsʅ²¹　　　湿 sʅ²¹　　　滴 ti²¹　　　毒 tu²¹

古平声浊声母字：词 tsʰʅ²¹　　　时 sʅ²¹　　　题 tʰi²¹　　　屠 tʰu²¹

三、重庆开县移民原籍方言语音移民后的变化

重庆开县移民方言与迁入地湖南邵东方言的语音差异比较大，从共时语音系统来看，二者既有音类的不同，也有音值的差异；从历时演变来看，二者的演变规律差别也很大。

关于二者演变规律差异的全面讨论，本节作者将另文详细展开。这里，简而言之，最为关键的就是三点：

（1）重庆开县方言只有个别浊声母，湖南邵东方言有一套完整的浊声母；

（2）重庆开县方言有[yi、iai]等韵母，湖南邵东方言没有；

（3）重庆开县方言入声归阳平，湖南邵东方言入声归阴平、阴去、阳去。

为了更好地和迁入地居民进行交流，重庆开县移民方言已经逐渐发生变化，但这些变化还是零星的，不成系统，也缺乏稳定性，本节作者在这里只做简单列举。目前，最为主要的变化有三点：

（1）送气声母在阳平中气流减弱，比如"词[tsʰʅ²¹]、屠[tʰu²¹]"的声母的气流变弱；

（2）韵母[yi]的韵尾[i]逐渐变弱，和韵母[y]越来越接近，有合并趋势；

（3）韵母[əu] [iəu] [ɯɤu]的韵身逐渐趋向一致。

四、结语

综上，以上语音变化也还只是重庆开县移民在和迁入地居民交流的时候发生，在移民内部交流时，使用的仍然是保留得较好的重庆开县方言。在移民和当地居民的交流中，移民方言最终会发生怎样的变化，本节作者将继续关注。

第二节　湖南三峡移民的迁徙对方言演变的影响与要素

除了自身发展规律之外，人口迁徙也是方言演变的重要外因之一。"历史上没有不通过移民而实现的方言传播。"① 可以说，方言的演变总是在移民社会中完成，并不断进行新的更替。移民和迁入地居民是方言接触的主体对象，如果能详细描述并记载他们在某个或多个历史时期的语言情况，我们就能清晰地看到人口迁徙是如何对方言的演变起作用的。

湖南境内方言的研究取得了丰硕的成果，但这些是基于方言各层次的实地调查。在方言的历史变迁的研究上，仍然缺乏静态描述的专门史料，因此，要讨论湖南的人口迁徙对其方言演变的影响，仍面临很大的困难。在 1999 年启动、2000 年开始的三峡移民工程中，有部分外迁三峡移民搬至湖南，他们的方言演变进程如何呢？他们的语言交际状况又呈现出怎样的特点呢？这正是一个对三峡移民方言状况进行历时研究的良好契机，也是一项长期调查的起点。

因此，本节作者试图通过湖南境内几次主要的人口迁徙，归纳人口迁徙影响移民方言的一般性要素，以及作为人口迁徙的主体，同时作为语言接触的一方，湖南三峡移民与湖南历代一般移民相比有何独特性。

一、湖南历代移民导致湘方言的诞生和影响境内方言的演变

"现代湘方言可以追溯到楚国的远祖身上。商代甲骨卜辞中最早提到了他们。楚人本在河南的西南部，后来在战国时期迁居湖南，导致了湘方言的形成。"② 同样，湖南历代的入境移民，不仅导致了湘方言的诞生，而且对其境内方言的演变有着深刻的影响。

鲍厚星先生在谈到湘语区的形成问题时，也没有避开湖南历代的移民史，尤其是外地移民的影响。"五代以前，湖南的外地移民多来自北方；五代以后，湖南的外地移民多来自东方。"③ 他对谭其骧《湖南人由来考》进行详细分析后，提出了湖南移民史的分期：北方移民的三次迁徙浪潮分别发生在永嘉年间

---

① 张伟然. 楚语的演替与湖北历史时期的方言区域[J]. 复旦学报（社会科学版），1999（2）：109−115+142.
② 张文轩. 汉语方言研究的理论断想[J]. 青海民族学院学报，1994（3）：57−61+80.
③ 侯精一. 现代汉语方言概论[M]. 上海：上海教育出版社，2002：119.

（307—312 年）、安史之乱以后和靖康之乱以后。这些移民的迁徙浪潮前后波及了今湖南境内的安乡、澧县、华容等北部地区，湘中、湘南（如道县西），以及洞庭湖西北岸的常德一带，"不仅在湖南境内沅、澧二水流域形成了北方方言（即西南官话）地区，也对湘语，尤其是湖南北片的湘语带来了巨大的冲击"①。东部，主要是江西的移民在五代以后大量涌入湖南，分别经历了"纯江西时代（五代至北宋）""初期混杂时代（南宋至元代）""大混杂时代（明代）""转变时代（清代）"。因此，赣语对湘语的影响也是极大的，"在湘东由北而南形成狭长的赣语区，或是在湘中、湘西南等其他地区留下了赣方言点……或是让一些其他地点方言带上了不同程度的赣语色彩……同时，对于湘语内部形成清浊两大分野，赣语也有相当的影响"②。

湖南境内的移民，其主体仍然是农业移民。从人口学上看，他们的迁移模式主要有两种：国家组织的移民活动和民间的自由迁移。不管是哪种迁移模式，移民往往都带有"趋食性"和谋生目的，对于从迁移后的地区得到更充足的土地资源、创造更丰厚的物质财富怀有很高的期待值。

二、湖南历代移民方言和迁入地方言在接触中相互影响

社会的流动，人口的迁徙，带动着方言始终不断变化发展。

把语言接触的双方分开来看，一方面，迁入地方言在移民浪潮持续有力地侵蚀下会渐渐演变。葛剑雄先生在《研究移民史的基本方法和手段》中提到了这种现象，他认为移民对迁入地方言的影响主要有四个因素：一是移民的数量；二是集中程度；三是社会地位；四是移民方言与迁入地原有方言间的差异。当然，除了这四个因素之外，我们还能看到，如果当地居民有着统一的主观意愿，并且不断膨胀，就很可能对移民的外来方言起到抵制作用。

另一方面，移民客居他乡，受到迁入地方言的影响更大，影响的方式也更为复杂。具体表现在以下三个方面。

（1）外在的客观因素通常起着决定性作用。比如，自然环境、交通状况、移民居住的集中程度等。从宏观上说，迁入地的地理状况和交通状况决定着迁居而来的移民与当地居民或者外界的接触程度。湖南的客家话的分布就是一个很好的例子。"湖南境内的客家人主要分布在罗霄山脉和南岭沿线地区。这一地

---

①侯精一. 现代汉语方言概论[M]. 上海：上海教育出版社，2002：119.
②侯精一. 现代汉语方言概论[M]. 上海：上海教育出版社，2002：122.

理分布上的特点奠定了湖南客家方言演变的基本方向。"① 同时，由于客家人迁到的山村交通落后，与非移民来往极少，这种封闭性和保守性也使得客家方言得以比较完整地保留下来。

（2）移民个体因素也很重要。比如，年龄、职业、性格、经济状况、教育水平等，这些影响方式都是显而易见的。年龄越小，学习方言的能力越强。职业性质和性格特征又决定了移民与外界交流的多寡，自给自足的农民或内向沉默的人明显与外界接触较少，对自己方言的保护性较强。开放式的教育或者落后于当地居民的经济状况，都有利于移民主动放弃自己的方言转而学习迁入地方言。

（3）移民集体性的影响有时也是非常大的。这主要表现在移民家族、家庭的方言情感及其对移民的制约。这里还是以客家人为例。客家人历来有着非常严格的家族规仪，"宁卖祖宗田，不卖祖宗言"的祖训不但要求客家人坚持说客家话，而且要求新媳妇在进门后几年内必须学会客家话，对于外嫁的女儿和长期在外地工作的客家人，他们回家探亲也必须说客家话，如果不说，就会被指责"忘了祖宗，忘了本"。家庭对多种语言的选择情况也是一种方言情感的暗示。如果在移民家庭中都不使用自己的方言，就可能把移民方言的语用价值降到最低，从而导致它的最终消失。

总之，不论是迁入地方言还是移民方言，在接触中的相互影响无非来自两股力量：

一种是分化其原有方言的势态；

一种是对其原有方言进行保护。

而两种方言的演变方向也正是这两股反向力量同时作用的合力方向。湖南三峡移民虽然搬迁时间不长，方言的演变并不明显，但人口迁徙对移民方言的影响也有着上述一般性的规律。

三、湖南三峡移民鲜明的独特性成为影响其方言演变的新的前提

湖南三峡移民具有历代移民的一般性特征，但是和湖南历代移民事件相比，在新的历史时期又有其鲜明的独特性。这也为移民方言的演变增添了不少新的因素，成为影响其方言演变的新的前提，对方言学研究，特别是社会方言研究

---

①陈立中．湖南客家方言演变原因探析[J]．湘潭大学社会科学学报，2003（3）：123－128.

有着重要意义。

（一）湖南三峡移民总体数量很大，但在分布时间、分布地点上都不集中

从正式开始搬迁到搬迁完成，从2000年至2004年，政府组织三峡移民迁入湖南的人数共计7466人（自主迁入的830人除外）。这些三峡移民分两批四次先后迁入，在时间上并不集中。因此，这两批四次迁入湖南的三峡移民，其语言的适应和融合状况也不一致。同时，三峡移民在湖南的安置地包括8个市21个县（市、区）的98个乡镇的273个安置点，在湖南境内的湘东、湘南、湘北、湘西南、湘东南均有分布。即使在一个乡镇，三峡移民也被安置在不同的村、组。湖南三峡移民基本采用集中安置和插花安置两种方式。集中安置人数最多的在湖南郴州市苏仙区，共704人。插花安置的原则是每个村每个组2户以上、5户以下，大部分三峡移民采用插花安置的方式进行安置。

由此可知，湖南三峡移民虽然数量庞大，但是分布时间先后相差长达5年，分布地点几乎遍布整个湖南境内。这种时间和空间分布的不集中，使得各个安置点的三峡移民基本以弱势群体的面貌出现，三峡移民方言也处于劣势地位，被分化的可能性较大。

（二）湖南三峡移民的迁出地西南官话（劣势）与迁入地新湘语、老湘语、赣语、西南官话（优势）接触的情况

湖南三峡移民来自重庆忠县、万州、开县的各个乡镇。杨时逢先生在《四川方言调查报告》中，把这些三峡移民的迁出地都划归为西南官话区，本节作者在各地取样调查的三峡移民方音系统也证实了这一划分。迁入地的方言也正好是湖南主要方言区域的代表：湘语北片（比如汨罗、益阳），湘语南片（比如涟源），赣语区（比如攸县、醴陵），官话区（比如郴州）。也就是说，三峡移民与当地居民的方言接触，实际上是西南官话与湖南境内各方言之间的接触。

在这样的方言接触中，三峡移民方言与迁入地原有方言差异的大小十分重要。双方方言"差异越大，语言上的冲突越激烈，不是'你死我活'，一种方言消灭另一种，就是势均力敌，长期并存。而在差异不大的情况下，往往容易相互影响，使原有方言发生微小、缓慢的变化"[1]。不仅迁入地原有方言的演变会出现这样的情况，三峡移民方言同样如此。

---

①葛剑雄. 研究中国移民史的基本方法和手段[J]. 浙江社会科学，1997（4）：82-91.

　　如果差异很大，语言冲突严重，三峡移民方言作为劣势语，很可能被消灭，或者在有限的几代三峡移民内部尚能与优势语"势均力敌，长期并存"，但渐渐会将使用范围缩小到家庭语言中，最终因失去语用价值走向消亡。比如湖南株洲市攸县、娄底市涟源等地的方言，与三峡移民的西南官话差异太大，三峡移民难以适应，甚至开始反感，认为当地话不好听、不文明，主观评价很低。同时，对迁入地当地话的习得情况也不容乐观。以湖南株洲市攸县为例，在本节作者调查时，接受调查的 111 人中，仅有 5 人表示现在能完全听懂当地话，并且年龄全部在 18 岁以下，而表示完全听不懂的还有 24 人。

　　如果差异较小，比如湖南衡阳市衡南话中就有很多西南官话的成分，湖南郴州话本身就是分布在湖南境内的西南官话区。此时彼地的三峡移民与当地居民基本能够通话，语言障碍并不大，只需在交流过程中相互做出细微调整。比如，三峡移民会主动学习当地对农事的称呼和对亲属称谓的称呼。在本节作者调查时，湖南衡阳市衡南县三塘镇被调查的 32 人中，有 28 人表示能够完全听懂或者听懂一大部分当地话。

　　迁入地方言的情况越复杂，与西南官话的差距越大，可能对三峡移民方言的破坏性就越大；也可能使得三峡移民在无法学会优势方言的情况下，干脆坚持自己的方言，拒绝学习迁入地方言，反而对三峡移民方言起到保护作用。很显然，在这一演变要素中，分化力量和保护力量是同时存在的。

（三）　湖南三峡移民与推广普通话大背景

　　推广普通话是湖南移民史上从来没有面临过的新的大背景。这也使得对湖南三峡移民语言的研究具有新的时代意义。从最初形成到现在的方言区域划分，湘方言受到北方方言和赣语影响是最深远的。最直接的结果是在湖南境内的湘西、湘西北和湘南地区形成了一大片的西南官话区，在湖南省东部与江西省交界的连绵地带以及湖南境内的娄底市新化等地，形成了带有明显客赣方言成分的方言区。而普通话通过政府行为和教育行为基本得到普及，官话在持续不断地侵蚀着湖南境内的方言，使其面临一种不可避免的趋势：渐渐模糊其原有特征，接近普通话。

　　在这种大背景之下，一方面，由于西南官话与普通话基本接近，当地居民可以很轻松地接受，同时还可能借助普通话的"时尚"，侵入当地居民的语言中。历史上不乏这样的例证。鲁国尧先生就在《客、赣、通泰方言源于南朝通语说》中指出，永嘉之乱后，"成千上万的北人涌进了吴语区和楚语区的北部"①，这批人携带的是当时在全国享有权威地位的洛阳话，使得新居留地的土著居民纷纷效仿，"《颜氏家训·音辞篇》指出'帝王都邑'的语言具有权威性：'独金陵与洛下耳'。在建康，百姓说吴语，而士族与官员则说南方通语"②。这也导致了今天南京和湖北大部分地区以官话为主的面貌。

另一方面，普通话很可能成为一种折中的方式被同时接纳。普通话不仅是大家能够共同使用的语言，而且在各方言区都作为一种"更文明、更好听、更亲切"的语言被更多的人接受。在"推普"的影响下，当地居民之间使用普通话的频率也越来越高，尤其集中在年轻人中，或在学校、银行等一些服务性或营利性机构。因此，不管是三峡移民还是当地居民，方言情感都已经被淡化了。

本节作者的调查数据表明，三峡移民在迁移前后，普通话的使用次数增多。迁移前基本不说普通话的有 55.1%，迁移后只有 14.4%。同时，普通话的水平也有了提高。认为自己说得流利或者比较流利的人，由迁前的 31.5%上升到迁后的 67.1%。尤其是在方言差异较大的一些地区，普通话显示出更强大的可行性。

（四）　湖南三峡移民非自愿前提下的语言接触

三峡移民工程是政府出于国家公共建设需要，运用权力和财力加以引导、组织并且强制推行的。因此，三峡移民是非自愿性移民。他们对于安置地的环境，包括语言环境在内，都没有充分的决定权和选择权。在这种非自愿前提下发生的语言接触，大多数客观因素具有不可动性，比如迁入地的自然条件、语言差异、经济状况等，而三峡移民个体的主观因素的作用就凸显出来。尽管三峡移民很愿意保留自己的方言，但是，由于严重失去了方言优越感，他们最终还是不得不选择学习迁入地方言。三峡移民在语言习得过程中，能否主动积极地学习，对当地方言或高或低的价值判断，以及学习途径的多寡，都根据移民的个体差异而各不相同。在本节作者当时的调查中，认为当地话好听的占总人数的 7.76%，这些人的年龄集中在 18 岁以下，或者文化程度较高，或者是从事一些相对开放职业的人。相对应的，这批人能够听懂并且会说当地话的比例明显要高于其他人。在这一演变要素中，分化还是保护，取决于三峡移民自身对

①鲁国尧.鲁国尧自选集[M].郑州：大象出版社，1994：70.
②鲁国尧.鲁国尧自选集[M].郑州：大象出版社，1994：71.

迁入地方言的态度。

在湖南移民史上，非自愿性移民不在少数，他们是如何渐渐适应的，我们已经无法从史料记载中得知。但是，根据对湖南三峡移民现有的方言态度的调查和统计，我们可以推想，两种差异很大的方言要实现融合是一个漫长的过程，对于移民本身也是一个矛盾而痛苦的历程。因此，在对移民的安置过程中，我们也应该考虑到更多方言的因素，减轻移民的方言压力，使方言之间的融合更容易。

（五） 湖南三峡移民多为社会经济地位不高的农村移民

湖南三峡移民基本全部是农村移民，社会经济地位不高，没有掌握多少文化、经济权力，更没有强大的行政权力。因此，对迁入地的社会影响较小，不会像永嘉之乱后的人口南迁那样。虽然同样是政府性移民，但后者的移民人口包括了大批贵族甚至帝王、官吏、文人以及随同的艺人、工匠、商人、将士、奴婢等，对迁入地的经济、政治、文化、社会等各方面都有重大的影响。

湖南三峡移民在与迁入地的融合过程中，无论在经济、社会地位上，还是在语言上，都处于劣势地位，处于外界力量的强大包裹之中。在本节作者当时的调查中，仅从文化程度来看，被调查的 219 人中，小学或小学以下的有 124 人，占到了 56.62%，而高中或高中以上的仅 21 人，不到 10%。迫于生存压力，或者出于对强势方言的羡慕和掌握强势方言的强烈愿望，他们会采取主动迎合的姿态来学习迁入地方言，有些甚至会自己或在下几代中放弃原有方言。因此，在这一演变要素中，分散力量是占主导地位的。

（六） 湖南三峡移民搬迁时家族被分散， 可能存在的家族规仪被人为打破

湖南三峡移民区别于以往的移民运动，最大的特点就表现在其传统家族被人为分散。

历史上的人口迁移通常带有"趋食性"和谋生目的，因此，一般都是一家老小共同迁移。不管是灾荒、动乱或者其他异常社会原因造成的民间自由移民，还是国家组织将"狭乡"人口迁往"宽乡"，大的家族集体迁徙的可能性都比较大。他们在迁徙流亡的过程中，经常携带着固守的家族规仪，对移民成员加以制约。

而三峡移民不同，其分布在地点上和时间上并不集中，往往大的家族被分散：一部分仍在老家，一部分在移民地；或者一个家族被分散安排在几个不同的移民地。家庭规模减小，导致传统意义上的血缘关系、劳动互帮关系、邻里

关系等都被打破。从文化层面上看，带来的后果是"家族关系和宗族组织被打破，传统的家族文化缺失"。

何泽仪等在《三峡移民的文化差异和文化融合——以湖南岳阳地区新市、杨林两地三峡移民为样本分析的调查报告》① 一文中对岳阳地区新市镇和杨林乡两地部分三峡移民的调查，就清晰地反映了这种情况（表6-2）。

三峡移民家族传统文化的缺失，使得本来有着巨大制约性的家族规仪烟消云散，除了对个别成员有着心灵上的自觉约束之外，已经无法形成一种集体压力来强行保留三峡移民方言。在没有强大的家族管束的情况下，三峡移民的方言失去了保护力量，随着与外部不断地接触，遵循语言自身发展的内部规律，开始更加自由地演变。在这一演变要素中，分散安置的力量是占主导地位的。

表6-2　湖南岳阳地区新市镇、杨林乡部分移民家庭规模及结构

类别		新市镇		杨林乡	
		移民前	移民后	移民前	移民后
调查户数（人）		7	7	14	14
家庭规模（%）	3~5人	42.86	71.43	35.71	71.43
	6~8人	42.86	28.57	57.15	28.57
	9人以上	14.28	0	7.14	0
家庭结构（%）	单人家庭②	0	0	0	0
	核心家庭	42.86	57.14	50	78.57
	主干家庭	57.14	42.86	50	21.43

四、结语

综上，本节作者在对湖南移民史进行了简单回顾以后，总结了人口迁徙影响方言演变的若干因素，重点讨论了外在客观因素、人口个体因素、人口集体性对移民方言的影响。这些影响归根到底呈现两种趋势：对原有方言的分化和保护。在此基础上，本节作者还分析了湖南三峡移民的迁徙活动在影响其方言接触上的独特性。

---

① 详见中南大学欧阳友权教授等指导学生何泽仪等完成的《三峡移民的文化差异和文化融合——以湖南岳阳地区新市、杨林两地三峡移民为样本分析的调查报告》课外研究成果，该成果在第八届"挑战杯"全国大学生课外科技作品大赛中，获得哲学与社会科学类作品一等奖。

② 单人家庭，即一个人独居；核心家庭，即一对夫妇或一对夫妇及未婚子女共居；主干家庭，即两代以上的夫妇共居。以上夫妇亦包括其中一方残缺的情况。

这种独特性主要表现在以下六个方面：

（1）总数大，分布时间、地点不集中；

（2）西南官话与新湘语、老湘语、赣语、西南官话的接触；

（3）推广普通话的大背景；

（4）非自愿前提；

（5）多为农村移民；

（6）家族被分散。

除此之外，本节作者特别指出了两点。

第一，在移民史的研究上，语言学的方法受到越来越多的重视，即通过对方言区及亚区的考查来"复原历史时期移民活动的若干片段"①。"在缺少文献资料的情况下，方言往往能成为确定某次移民运动是否存在，移民来自何处，何时迁入等问题的重要证据"②。反过来，同样能够通过研究移民活动的情况，解释和判断方言形成的源流和方言间的关系。

第二，移民活动并不能完全决定方言的形成，"方言格局与移民分布之间并不是一种线性的关系"③。这也是在对三峡移民语言使用状况的研究中必须注意到的一点。这样的例子很多，比如湖南岳阳市湘阴县，是赣语从北路侵入湖南的第一站，江西移民占到外来移民总数的72%，但是，湖南岳阳市湘阴县的方言仍然是以湘语为主，"赣方言特征仅能与湘语相颉颃"④。这种情况也是很多研究者的共识，李蓝在《湖南方言分区述评及再分区》中，就坚定地认为"历代的移民与现代方言面貌，有一定的因果关系，但不是一因一果的直线决定关系。有什么样的移民就一定有什么样的方言类型，这样的想法是比较片面简单的"⑤。移民与方言分布可能形成的不一致，就是由方言接触的主体因素造成的。

---

①葛剑雄. 研究中国移民史的基本方法和手段[J]. 浙江社会科学，1997（4）：82—91.
②葛剑雄. 研究中国移民史的基本方法和手段[J]. 浙江社会科学，1997（4）：82—91.
③张伟然. 楚语的演替与湖北历史时期的方言区域[J]. 复旦学报（社会科学版），1999（2）：109—115+142.
④周振鹤，游汝杰. 湖南省方言区划及其历史背景[J]. 方言，1985（4）：257—272.
⑤李蓝. 湖南方言分区述评及再分区[J]. 语言研究，1994（2）：56—75.

第三节　湖南三峡移民语言态度及其对语言交际的影响

语言或方言本身没有高低贵贱之分，所有的语言或方言都各自构成系统，都能很好地满足使用这种语言的人们的交际需要。然而，在现实社会中，不同的语言或方言在社会上的实际地位并不平等，人们的语言态度有着显著的差异性，往往对不同语言或方言持不同看法，认为某一种语言比另外的语言好（或差）。在《孟子·滕文公上》中，孟子说楚人许行是"南蛮鴃舌之人"，认为他是"南蛮"，说话像鸟叫。把许行的说话看作鸟叫，可见孟子对当时南方楚国方言的态度是非常鲜明的。就是今天，我们也经常听北方人说南方话"蛮"，南方人说北方话"侉"；还有所谓"宁可听某地人骂架，不可听某地人说话"。这无一不是语言态度的表现①。

移民居住区，在较长时期内，是一个多种语言或方言同时并存的地区。这里的居民，尤其是移民的语言态度自然呈现出一种纷繁复杂的局面，势必会对他们当前的语言交际和今后的语言发展产生一定影响。

2003 年 7 月以来，本节作者一行走村入户，陆续对湖南岳阳市岳阳县杨林乡，湖南汨罗市新市镇、红花乡和大荆镇，湖南株洲市攸县网岭镇、新市镇，湖南株洲醴陵市泗汾镇，以及湖南衡阳市衡南县三塘镇等地三峡移民的语言交际状况开展调查，共有 530 多人次接受了访谈。

本节作者一行于 2005 年 7 月至 8 月进行了抽样问卷调查，共发放调查问卷近 300 份，实际收回问卷 219 份。调查发现，三峡移民的语言态度呈现纷繁复杂的局面，这与三峡移民的语言交际有着十分密切的关系。本节作者以问卷调查的第一手材料来分析湖南三峡移民的语言态度及其对语言交际的影响。

一、三峡移民对家乡话、普通话、当地话的评价

在实地调查时，在调查问卷中，本节作者设计的关于三峡移民语言态度的问题有两个：

一是三峡移民目前对家乡话、普通话、当地话三者的评价（何者最好听，

---

①郭熙. 中国社会语言学[M]. 南京：南京大学出版社，1999：51—52.

何者最文雅，何者最亲切）；

二是三峡移民移居前后分别最喜欢说哪种话。

本节作者将三峡移民对家乡话、普通话、当地话三者之中何者最好听、何者最文雅、何者最亲切的选择情况做出了统计（见表6-3）。

表6-3 三峡移民对家乡话、普通话、当地话的评价

年龄	文化程度	性别	最好听			最文雅			最亲切		
			普通话	家乡话	当地话	普通话	家乡话	当地话	普通话	家乡话	当地话
18岁以下	小学	男19	12	2	5	14	1	4	5	12	2
		女18	11		7	15		3	5	11	2
	初中	男13	10	1	2	11	2		4	9	
		女12	11		1	10		2	6	6	
	高中以上	男5	5			5				5	
		女7	5	2		6	1		2	5	
19至49岁	文盲	男1		1		1				1	
		女11	2	9		6	5			11	
	小学	男15	6	9		10	5		2	13	
		女18	8	10		17	1		5	13	
	初中	男22	17	5		21	1		4	18	
		女17	15	1		16	1		2	15	
	高中以上	男8	7		1	8			1	6	1
		女1	1			1				1	
50岁以上	文盲	男8		8		2	6			8	
		女16	1	15		5	11			16	
	小学	男9	6	3		9				9	
		女9	4	5		5	4			9	
	初中	男9	8	1		8	1		1	8	
		女1	1			1				1	
合计		219	130	72	17	171	39	9	37	177	5

综合分析表6-3中三峡移民对三种话的评价发现，不同年龄的三峡移民的态度明显不同。如果把三峡移民按年龄分为18岁以下、19~49岁、50岁以上三组，不同年龄组的三峡移民在选择什么话最好听这一点上刚好也呈分组的趋势

（见表 6－4）。

表 6－4　三峡移民年龄与其语言态度的关系

年龄段	普通话/%	家乡话/%	当地话/%	调查人数
18 岁以下	54/73.0	5/6.8	15/20.3	74
19 至 50 岁	56/60.2	35/37.6	2/2.2	93
51 岁以上	20/38.5	32/61.5	0	52

二、三峡移民年龄与其语言态度的关系

表 6－4 显示，18 岁以下的年轻人中认为家乡话最好听的不到 10%，而有 60% 以上的超过 50 岁的老年人认为家乡话最好听。尤其值得注意的是，竟然有 20% 以上的年轻人认为当地话最好听，而 50 岁以上的三峡移民则无一人认为当地话最好听。由此可见，三峡移民的语言态度与其年龄状况有着密切的关系。随着年龄的增长，三峡移民对故土的眷念程度是不断加深的；同时，三峡移民对新环境的适应能力会不断减弱。三峡移民由于年龄差距而表现出的对家乡话和当地话的认同程度的不同，就是很好的证明。

三、三峡移民文化程度与其语言态度的关系

三峡移民文化程度的高低也是影响三峡移民语言态度的一个重要因素。如果按文化程度将问卷分为文盲、小学、初中、高中四组，三峡移民的语言态度也各不相同（见表 6－5）。

表 6－5　三峡移民文化程度与其语言态度的关系

文化程度	普通话/%	家乡话/%	当地话/%	调查人数
文盲	3/8.3	33/91.7	0	36
小学	47/53.4	29/33.0	12/13.6	88
初中	62/83.8	8/10.8	4/5.4	74
高中以上	18/85.7	2/9.5	1/4.8	21

如表 6－5 所示，随着文化程度提高，三峡移民对普通话的认同程度也在提高。文盲中只有 8.3% 的人认为普通话最好听，而具有高中以上文化程度的三峡移民则有 85.7% 的人认为普通话最好听，呈递增的趋势。相反，对家乡话的认同程度则随着文化程度的提高而逐渐减弱。文盲中认为家乡话最好听的达到

91.7%，而高中以上文化者中仅有 9.5%，呈递减趋势。

就性别而言，男性认为普通话最好听的比例略高于女性：109 位男性三峡移民中有 71 位认为普通话最好听，占 65.1%；而女性 110 人中只有 59 人认为普通话最好听，占 53.6%。对于家乡话则相反，42 位女性三峡移民认为家乡话最好听，占 38.2%；认为家乡话最好听的男性三峡移民为 30 人，占 27.5%。主要原因有以下两点。

（1）男性三峡移民有过较长外出经历的较多。调查对象中，移民前有过一年以上外出经历（比如外出务工、经商、当兵）的男性为 18 人，女性只有 5 人。

（2）男性三峡移民的文化程度普遍高于女性。男性三峡移民中文盲只有 9 人，女性有 27 人；小学文化程度的男性有 43 人，女性有 45 人；初中文化程度的男性有 44 人，女性有 30 人；高中以上文化程度的男性有 13 人，女性有 8 人。

至于"最文雅"与"最亲切"两项，大致与"最好听"一致。同样是年龄越小、文化程度越高，越认为普通话最文雅、最亲切；年龄越大、文化程度越低，越认为家乡话最文雅、最亲切。具体情况如下。

（1）18 岁以下组认为普通话和家乡话最文雅的分别为 82.4% 和 5.4%，认为最亲切的分别为 29.7% 和 51.4%；

（2）50 岁以上组认为普通话和家乡话最文雅分别为 57.7% 和 42.3%，认为最亲切的分别为 1.9% 和 98.1%；

（3）21 位高中以上文化者中，认为普通话和家乡话最文雅的分别为 20 人和 1 人，认为最亲切的分别为 3 人和 17 人；

（4）36 位文盲只有 14 人认为普通话最文雅，其余 22 位均认为家乡话最文雅，认为家乡话最亲切的比例达 100%；

（5）认为当地话最文雅、最亲切的几乎都是 18 岁以下的年轻学生，分别为 9 人和 5 人。

然而，总的来说，认为普通话"最文雅"的人比认为普通话"最好听"的人多，219 人中认为普通话最文雅的高达 171 人，这大概是因为普通话是读书人使用的语言。在认为最亲切的语言选择中，家乡话占绝对优势，219 人中 177 人认为家乡话最亲切，这是情理之中的事情，因为，三峡移民在与其家里人和家乡人交际的时候，基本上是使用家乡话。

三峡移民的语言态度随着时间的推移会发生变化。在 2003 年底以前本节作者访谈的近百人中，认为普通话最好听的和认为家乡话最好听的大约各为 50%，没有人认为当地话最好听。而近两年后，情况发生了较大变化：认为普通话最好听的上升至 59.4%，认为家乡话最好听的下降到 32.9%，并有 7.8% 的人认为当地话最好听。

语言学理论告诉我们，语言态度是影响语言交际的一个重要因素。人们往往会用自己喜欢的语言去进行交际，而对于不喜欢甚至讨厌的语言，是不愿意使用的。人们的语言态度总是会对他们的语言交际产生影响①。本节作者调查发现，湖南三峡移民的语言态度直接或间接地影响着他们的语言交际。

在 219 位调查对象中，认为普通话既最好听、最文雅又最亲切的有 37 人，这些人目前都最喜欢说普通话；认为家乡话既最好听、最文雅又最亲切的有 38 人，自然是都最喜欢说家乡话；认为当地话既最好听、最文雅又最亲切的有 5 人，有 4 人最喜欢说当地话。

由此可见，三峡移民认为最好听、最文雅、最亲切的话与他们现在最喜欢说的话之间具有很大的一致性，这说明不同的语言态度决定着三峡移民最喜欢选择哪种语言去进行交际。

在当时接受调查的 74 位经常说普通话的移民中，有 66 位认为普通话最好听；另外 17 位认为当地话最好听的移民都能用当地话与当地居民交流。

事实证明，语言态度不仅影响移民语言使用的意愿，而且会左右他们的语言交际实践。当然，语言态度并非是语言使用的唯一决定因素，人们喜欢说哪种话往往还与他对那种话的掌握程度有关。尽管有一部分中老年三峡移民认为普通话最好听、也最文雅，但是，他们在调查时最喜欢说的还是家乡话。

语言态度对语言交际还有间接影响作用②。三峡移民的语言态度自然会影响到他们的语言习得。人们喜欢某种语言，就会愿意学习这种语言，学起来也会有兴趣，学习的效果自然就好，这是不言而喻的。

在普通话水平有不同程度提高的 78 位三峡移民中，认为普通话最好听、最文雅的占 77%。而在认为当地话最好听的 17 位三峡移民中，有 13 位完全能听懂当地话，4 位能听懂大部分当地话；9 位完全能说当地话，8 位能说大部分当地话。这些比例都远远高于平均水平。这是因为三峡移民对他们喜欢的话有了学习的意愿，所以学习效果就好。可见，三峡移民的语言态度影响其语言习得，

---

① 陈松岑. 新加坡华人的语言态度及其对语言能力和语言使用的影响[J]. 语言教学与研究，1999（1）：81-95.

② 游汝杰，邹嘉彦. 社会语言学教程[M]. 上海：复旦大学出版社，2004：80-85.

而语言习得的效果又影响其语言交际。

四、结语

综上，语言（方言）本无好坏之分，但是由于人们的年龄、性别、文化程度以及所处的环境、文化背景等不同，往往会对不同的语言（方言）做出不同的评价。湖南三峡移民身处多语并存区域。在这种特殊的语言环境中，三峡移民对家乡话、普通话和当地方言抱有不同的态度和看法：年龄越小、文化程度越高的三峡移民，越认同普通话或当地话；反之，年龄越大、文化程度越低的三峡移民，就越喜欢家乡话。很显然，三峡移民的语言态度对其语言交际产生着直接或间接的影响。

第七章 湖南三峡移民语言融合生态（二）

第一节 湖南衡阳三峡移民语言生活适应性问题的调查与分析

　　湖南衡阳市在 2001 年 8 月 13 日、2002 年 8 月 17 日、2004 年 7 月 25 日分三批接受安置三峡移民 337 户 1484 名[①]（包括 1 名迁入途中诞生的小孩），成为湖南省安置三峡移民最多的地级市。第一批 233 户 1002 名，来自重庆忠县新生镇；第二批 36 户 156 名，来自重庆忠县乌杨镇；第三批 68 户 326 名，来自重庆开县厚坝镇。这些三峡移民被安置在衡阳市的衡南县、衡阳县和衡山县。

　　至本节作者在 2011 年 3 月至 6 月实地调查时，三峡移民在衡阳地区定居时间最长的已近 10 年，最短也已近 7 年。"迁得出"既成事实，"稳得住，逐步能致富"则为关键。三峡移民要"稳得住"，就必须适应衡阳地区的环境和生活。语言交际问题是三峡移民日常生活的首要问题。因此，三峡移民的语言适应性问题也就成了三峡移民的一个重要的社会民生问题。

　　三峡移民原来全部讲西南官话（下称"家乡话"），而衡阳地区属于湘语区长益片（下称"衡阳话"）。三峡移民的家乡话与衡阳话之间在语音、词汇和语法上均存在显著差异，这势必给三峡移民的语言交际带来一定困难。三峡移民势必存在语言接触所带来的语言适应性问题[②]。

　　三峡移民语言适应性情况怎样？三峡移民是否已融入衡阳地区的语言生活？本节作者针对这两大问题进行了专门调查与分析，以期为三峡移民后期帮扶政策的制订及和谐社会语言生态的构建提供必要的参考和依据。

[①]这与"前言"部分官方统计的数据"1480 人"稍有出入。是以说明。
[②]游爱军，苏莹荣. 三峡移民社区整合与社会适应性研究[J]. 统计与决策，2000（12）：23−26.

一、调查方案

（一）　调查问卷的设计

根据本次研究的目的，本节作者带领课题组预设了三峡移民语言适应性问题的调查问卷。调查问卷的内容主要有 17 项，即被调查者的基本信息、言语态度、言语行为和言语使用能力等。

从调查对象的年龄、性别、学历以及职业开始，根据调查对象围绕这些方面设计问题：对迁入地衡阳话的喜好程度，对学习迁入地衡阳话的认识程度以及当时正在学习迁入地衡阳话的缘由，当时习得迁入地衡阳话的程度等。

这样设计问题，旨在尽可能客观而真实地折射出三峡移民对原来迁出地和当时迁入地方言的态度、在平常生活交际中的言语运用情况、言语适应度以及有可能出现的日常言语交际困难等相关问题。

（二）　调查点与调查方式的选取

本次调查只针对有三峡移民的地点进行，即采用通常所说的定点调查法。

衡阳地区三峡移民的安置措施是"集中安置到县乡，相对分散安置到村组"，具体情况如下。

（1）衡南县 165 户 707 名。三塘镇 54 户 228 名，安置在前进村、龙唤村和三塘村；茶市镇 67 户 309 名，安置在茶市村和关头村；相市乡 44 户 170 名，安置在杨木老村和八仙村。

（2）衡阳县 136 户 621 名。西渡镇 32 户 132 名，安置在九连村、正大村、交岭村；樟树乡 33 户 162 名，安置在罗洪村；枧山乡 21 户 99 名，安置在木口村和星光村；演陂镇 16 户 75 名，安置在尤弗村；台源镇 34 户 153 名，安置在庆明村、爱明村、长青村和龙福村。

（3）衡山县 36 户 156 名。开云镇 17 户 71 名，安置在排前村和金龙村；长江镇 10 户 43 名，安置在石桥村和石子村；师古乡 3 户 17 名，安置在跃进村；店门镇 6 户 25 名，安置在茶园村。

本课题组选取了三峡移民相对集中的 11 个调查点（村）。

这些调查点是：

（1）衡南县三塘镇的前进村和龙唤村，茶市镇的茶市村和关头村，相市乡的杨木老村和八仙村；

（2）衡阳县樟树乡的罗洪村，枧山乡的星光村，台源镇的爱明村和长青村；

（3）衡山县开云镇的排前村。

除了问卷调查采用定点调查法之外，课题组还根据社会调查法的调查原则[①]，采取了一种较为具体的调查方式，即进村入户的问卷填写法与家庭成员个案访谈法相结合。为了使调查结果有可靠的效度和信度，调查者采用事先商量好的统一口径询问被调查者，并即时逐题记录。

（三）　调查的经过

2010 年 12 月至 2011 年 2 月，课题组设计调查问卷。2011 年 3 月至 6 月，按照预定计划，课题组成员进入三峡移民迁入地，了解三峡移民语言生活状况。课题组先后选定的调查对象共 372 人，超过衡阳地区三峡移民总数的四分之一。系列调查中回收了 361 份问卷，其中有效问卷共 356 份。根据调查工作的需要，除了课题组成员之外，还邀请了衡阳师范学院中文系（现为文学院）汉语言文学专业 2008 级的卢兰、何意、张婷、贺玲芳、王莉等同学参与了调查。

二、调查统计

这次调查的 356 名三峡移民中，男性 170 人，占 47.75%；女性 186 人，占 52.25%，男女比例较为合适。

（一）　被调查的三峡移民的基本情况和对衡阳话的使用情况

（1）三峡移民的文化程度相对较低。其中，146 人为小学文化程度，占总数的 41.01%；36 人是文盲，占总数的 10.11%。

（2）女性较之男性，文化水平普遍较低。被调查的三峡移民中，男性普遍（94.12%）具有一定文化程度，文盲只有 10 个；其中，83 人具有高中以上文化，占男性的 48.82%。160 名女性三峡移民具有一定文化，占女性三峡移民总数的 86.02%；高中以上文化程度的仅 12 人，占女性三峡移民总数的 6.45%。

（3）衡阳话的使用能力较低。356 名被调查的三峡移民中，只有 31 名三峡移民能够真正准确流利地使用衡阳话与迁入地居民进行日常交流，占这些三峡移民调查总数的 8.71%。

（4）女性三峡移民较之男性三峡移民，不喜欢衡阳话的绝对比例更高。女性三峡移民中，81 人喜欢衡阳话，占女性的 43.55%；56 人不太喜欢衡阳话，占女性的 30.11%；49 人不喜欢衡阳话，占女性的 26.34%。男性三峡移民中，

---

①郝大海．社会调查研究方法［M］．北京：中国人民大学出版社，2005：67－89.

71 人喜欢衡阳话，占男性的 41.76%；42 人不太喜欢衡阳话，占男性的 24.71%；57 人不喜欢衡阳话，占男性的 33.53%。

（5）男性三峡移民较之女性三峡移民，衡阳话的使用能力更强。356 名被调查的三峡移民中，81 名男性三峡移民不会听说衡阳话，占调查总数的 22.75%；92 名女性三峡移民不会听说衡阳话，占调查总数的 25.84%。28 名男性三峡移民能够准确流利地使用衡阳话进行交际，而能够准确流利地使用衡阳话进行交际的女性三峡移民仅 3 人。

（6）三峡移民交际使用的语言主要是普通话。356 名被调查的三峡移民中，240 名三峡移民尽量使用普通话与迁入地居民进行交际，占总数的 67.42%。在更多的情况下，大部分三峡移民采取普通话与家乡话相结合的方式进行交际。

（二）由于文化程度的差异，三峡移民对衡阳话的语言态度不一样

不同文化程度的移民对衡阳话的情感表现不同。

（1）三峡移民因文化程度不同，对衡阳话表示不喜欢的比例也不一样。在被调查的表示不喜欢衡阳话的 106 名三峡移民中，32.08% 的文化程度为零，28.30% 的文化程度为小学，25.47% 的文化程度为初中，14.15% 的文化程度为高中及高中以上。

（2）152 名不同文化程度的三峡移民表示喜欢衡阳话的具体比例是：文化程度为零的三峡移民中，喜欢衡阳话的比例是 9.87%；文化程度为小学的三峡移民中，喜欢衡阳话的比例是 13.16%；文化程度为初中的三峡移民中，喜欢衡阳话的比例是 24.34%；文化程度为高中及以上的三峡移民中，喜欢衡阳话的比例是 52.63%。文化程度为高中及以上的三峡移民中，喜欢衡阳话的比例最高。这也就说明：三峡移民越是拥有较高的文化程度，在情感上就越容易习得并接受新迁入地居民所使用的方言。

（三）不管喜欢或者不喜欢衡阳话，三峡移民在日常生活中都不可避免地会接触衡阳话

调查显示，三峡移民使用衡阳话的情况因各自语言态度的不同而不同，具体情况如下。

（1）在 152 名喜欢衡阳话的三峡移民中，不会听说衡阳话的占 34.21%，能准确流利地使用衡阳话交谈的占 16.45%。在 98 名不太喜欢衡阳话的三峡移民中，不会听说衡阳话的占 86.73%，能够准确流利地使用衡阳话进行交际的则为 4.08%。

（2）在 106 名不喜欢衡阳话的三峡移民中，男性人数占被调查三峡移民总数的 16.01％，女性人数则占被调查三峡移民总数的 13.76％。可见，在不喜欢衡阳话的三峡移民中，男性较之女性，比例要高许多。

（四）　不同文化程度的三峡移民使用衡阳话情况的调查结果

（1）在调查的所有是文盲的三峡移民中，有 88.89％的人不会听说迁入地居民所使用的衡阳话，占这次 356 名被调查三峡移民中 173 名不会听说衡阳话人数的 18.50％。而 95 名具有高中及高中以上文化程度的三峡移民中，72.63％的人具有一定的使用衡阳话的能力。

（2）在调查的所有是文盲的三峡移民中，没有一个人能够较为准确流利地使用迁入地的衡阳话。那些能够准确流利地使用迁入地衡阳话的三峡移民大多数是具有一定文化程度的人。这就说明了两点：一是三峡移民的文化程度越高，他们学习衡阳话的能力也就越强；二是三峡移民的文化程度与他们能够接受或者习得迁入地新方言的语言能力的关系较为密切。

（五）　三峡移民对衡阳话接受或者习得的能力，　因他们从事的职业或者当前正在进行的学习、　生活等与语言密切相关活动的不同，　存在不同程度的差异

（1）三峡移民学生习得或者准确流利地使用衡阳话的能力最强。在这次 356 名被调查的三峡移民中，有 31 名三峡移民能够准确流利地使用衡阳话。在这 31 名三峡移民中，28 名是在校学生或者刚刚才从衡阳地区的学校毕业的学生。也就是说，90.32％的三峡移民学生具有一定的使用衡阳话的语言能力。

（2）如果主动外出，融入当地的社会活动，就能够增强三峡移民的衡阳话使用能力。调查发现，那些长期在家的三峡移民，他们的衡阳话使用能力是最弱的，仅仅有 22.19％的长期在家的三峡移民能够做到只会听不会说。这些长期在家的三峡移民中，男性有 23 名，女性有 56 名。

（3）那些主动外出在衡阳地区与迁入地居民一起打工或者参加当地其他职场工作的三峡移民，他们的衡阳话使用能力普遍要比那些长期在家的三峡移民强。这就说明，积极融入迁入地职场或者生活环境是三峡移民学会衡阳话的主要途径。或者说，三峡移民要学会衡阳话，关键是要积极主动融入讲衡阳话的语言环境当中，比如到当地工厂打工，到当地学校就读，到当地市场购物，到当地医院就医，和当地街坊聊天等。

（六）三峡移民迁入目的地，就进入了一个新的方言地区，新方言的习得能力因年龄差异而不同

调查显示，在迁入地衡阳地区，三峡移民的衡阳话接受程度或者使用能力还因年龄的差异而显示出不同的差别。所选取的四个不同年龄段（12岁以下、12～22岁、22～42岁、42岁以上）的三峡移民的衡阳话使用能力的具体情况如下。

（1）能够准确流利地使用衡阳话的三峡移民有29人。这些三峡移民的年龄集中在12岁到22岁之间。按"从小到大"四个年龄阶段排序，不会听说衡阳话的三峡移民的人数比例分别是15.23％（12岁以下）、19.13％（12～22岁）、49.02％（22～42岁）、79.18％（42岁以上）。

（2）12岁以下的三峡移民中，有97.17％的具有一定的衡阳话使用能力；12～22岁的三峡移民中，有87.16％的具有一定的衡阳话使用能力；22～42岁的三峡移民中，有58.09％的具有一定的衡阳话使用能力；42岁以上的三峡移民中，有19.06％的具有一定的衡阳话使用能力。

这种衡阳话使用能力的明显的年龄分层现象，是三峡移民在语言适应、语言习得以及语言接触与语言融合过程中的客观自然现象。由于三峡移民的年龄不同，在语言适应、语言习得以及语言接触、语言融合上都存有不同程度的差异。

具体而言，三峡移民的年龄越小，主动接受和主动使用迁入地新方言的语言能力就越强；三峡移民的年龄越大，主动接受和主动使用迁入地新方言的语言能力就越弱。这就说明，年龄小是三峡移民主动接受和主动使用迁入地新方言的先决的优势条件。

这些处于12岁到22岁之间的三峡移民，经常生活在家庭以外的环境中，或者在当地学校就读，或者在当地职场就业。这些三峡移民对迁入地新方言的主动接受和主动使用能力普遍较强，因此，也就能够准确流利地使用衡阳话与当地居民进行很好的交流。

（七）在356名被调查的三峡移民中，因年龄段的不同，对衡阳话的语言态度具有喜欢程度上的不同

这些三峡移民处于不同的年龄段，他们喜欢衡阳话的程度的调查结果如下。

12岁以下的三峡移民有35名，其中34名喜欢衡阳话，占97.14％；其余年龄段的三峡移民，按年龄阶段"从小到大"排序，喜欢衡阳话的比例分别为

51.00％、45.67％和40.12％。

这既说明三峡移民的语言态度与他们的年龄状况有着密切的关联，也说明年龄状况与三峡移民对迁入地新方言的接受度有较大的关联。

一方面，三峡移民的年龄越小，其适应迁入地新环境、新方言的能力就越强，接受新事物、新方言的能力也就越强。

另一方面，随着三峡移民年龄的增长，他们对新环境、新事物、新方言的适应能力和接受能力会不断减弱。

以上不同年龄段的三峡移民表现出的对衡阳话的语言态度、语言情感、语言倾向能够很好地说明这一点。

三、调查分析

（一） 三峡移民语言生活的主观倾向分析

语言是人类最重要的交际工具和思维工具。从语言的工具性来看，语言应该没有什么其他主观感情色彩；但从表达的特殊需求来看，人们在具体的语言选择和语言运用上，往往带有一定程度的主观感情色彩。

进一步来说，人们的语言依赖度和接受度，不可能没有主观感情色彩。同时，对语言的熟悉度，连同年龄、性别、文化，甚至所处社会环境和家庭背景等方面的差异性或差异度，都会促使人们对不同语言做出不同的语言主观评价（或者语言主观评判）。

当三峡移民因为主观上的喜欢或者由于生计问题而要求自己去接纳一种新的方言时，所持的主动融合或者被迫融合的语言态度，都会要求他们努力地去寻找机会，学习迁入地的新方言。

以上调查结果表明，三峡移民的语言态度往往会较为直接地影响三峡移民对迁入地新方言的习得喜好度和习得接受度，也往往会直接影响三峡移民掌握迁入地新方言的程度。

在被调查的170名男性三峡移民中，有57名不喜欢衡阳话，有81名不会听说衡阳话。经常使用普通话或者家乡话的男性三峡移民有147名。186位女性三峡移民中，有49名不喜欢衡阳话，不会听说衡阳话的则有92名（占女性人数的49.46％），经常使用普通话或者家乡话的有179名。

毫无疑问，三峡移民对衡阳话的尽快习得程度往往会受到三峡移民对迁入地新方言的学习积极度的制约。

（二）　三峡移民语言生活的话语模式分析①

调查发现，三峡移民会根据不同场合、不同对象选择不同种类的话语使用模式。

第一种是家庭内部成员之间的话语使用模式。

调查表明，不管哪一年龄阶段的三峡移民，都主要使用家乡话与家庭内部成员进行交流。具体情况如下。

（1）对家庭成员完全使用家乡话的三峡移民中，42 岁以上的占 100％；

（2）对家庭成员完全使用家乡话的三峡移民中，22 岁至 42 岁之间的占 94.26％；

（3）对家庭成员完全使用家乡话的三峡移民中，为数不多的三峡移民家长由于某种缘故，有时会使用普通话跟子女交流；

（4）对家庭成员完全使用家乡话的三峡移民中，22 岁以下的学生的比例也同样为 100％，同时在家庭成员文化程度普遍较高的家庭中，也有少数学生会选择用普通话与家庭成员交流。

由此可见，三峡移民的家乡话在三峡移民家庭内部成员之间的交流中仍然具有主导优势。

就三峡移民语言生活的话语使用模式的类型来看，话语使用模式比较单一的是 42 岁以上的三峡移民群体，话语使用模式相对较为多样的是中青年三峡移民群体，因为在这些三峡移民群体中，普通话和三峡移民的家乡话都可以成为话语交际的主要手段。本节作者调查时没有发现任何家庭在家庭内部成员之间直接使用衡阳话进行交际。

第二种是非家庭成员的移民之间的话语使用模式。

调查显示，在这一话语使用模式上，各个年龄段三峡移民的人数比例都是 100％，也就是说，三峡移民在非家庭成员的三峡移民之间的话语使用模式最主要的仍然是采用家乡话。换言之，三峡移民家乡话在非家庭成员的三峡移民之间仍然是最主要的话语使用模式。

这一话语使用模式较之第一种三峡移民家庭内部成员之间的话语使用模式，在人数比例上稍微有一些变化。

这就说明，三峡移民在家乡话的选择上，不仅取决于话语对象的三峡移民

---

①佟秋妹，李伟．江苏三峡移民语言选择模式研究[J]．语言文字应用，2011（1）：38-47.

身份的心理距离的拉近，而且取决于话语对象双方对家乡话的心理认同的共鸣。

第三种是对迁入地原居民的话语使用模式。

调查显示，不管哪一年龄阶段的三峡移民，都不可能采用家乡话与迁入地原居民进行日常交流，普通话才是三峡移民普遍使用的话语模式。

在这一种话语使用模式中，各个年龄阶段的三峡移民，在具体表现上又有所不同。

（1）在42岁以上的三峡移民群体中，使用普通话与迁入地原居民交流的占70%。

（2）年龄稍大、文化程度偏低的三峡移民群体中，不管在什么场合下都与迁入地原居民使用家乡话的占20%。

（3）高龄三峡移民群体中，不曾与迁入地原居民交流的占10%。

（4）22~42岁的三峡移民群体中，使用普通话与迁入地原居民进行交流的占94.15%，其中大约有13.78%的三峡移民可以同时使用衡阳话。

（5）在22岁以下的三峡移民群体中，使用衡阳话与迁入地原居民进行交流的居第一位，比例高达71.32%，而普通话模式居第二位，仅占28.68%。

由此可见，三峡移民的年龄差异往往带来三峡移民话语使用模式上的明显分化。

（三）三峡移民语言生活的衡阳话习得压力分析

衡阳话属于湘方言的长益片。湘方言在发展过程中，不仅吸收新的成分，而且继承并保留了一些自身特色，发展成了极具个性的汉语方言之一。

据本节作者调查，至本课题实地调查时，在衡阳地区谋职的外来工，有许多已逾10年。但是，这些在衡阳地区生活已逾10年的外来工，绝大部分仍然不会说流利准确的衡阳话。其主要原因有三个：

（1）客观上，衡阳话太难学；

（2）客观上，随着普通话在衡阳地区的逐步普及，用普通话进行日常交际不会很困难；

（3）主观上，这些外来工是来务工而非定居的，他们在主观心理上对衡阳地区缺乏归属感，所以失去了学习衡阳话的积极性、能动性。

与此相反，三峡移民是必须在衡阳地区定居的，因此，仅仅掌握或者学会普通话，显然远远不够。毕竟，如果不会迁入地的新方言，就很难融入迁入地社区，很难融入迁入地文化，也很难融入迁入地社会①。

在当时的调查中，许多三峡移民跟本节作者的反映说明，三峡移民的语言适应性问题已影响到三峡移民的日常生活。比如，由于语言交际问题，他们感觉很难在当地做生意；由于语言交际问题，他们与迁入地居民的关系也远远不如迁入前的邻里关系融洽。10 年来，由于语言交际问题及由此产生的各种复杂心态，往往导致一些不和谐现象。三峡移民已经深刻体会到，对衡阳话的接受，就是对衡阳地区心理认同的表征。对衡阳话习得的不足，使三峡移民在各种日常生活中承受了较大的心理压力。

（四） 三峡移民语言生活的今后走势分析

在语言接触和语言融合的过程中，三峡移民势必会很自然地与衡阳地区原居民产生不同方言（西南方言和湘方言）之间的磨合。这种磨合自然会由于两种方言之间的差异度，以及三峡移民的职场性质的多样度而显出不同的特色。同时，这种磨合在速度与力度上也会呈现时空上的多样性分布态势。

另外，在总体趋势上，这种磨合只能朝着有利于三峡移民个体及三峡移民群体的未来生存与发展的方向迈进。因为，一来，当前我国正处于社会生活的各个方面都平稳发展、快速发展、协调发展的最好时期；二来，当前既有国家科学宏观的语言政策，也有国家通用语言文字法规的正确引导。

因此，三峡移民的语言适应性问题及其特点，与今后的发展走势，肯定也会表现出与我国历史上其他情况下的移民的语言演化不同的特点。

经过 10 多年全方位的社会接触和文化接触，三峡移民语言生活的话语使用模式已呈现出清晰的态势：

（1）向三峡移民各个年龄阶段分化的态势；

（2）三峡移民日常语言生活呈现出多样化的态势。

这种多样化的态势表现为家乡话、衡阳话、普通话成为不同场合、不同对象之间的交际用语。跟这种情况相匹配，三峡移民单语型（家乡话）、双语型（家乡话和普通话）、多语型（普通话、家乡话和衡阳话）的话语使用模式会在一定时间内共存。

语言的融合、兼并或消失，大都受语言环境影响。伴随三峡移民新生代，

---

①何泽仪，彭婷. 入湘三峡移民与当地居民的文化融合探析[J]. 三峡大学学报（人文社会科学版），2006
　（1）：47—51.

尤其是三峡移民新新生代的出生和成长，三峡移民将最终成为另一新兴型的双语（普通话和衡阳话）居民，实现语言、文化、社会的最终融合和认同。

当三峡移民语言发展到这一阶段时，三峡移民就能说上一口流利的衡阳话，成为地地道道的衡阳人。对此，本课题组将继续密切关注。

四、结语

综上，三峡移民语言适应性问题是重要的社会民生问题。因此，以上从语言接触和语言融合的角度，以衡阳地区三峡移民为研究对象，调查研究了三峡移民语言适应性问题，对三峡移民的语言使用能力与话语模式、语言态度及其在性别、年龄、职业等变量上的差异性进行了分析，对三峡移民当前接纳衡阳话的程度、语言观念的变化、语言生活倾向和今后的语言走势做出了可能性预测，以期为三峡移民后期帮扶政策的制订及和谐社会语言生态的构建提供参考与依据。

第二节　湖南衡阳三峡移民迁入地旅游景点语言文字规范调查

　　新型城镇化，是指资源节约、环境友好、经济高效、文化繁荣、社会和谐、城乡互促共进、大中小城市和小城镇协调发展的城镇化。

　　新型城镇化问题是关系到有关地区经济发展、社会安定的重大问题，学界对其颇为关注。关注度较高的领域集中在经济发展与新型城镇化的关系问题、三农问题、城市管理与地理学之间的张力问题。

　　然而对于提升新型城镇化品质起重要作用的城市文化建设问题，学界目前尚未足够注意。特别是新型城镇化进程中作为城市文化重要组成部分的语言文字规范问题在学界的关注度尤低。而语言文字规范与否是衡量一个地区城镇化水平高低的重要指标，很有研究的必要。因此，本节作者以此为研究对象，对新型城镇化视阈中湖南衡阳三峡移民迁入地旅游景点语言文字规范问题进行调查分析。

一、衡阳旅游资源及旅游目的地特点分析

　　衡阳市是人口大市，综合实力位居湖南省各市州第一方阵，辖五区（雁峰区、石鼓区、蒸湘区、珠晖区、南岳区）五县（衡东县、衡阳县、衡南县、衡山县、祁东县），代管两个县级市（耒阳市、常宁市），是湖南省域副中心城市，位于湖南省中南部。由于地处五岳之一南岳衡山的南部，古人云"山南水北谓之阳"，因而称作衡阳；由于传说秋末冬初，大雁南归至此，必定歇翅驻留，所以雅名雁城。

　　衡阳市是中南地区重要工业重镇、国家级承接产业转移示范区、国家级加工贸易重点承接地。衡阳市现为全国现代物流枢纽城市，继 2008 年之后再次跻身中国城市信息化 50 强，成为湖南省唯一连续获此殊荣的城市，也是中南地区区域性物流中心。2013 年以来，衡阳市城区面积逾 128.68 平方千米，城区常住户籍人口逾 128.05 万人，衡阳地区常住人口逾 731.83 万人。衡阳市濒临湘江，是湖南省及中南地区重要交通枢纽之一，多条重要公路、铁路干线在此交会，衡阳南岳机场也于 2014 年 10 月正式通航。

　　衡阳地处湘南，境内遍布人文景观和自然景观。人文景观以石鼓书院为代

表，自然景观以南岳衡山为代表。衡阳、长沙、张家界构成湖南旅游三大支撑点。继 2006 年被评为中国优秀旅游城市之后，又被评为中国最具吸引力的二十个旅游城市之一。衡阳旅游资源丰富且全面，比如侧重人文景观的，有抗战及历史文化方面的旅游资源；侧重自然景观的，有生态休闲及观光方面的旅游资源。

（一）人文景观旅游资源

1. 抗战文化旅游资源

抗战文化旅游资源，是指近代以来中国人民反抗外来侵略第一次取得完全胜利的抗日战争所留下的丰富的旅游资源。

它分为两大类：一是以固化不可迁移物为表征的抗战文化遗址；二是以非固化可迁移物为表征的抗战文化遗产。

抗战文化旅游资源可以使我们铭记历史、缅怀先烈、纪念胜利、珍爱和平，具有十分珍贵的历史、文化、艺术价值。因此，必须深度发掘、合理开发、有效保护、忠实传承、科学利用，使伟大的中国抗战史"浮上来""活起来"，并转化成生动、鲜活的文化力量、教育力量、政治力量甚至经济力量[①]。

衡阳在中国近现代抗战书写史上有其特有的值得大书特书的一页。

其中，最为主要的有三点：一是衡阳保卫战，二是南岳衡山忠烈祠，三是南岳衡山游击干部训练班。

衡阳保卫战，堪称东方莫斯科保卫战，是中国近现代抗战史上以少胜多、以寡敌众的经典战例。其拉锯作战时间之漫长、双方伤亡士兵之众多、战争惨烈程度之剧烈，可以与中国近现代抗战史上任何一场城市争夺战比肩。据日本的中日战史记载，这也是此前唯一的一次中国军队伤亡少于日本军队伤亡的战例。

南岳忠烈祠是建成时间最早的抗战纪念陵园。在中国抗战纪念陵园中，其规模最为庞大，气势最为恢宏，被列入国务院第一批八十处国家级抗战纪念遗址名录，同时也是爱国主义教育示范基地、全国重点文物保护单位。

现存衡山南岳圣经学校见证了全面抗战时期中国国民党和中国共产党的合作抗日，国共两党曾经在这里合作创办三期游击干部训练班。

衡阳是全国第一座，同时也是唯一一座抗战纪念城。这些无疑是宝贵的历

---

① 康琼. 抗战文化遗产亟须保护传承[N]. 光明日报，2015—11—14（07）.

史财富和精神财富，并将在进行中国现代史教育和基本国情教育中发挥不可替代的重要作用。

2. 历史文化旅游资源

历史文化旅游资源，是以地域历史文化为内容，通过各种历史文化载体，以各种形式提供给旅游者消费的旅游资源。该旅游资源以其丰富的文化内涵、相当的发展规模和精深的人文底蕴独占鳌头，成为一种最具竞争力的优势旅游资源。历史文化旅游资源有物质文化和非物质文化两种形态。

衡阳是地地道道的历史文化名城，且蜚声中外。南岳衡山既是宗教名山，也是历史名山，现为国家 5A 级风景名胜区。五岳中，南岳衡山独居江南，是中国南方尤其是华南地区的宗教旅游中心。

衡阳之地，历史悠久，人文兴旺，名人荟萃。比如，这里诞生了蔡伦、刘巴、王船山、彭玉麟、夏明翰、罗荣桓、琼瑶、洛夫等古今发明家、思想家、军事家、革命家、作家。这里还留下了大量历史文化遗存、革命历史纪念物和名人故居。比如，石鼓书院、蔡侯祠与蔡伦墓、杜甫墓和杜甫祠及杜甫书院、王船山故居（败叶庐、观生居、湘西草堂）、禹王碑、西周铜佣钟、夏明翰故居、罗荣桓故居、毛泽建烈士墓、欧阳海烈士墓、岳北农工会旧址、龙山文化遗址、商周文化遗址、春秋战国时期的青铜兵器等。

（二）　自然景观旅游资源

1. 生态休闲旅游资源

生态休闲旅游，是 21 世纪的旅游时尚，是乡村旅游内涵的进一步丰富和发展，是发生在非城市区域的以乡村文化景观（农业生产及农村聚落）为主要依托的旅游活动。当前，该旅游资源的合理开发和蓬勃发展，既顺应了现代旅游业的发展潮流，也适应了旅游者的现实消费需求。

衡阳生态旅游资源丰富，较为典型的有：宝盖镇（衡南县）、东洲岛（雁峰区）、湘江生态风光带（衡阳市区）、温泉山庄和蔡伦竹海（耒阳市）、洣水风光带（衡东县）、天堂河漂流（常宁市）、雨母山林海（蒸湘区）等。

衡阳休闲旅游资源也同样丰富，据统计，目前有 11 个五星级、50 个四星级、27 个三星级、11 个二星级乡村休闲旅游服务区（点）。据调查，衡阳已经有五百多个乡村休闲旅游景点。大力发展生态休闲旅游成为衡阳今后的一个重要旅游增长点。

该旅游增长方式所倡导的关爱自然、保护自然、利用自然、享受自然的主题，充分反映了现代旅游业的发展潮流和方向，正日益凸显出较强的生命力。

2. 观光旅游资源

旅游的一项最基本的活动内容就是观光。观光的对象有风土人情、城市美景、人文古迹、风景名胜等。

通过观光旅游，旅游者可达到多方面的目的，比如异地购物的满足、现代化城市生活情趣的享受、大自然造化之美的鉴赏、心情的愉悦、性情的陶冶、见识的增长、眼界的开阔、常居环境的改变等。可以预见，在今后的一定时期内，这种旅游方式还将在旅游中占据重要位置。

衡阳观光旅游资源相当丰富。衡阳山水资源独特，有名山，有名水。名山除了有蜚声中外、五岳独秀的南岳衡山之外，还有回雁峰（雁峰区）、岣嵝峰（衡阳县）、雨母山（蒸湘区）、天堂山（常宁市）、岐山（衡南县）、四方山（衡东县）等。名水除了有湘江（流经衡阳市区）之外，还有红旗水库（祁东县）、天堂湖（常宁市）以及在衡阳地区汇入湘江的蒸水、洣水和耒水等。

据调查，衡阳目前有 18 个 A 级景区：南岳衡山（南岳区）是 5A 级景区；蔡伦竹海（耒阳市）、罗荣桓故居（衡东县）是 4A 级景区；衡阳奇石文化博物馆、岣嵝峰国家森林公园、江口鸟洲、衡阳抗战纪念城、石鼓书院、陆家新屋（衡阳保卫战纪念馆）、耒阳蔡伦纪念园、岐山旅游区、回雁峰旅游区、常宁印山文化旅游区是 3A 级景区；水口山工人运动陈列馆、耒阳市农耕文化博物馆、耒阳市汤泉旅游度假村、耒阳市党史陈列馆、衡山农民运动红色旅游景区是 2A 级景区。

二、衡阳旅游景点语言文字规范及推广现状分析

自 2013 年以来，衡阳市全面实施"南工北旅"战略，打造"旅游胜地"，建设国际旅游目的地，紧紧围绕做大旅游、做旺人气、做响品牌的发展思路，强化"一体两翼"，通过营销提高知名度、通过对接提高美誉度、通过活动提高影响力，实现旅游业规模、结构、质量、效益四个提升。

2013 年，衡阳市共接待国内外游客 3873 万人次，实现旅游综合收入 221.2 亿元，同比增长 22.15％和 25.49％，旅游总收入占全市 GDP 的 10％，旅游经济的总量与增幅稳居全省第一方阵。[①]

---

① 《衡阳年鉴》编辑委员会．衡阳年鉴（2014）[M]．长沙：湖南人民出版社，2014：270.

毫无疑问，随着旅游业的更快发展，多元文化、多种语言将进一步交汇于此。随着人员流动得越发频繁和文化交流得越发深入，语言文字这一重要的旅游媒介的地位将越来越突出和显赫。

进一步大力规范语言文字，进一步大力推广普通话，成为强力推进和着力打造"大南岳衡山旅游经济圈"及"国际旅游目的地"的迫切需要。

据调查，目前衡阳旅游景点语言文字规范及推广存在以下两个亟待解决的问题。

（一）衡阳旅游景点语言文字工作有待进一步规范化

1. 衡阳城镇化水平在湖南省位于前列

2012 年，湖南城镇化水平为 46.65%，衡阳为 47.90%，衡阳城镇化水平比全省高出 1.25 个百分点，居全省第五位。诺瑟姆曲线按照城镇化率分为三个阶段①：10%～30% 是初始阶段，30%～60% 是加速阶段，60% 以上是稳定阶段。衡阳恰好处于城镇化加速阶段。

2. 衡阳的工业化进程明显加快

大量的就业岗位如磁吸铁一般吸纳农村富余劳动力往城镇转移，使人口流动频率加快，城镇化进程大踏步推进。

3. 衡阳人口流动更为活跃

第六次人口普查的数据显示：衡阳流动人口占总人口的 21.58%（154.23万），较之全国的 17%（2.5 亿），衡阳要高出 4.58 个百分点。

4. 衡阳第三产业发展明显加快

衡阳自从被确定为国家服务业综合试点城市以来，第三产业总量不断扩大，增速不断提高。2012 年，衡阳第三产业增加值 685.3 亿元，增长 13.5%，比全国、全省高出 5.4、1.3 个百分点。

5. 衡阳"四城同创"大大推进城镇化进程

为提升城市品位，衡阳市委、市政府提出要在 2014 年晋级全国交通管理模范城市，2015 年成功创建全国卫生城市、全国园林城市，2017 年问鼎"全国文明城市"。这将进一步完善城市功能、优化城市环境、优化配置城乡资源，增加就业人数，改善城乡居民生活，全面提升城市的吸纳能力和辐射能力，努力把

---

① 侯跃泽. 解读衡阳城市化进程 [J]. 湖南城市学院学报（自然科学版），2005（2）：29—31+38.

衡阳建设成为经济繁荣、社会文明、环境优美、民生改善的宜居宜业宜旅城市①。

以上是一方面。

同时，另一方面，有四点：

第一，衡阳属于少数民族散杂居地区。该市少数民族有三个与旅游景点语言规范紧密关联的主要特点②。一是少数民族人口比例小，民族成分多；二是衡阳地处交通枢纽，少数民族流动人口多；三是"大分散、小集中"成为世居少数民族人口分布的固有特点（衡阳12个县市区都有少数民族居住）。

第二，衡阳属于方言比较复杂的地区。衡阳市区（雁峰区、石鼓区、蒸湘区、珠晖区）、衡阳县与衡南县的方言为正宗衡阳地方方言。衡阳人使用的方言，主要有湘语和赣语，耒阳话、常宁话属赣语区，其他属湘语区。其中，祁东话属老湘语娄邵片，市区、衡南县、衡山县（包括南岳区）、衡东县属新湘语长益片。衡阳的方言虽五里不同音，但却十分平实，降调较多，另外，衡阳市区方言与西南官话较为接近。衡阳本地居民中，大部分普通话水平及使用率都不高。

第三，衡阳不仅各地方言混杂，而且流动人口众多。衡阳是旅游胜地、宜居家园、文化名城、工业重镇，是湖湘文化、禅宗文化和农耕文化的重要发源地之一，吸引大量境内外游客每天来往衡阳。

第四，衡阳第三产业蓬勃发展，新增旅游企业和游客量逐年递增。这些在客观上直接导致了旅游景点、旅游景区和旅游企业存在语言文字需要进一步规范的问题。

为此，衡阳旅游行政部门要密切配合衡阳语委对存在的问题限期整改，确保达到国家标准。整改的重点对象有三个：新增旅游企业、新增景区景点、新增酒店饭店；整改的重点内容有三个：各类旅游服务人员的用语、旅游服务用字、公共场所旅游指示。

（二）　衡阳旅游景点语言文字工作有待进一步国际化

《中华人民共和国国家通用语言文字法》（以下简称《国家通用语言文字法》）于2001年正式颁布和实施，自此，语言文字规范工作的法律地位正式确

---

①黄帅，尹智勇，欧阳琳．新农村建设背景下衡阳新型城镇化发展战略研究［J］．经济研究导刊，2014（31）：36—37．

②张庆辉，包红霏．我国新型城镇化路径选择及对策研究［J］．辽宁经济，2015（12）：30—31．

立和奠定。这标志着语言文字规范工作进入一个新的阶段。

据调查，目前，衡阳的语言文字工作取得了一定成效。这是多年不懈努力和细致工作的结果。政府主导、条块结合、齐抓共管的语言文字工作机制已初步建立，语言文字规范意识在广大干部群众中已明显强化，语言文字规范的良好环境已基本形成。各行各业的服务用语和工作用语已基本采用普通话。在城市语言生活中，规范汉字和普通话的主体地位已基本确立。2009 年 4 月，衡阳市通过二类城市语言文字工作评估。2014 年 11 月，衡东县通过三类城市语言文字工作评估，是衡阳市第一家通过评估的三类城市。①

但是，从调查的情况来看，相对于打造"大南岳衡山旅游经济圈"和建设"国际旅游目的地"的发展目标来讲，在规范化和国际化方面，衡阳的语言文字工作可以说是任重而道远的。作为重要的对外贸易窗口，衡阳规范外语外文和汉语汉字的语言文字工作同样重要。

随着国家城市语言文字工作分类评估的有序开展和城乡旅游业的蓬勃发展，衡阳旅游局和旅游行业还需要进一步做好学习、宣传、贯彻、实施《国家通用语言文字法》的工作；衡阳旅游从业人员还需进一步提高语言文字规范意识，进一步养成在公众场合和正式场合说普通话、用规范字的良好习惯；衡阳旅游管理部门和旅游大小企业还需进一步严格规范和使用现代汉字，比如旅游广告用字、服务指南用字、指示标牌用字、宣传品用字等。

当前，衡阳旅游国际化程度在进一步提升，为与之相匹配，在旅游宣传中应将汉字（包括汉语拼音）和外文配合使用。但前提是，必须坚持"三原则、一符合"。

"三原则"：一是有主有辅，主辅相宜。即以现代规范汉字为主，以现代规范外文或现代汉语拼音为辅。二是有大有小，大小相配。即现代规范汉字字体要大，现代规范外文要小。三是有上有下，上下相合。即现代汉语拼音应当加注在现代规范汉字的下方。

"一符合"：现代汉语拼音要符合《汉语拼音正词法基本规则》的国家标准。

三、衡阳旅游景点语言文字规范及推广的对策及建议

（一）强化衡阳旅游景点语言文字的规范化工作

当前，衡阳旅游事业蓬勃发展，旅游基础设施建设方兴未艾，在建旅游景

---

① 杨洋. 跨文化交际能力的界定与评价[D]. 北京：北京语言大学，2009：26.

点景区、新建旅游亭台馆所，如雨后春笋般涌现。

此类公共服务设施或服务行业牵涉人员多，涵盖范围广，势必导致语言文字规划工作的难度加大。

因此，要将衡阳旅游景点语言文字规范及推广工作强力推进，必须先遵循"循序渐进、由点及面"的原则。在这一原则的指导下，还必须做到两个"相结合"。

第一，将衡阳旅游景点语言文字规范及推广工作与衡阳作为全国首批服务业综合改革试点区的建设工作相结合。

从规范面及推广面来讲，应在衡阳地区的县市区乡镇街村组将国家语言文字的方针、政策、法律、法规广为宣传，务必做到家喻户晓。

从规范及推广媒介来讲，可以依托会议、媒体、影视、广播、网络、微信、QQ等传统或新兴媒介，将《国家通用语言文字法》和国家语言文字规范标准广泛宣传，争取做到人人皆知。

从规范及推广软实力来讲，一是要强化旅游景点语言文字规范工作的重视程度；二是要强化衡阳这一全国首批服务业综合改革试点区的文化内涵，并以此提升衡阳作为湖南次中心城市的综合服务功能。

第二，将衡阳旅游景点语言文字规范及推广工作与衡阳新型城镇化建设和新农村建设的工作成效和质量相结合。

从规范及推广主体来讲，要提升旅游景点的内涵意识和品味意识，要提升旅游景点的服务质量，势必对旅游从业人员进行语言文字规范化方面的有效培训和严格考核，并以此提升衡阳旅游从业人员在语言文字规范方面的综合素质。

从规范及推广客体来讲，一是要将旅游景点的外显标识规范管理、统一着装，比如提示牌、标语、广告、招牌、名称牌等。二是要将旅游景点语言文字规范工作进一步强化，进一步改善和优化旅游的关键"铁三角"（一是文化实力和文化张力；二是人文环境和自然环境；三是人文景观和生态景观），并以此提升衡阳新型城镇化建设和新农村建设的工作成效和质量。

（二）提升衡阳旅游景点从业人员的语言文字规范素质

国家规定，六类人员必须通过相应等级的普通话考试：

第一，师范、播音与主持艺术等与口语表达密切相关专业的学生；

第二，窗口行业，如旅游、商业、邮电、公交等从业人员；

第三，国家工作人员；

第四，电视台、广播电台的节目主持和播音人员，话剧影视演员；

第五，申请教师资格证的人员和教师；

第六，行业主管部门规定的其他应接受测试的人员。

从广义上来看，衡阳的旅游目的地不仅包括侧重人文景观的抗战及历史文化旅游资源，以及侧重自然景观的生态休闲及观光旅游资源，而且包括与旅游紧密关联的交通工具、摊位摊点、饭店旅馆等场所。

这些场所的旅游从业人员具有五个主要特点：

一是量大；

二是与旅游的关系直接或间接；

三是流动性强；

四是文化程度不高；

五是规范和推广语言文字意识不强。

其中，第五个特点最为紧要。

除此之外，在新型城镇化进程中，衡阳国际化程度固然在逐步提升，但是可以很客观地讲，当地居民基本上更乐意使用衡阳方言或其他民族语言（相对少数民族而言），或者说，在居民群体中普通话使用率不高。基于此，想方设法提升衡阳旅游景点从业人员的语言文字规范素质，就显得极为紧迫。

（三）拓宽衡阳旅游景点其他语言文字资源的规范面及推广面

随着衡阳对外贸易、旅游经济以及全球化、国际化信息技术的迅猛发展，衡阳旅游景点的语言文字规范和推广就不再只是衡阳旅游目的地的事情，也不再拘囿于衡阳旅游的有形市场。

换言之，规范与推广的领域还需要进一步拓展至其他语言文字资源。

其他旅游语言文字资源的涵盖面较为宏富，但最基本的是中国境内四种大众传播媒体上的语言文字资源，即电信媒体、网络媒体、有声媒体、平面媒体上的旅游语言文字资源。它具体是指：

电信媒体支持服务的微博、彩信、短信等；

网络媒体支持服务的图像、录音、文稿等；

有声媒体支持服务的光盘、宣传片、录音带、电视、电影、广播及电子图书的图像、录音与文稿等；

平面媒体支持服务的报纸、杂志、图书文稿及相关通讯社电讯稿。

只有积极利用其他旅游语言文字资源，通过更加国际化、多元化的规范及推广途径或方式，才能实现衡阳旅游景点的有效营销，也只有这样，才能使衡阳旅游景点的服务质量更高、服务面更广、服务软实力更强。

（四）　增强衡阳旅游从业人员和市民的跨文化交际能力

信息发出者和信息接收者之间进行交际，只要两者之间的文化背景不同，不管交际的目的达成与否，就算是跨文化交际。

跨文化交际有效实现的前提是交际双方具备跨文化交际能力。

跨文化交际能力，是指在特定语境中，不同文化背景的交际双方实现有效而得体交际应该具备的能力（比如技能、意识、学识等）①。

在跨文化交际中，技能、意识、学识等均需通过语言文字来表现。

旅游从业人员与旅游经营者建立劳动关系，为旅游者提供一切旅游服务。

旅游交往过程和旅游互动过程构成旅游过程的全部内容。

旅游过程的主体由旅游从业人员、旅游经营者充任，旅游过程的客体由游客充任。

在旅游过程中，不仅旅游从业人员有义务满足游客的语言文字信息需求，而且旅游景点的旅游经营者也需要为游客提供大量语言文字信息服务。

规范的语言文字是满足语言文字信息需求或者提供语言文字信息服务的基础、前提和保障。

统一且规范的语言文字，从某种程度上来讲，是一个景点或者一个地区文化精髓的集中体现。

游客到一个景点旅游，势必以语言文字为媒介去深入探寻该景点的历史和文化，势必以语言文字为媒介去跟该景点服务人员做深入交流或深入体验。

衡阳作为旅游胜地，作为国际旅游目的地，其旅游从业者不仅要提升规范用语（汉语普通话）和规范用字（第一批简化汉字）的运用能力，而且要具备较强的本土、本国甚至跨国的文化了解和理解能力。

要具备这样的能力，就必须掌握一门以上外语外文，这是具备较好跨文化交际能力的前提。

在建设全国首批服务业综合改革试点区过程中，衡阳应着力培养一批高素质的国际化旅游服务人才和管理人才。只有这样，才能从真正意义上推动衡阳

①林玉华.从文化角度看旅游景点名称的翻译[J].重庆交通大学学报（社会科学版），2008（2）：103-107.

旅游市场参与国际竞争。只有这样,才能从真正意义上实现衡阳作为国际旅游目的地的战略目标。

(五) 统一衡阳旅游景点译名和强化译名文化视点

国外或境外游客来衡阳旅游时,首先关心的是景点。到了景点,最先需要的信息便是景点名称,可见景点译名的重要性。

但是调查发现,从语言文字规范的标准看,衡阳旅游景点现有译名存在两个方面的问题。

一是同一景点译名不一,使游客无端产生困惑。

比如,在衡阳市旅游线路图上,景点"烟雨池""雁峰寺"分别音译为 Yanyuchi 和 Yanfengsi,而在衡阳旅游网站的景点介绍中则分别意译为 Misty Rain Pond 和 The Goose Mountain Temple。再比如,南岳衡山水帘洞景点,被誉为南岳四绝之一,但是也有两个不同译名:Water Screen Cave 是南岳衡山旅游官网景点介绍中的译名,Waterfall Cave 则是回雁峰大门旁衡阳风景介绍线路图上的译名。这种没有遵循同一性、明确性原则的景点译名,只会给游客带来不必要的困惑:究竟是同一个景点,还是两个不同的景点?

二是景点译名过度音译,明显缺乏文化视点。

比如,衡阳市区的回雁峰,雄踞南岳群峰之首,傲岸滔滔湘江之滨,位列衡阳八景之冠。回雁峰诸多著名景点的名称无不蕴涵着衡阳丰富的历史文化,无不展现出衡阳独有的人文地理风貌,但其译名却被过度音译(直接用汉语拼音标注)。例如,归雁亭 Guiyanting,回雁亭 Huiyanting,平沙落雁 Pingshaluoyan,回雁阁 Huiyange,望雁台 Wangyantai。这势必湮没景点名称中原本富含的历史文化信息和独有的人文地理风貌。

再比如,南岳衡山南天门景点,被音译为"Nantianmen"。这是译者把它作为通常理解的"南岳衡山上南向通往山顶的大门"的结果。事实上"南天门"富含底蕴深厚的宗教文化信息。在道教文化中,"南天门"隐喻教徒潜心修炼、得道成仙的关口。因此,道观所在名山,人们常常看到在接近山峰峰顶处修建的大门。

可见,音译法固然是景点译名的常用方法,但是音译过度而不顾及原名中富含的历史文化信息和独有的人文地理风貌,势必导致译名隐晦难懂,势必削弱译名的信息量和可读性,从而使衡阳旅游文化对外传播和旅游发展国际化大打折扣①。

四、结语

语言文字是人类最重要的交际工具、思维工具和信息载体。语言文字的规范对促进现代城市政治、经济、文化发展有着巨大的作用②。或者说，语言文字规范化程度是衡量一个地区城镇化水平高低的重要指标。

当前，我国正处于新型城镇化快速发展时期，新型城镇化进程中的语言文字规范化工作尤为紧迫。人的城镇化是新型城镇化的核心和灵魂。语言文字规范化是新型城镇化进程中人的城镇化的重要外显标志。

因此，在新型城镇化视阈中对湖南衡阳三峡移民迁入地旅游景点的语言文字规范进行调查研究，且在此基础上提出相应的对策和建议，具有一定的时代意义和现实价值。

---

① 佘曙初. 义乌旅游景区景点语言文字规范调查研究［J］. 兰州教育学院学报，2013（1）：29—31.
② 中国语言文字使用情况调查领导小组办公室. 中国语言文字使用情况调查·调查员手册［M］. 北京：语文出版社，1999：1—2.

参考文献

[1] 菲尔. 当代生态语言学的研究现状[J]. 范俊军，宫齐，译. 国外社会科学，2004（6）.

[2] 奥斯汀. 论言有所为[A]∥许国璋，摘译. 中国社会科学院语言研究所语言学情报研究室. 语言学译丛（第一辑）[M]. 北京：中国社会科学出版社，1979：1-14.

[3] 鲍厚星，陈晖. 湘语的分区（稿）[J]. 方言，2005（3）.

[4] 鲍厚星，颜森. 湖南方言的分区[J]. 方言，1986（4）.

[5] 鲍厚星. 东安土话研究[M]. 长沙：湖南教育出版社，1998.

[6] 鲍厚星. 湘方言概要[M]. 长沙：湖南师范大学出版社，2006.

[7] 鲍厚星. 湘南东安型土话的系属[J]. 方言，2002（3）.

[8] 鲍厚星. 湘南土话论丛[M]. 长沙：湖南师范大学出版社，2004.

[9] 鲍厚星. 湘语声调演变的一种特殊格局[A]∥全国汉语方言学会《中国方言学报》编委会. 中国方言学报（第一期）[C]. 北京：商务印书馆，2006：23-30.

[10] 北京大学中国语言文学系语言学教研室. 汉语方音字汇（第二版重排本）[M]. 王福堂，修订. 北京：语文出版社，2003.

[11] 曹振中. 余干（明湖）方言轻声研究[D]. 南昌：南昌大学，2007.

[12] 曹志耘. 南部吴语的小称[J]. 语言研究，2001（3）.

[13] 曾莉莉. 丰城方言的轻声和连读变调[J]. 方言，2007（2）.

[14] 曾献飞. 湘南官话语音研究[D]. 长沙：湖南师范大学，2004.

[15] 陈晖. 涟源方言研究[M]. 长沙：湖南教育出版社，1999.

[16] 陈章太. 近期中国社会语言学的几个热点[J]. 世界汉语教学，2001（1）.

[17] 陈保亚. 语言接触与语言联盟[M]. 北京：语文出版社，1996.

[18] 陈立中. 湖南客家方言演变原因探析[J]. 湘潭大学社会科学学报，2003（2）.

[19] 陈妹金. 北京话疑问语气词的分布、功能及成因[J]. 中国语文，1995（1）.

[20] 陈山青. 汨罗长乐方言研究[M]. 长沙：湖南教育出版社，2006.

[21] 陈山青. 汨罗长乐话中的"AA 哩"重叠式[J]. 湘潭大学学报（哲学社会科学版），2005（2）.

[22] 陈松岑. 新加坡华人的语言态度及其对语言能力和语言使用的影响[J]. 语言教学与研究，1999（1）.

[23] 陈松岑. 语言变异研究[M]. 广州：广东教育出版社，1999.

[24] 陈长旭. 湖南省汨罗市大荆镇三峡移民初期当地方言句法研究[D]. 长沙：湖南师范大学，2009.

[25] 崔荣昌. 四川方言研究史上的丰碑——读《四川方言调查报告》[J]. 四川大学学报（哲学社会科学版），1993（1）.

[26] 崔荣昌. 四川方言研究述评[J]. 中国语文，1994（6）.

[27] 邓英树，张一舟. 四川方言语音研究的里程碑——再读《四川方言音系》有感[J]. 汉语史研究集刊，2012（0）.

[28] 戴维·约翰逊. 语言政策[M]. 方小兵，译. 北京：外语教学与研究出版社，2016.

[29] 范俊军. 生态语言学研究述评[J]. 外语教学与研究，2005（2）.

[30] 方梅. 北京话句中语气词的功能研究[J]. 中国语文，1994（2）.

[31] 方平权. 岳阳方言研究[M]. 长沙：湖南师范大学出版社，1999.

[32] 冯广艺. 语言生态学引论[M]. 北京：人民出版社，2013.

[33] 范俊军，宫齐，胡鸿雁. 语言活力与语言濒危[J]. 民族语文，2006（3）.

[34] 葛剑雄. 研究中国移民史的基本方法和手段[J]. 浙江社会科学，1997（4）.

[35] 郭熙. 中国社会语言学[M]. 3 版. 北京：商务印书馆，2013.

[36] 郝大海. 社会调查研究方法[M]. 北京：中国人民大学出版社，2005.

[37] 郝锡炯，胡淑礼. 关于四川方言的语音分区问题[J]. 四川大学学报（哲学社会科学版），1985（2）.

[38] 何泽仪，彭婷. 入湘三峡移民与当地居民的文化融合探析[J]. 三峡大学学报（人文社会科学版），2006（1）.

[39] 侯精一. 现代汉语方言概论[M]. 上海：上海教育出版社，2002.

［40］胡明扬. 北京话的语气助词和叹词（上）［J］. 中国语文，1981（5）.

［41］胡明扬. 北京话的语气助词和叹词（下）［J］. 中国语文，1981（6）.

［42］湖南师范学院中文系汉语方言普查组. 湖南省汉语方言普查总结报告（初稿）［M］. 长沙：湖南师范学院内部石印本，1960.

［43］黄国文. 生态语言学的兴起与发展［J］. 中国外语，2016（1）.

［44］黄伯荣. 汉语方言语法调查手册［M］. 广州：广东人民出版社，2001.

［45］黄雪贞. 江永方言研究［M］. 北京：社会科学文献出版社，1993.

［46］黄雪贞. 西南官话的分区（稿）［J］. 方言，1986（4）.

［47］海然热. 语言人：论语言学对人文科学的贡献［M］. 张祖建，译. 北京：生活·读书·新知三联书店，1999.

［48］蒋文华. 湖南省汨罗市大荆镇三峡移民初期的当地方言词类语法研究［D］. 长沙：湖南师范大学，2006.

［49］劲松. 北京话的语气和语调［J］. 中国语文，1992（2）.

［50］柯移顺. 三峡工程库区移民语言研究综述［J］. 三峡论坛（三峡文学·理论版），2012（6）.

［51］李蓝. 湖南方言分区述评及再分区［J］. 语言研究，1994（2）.

［52］李蓝. 西南官话的分区（稿）［J］. 方言，2009（1）.

［53］李荣. 汉语方言调查手册［M］. 北京：科学出版社，1957.

［54］李荣. 语音演变规律的例外［J］. 中国语文，1965（2）.

［55］李国正. 生态汉语学［M］. 长春：吉林教育出版社，1991.

［56］李康澄. 近30年湖南汉语方言比较研究述评［J］. 湖南科技大学学报（社会科学版），2014（4）.

［57］李如龙. 汉语方言学［M］. 北京：高等教育出版社，2001.

［58］李如龙. 厦门话的变调和轻声［J］. 厦门大学学报（社会科学版），1962（3）.

［59］李永明. 临武方言：土话与官话的比较研究［M］. 长沙：湖南人民出版社，1988.

［60］李宇明. 中国语言规划三论［M］. 北京：商务印书馆，2015.

［61］李荣，梁德曼，黄尚军. 成都方言词典［M］. 南京：江苏教育出版社，1998.

[62] 林华东，陈燕玲. 泉州地区三峡移民语言生活状况调查[J]. 语言文字应用，2011（2）.

[63] 林茂灿，颜景助，孙国华，等. 北京话两字组正常重音的初步实验[J]. 方言，1984（1）.

[64] 刘俐李. 20 世纪汉语轻声研究综述[J]. 语文研究，2002（3）.

[65] 刘俐李. 汉语声调论[M]. 南京：南京师范大学出版社，2004.

[66] 刘英玲. 湖南汨罗大荆三峡移民和当地居民方言接触初期的语音[D]. 长沙：湖南师范大学，2004.

[67] 鲁国尧. 鲁国尧自选集[M]. 郑州：大象出版社，1994.

[68] 陆俭明. 关于现代汉语里的疑问语气词[J]. 中国语文，1984（5）.

[69] 罗常培. 语言与文化[M]. 北京：北京出版社，2004.

[70] 罗昕如. 湖南方言与地域文化研究[M]. 长沙：湖南师范大学出版社，2001.

[71] 罗昕如. 湘语的小称研究——兼与相关方言比较[A] // 邵敬敏. 21 世纪汉语方言语法新探索——第三届汉语方言语法国际研讨会论文集[M]. 广州：暨南大学出版社，2008：356-365.

[72] 罗昕如. 新化方言研究[M]. 长沙：湖南教育出版社，1998.

[73] 吕俭平. 湖南省汨罗市大荆镇的三峡移民和当地居民方言接触初期的词汇比较研究[D]. 长沙：湖南师范大学，2005.

[74] 毛秉生. 湖南衡山方言音系[J]. 方言，1995（2）.

[75] 汨罗市志编纂委员会. 汨罗市志[M]. 北京：方志出版社，1995.

[76] 彭思恩. 湖南省汨罗市大荆镇三峡移民初期移民方言句法研究[D]. 长沙：湖南师范大学，2007.

[77] 彭泽润，李葆嘉. 语言理论[M]. 长沙：中南大学出版社，2000.

[78] 彭泽润. 衡山方言研究[M]. 长沙：湖南教育出版社，1999.

[79] 彭泽润. 衡山南岳方言的地理研究[D]. 长沙：湖南师范大学，2003.

[80] 彭泽润. 论"词调模式化"[J]. 当代语言学，2006（2）.

[81] 齐沪扬. 语气词与语气系统[M]. 合肥：安徽教育出版社，2002.

[82] 屈哨兵. 语言服务引论[M]. 北京：商务印书馆，2016.

[83] 邵宜. 赣语宜丰话词汇变调的类型及其表义功能[J]. 方言，2006（1）.

[84] 邵敬敏. 现代汉语疑问句研究（增订本）[M]. 北京：商务印书馆，2014.

[85] 石锋，廖荣蓉. 语音丛稿[M]. 北京：北京语言学院出版社，1994.

[86] 四川大学方言调查工作组. 四川方言音系[J]. 四川大学学报，1960（3）.

[87] 孙元明. 三峡库区"后移民时期"的概念、定义及其意义[J]. 重庆行政，2010（1）.

[88] 谭四华. 湖南省汨罗市大荆镇三峡移民初期移民方言的词类语法研究[D]. 长沙：湖南师范大学，2006.

[89] 谭四华. 三峡移民方言中的重叠式名词[J]. 现代语文（语言研究版），2007（7）.

[90] 佟秋妹，李伟. 江苏三峡移民语言选择模式研究[J]. 语言文字应用，2011（1）.

[91] 佟秋妹. 从一家三代语言变异看三峡移民方言演变的趋势[J]. 牡丹江师范学院学报（哲学社会科学版），2016（5）.

[92] 佟秋妹. 江苏三峡移民语言态度调查分析[J]. 语言文字应用，2012（1）.

[93] 佟秋妹. 江苏三峡移民语言状况研究[D]. 北京：中国传媒大学，2008.

[94] 佟秋妹. 移民家庭内部语言变异的社会语言学考察[J]. 长江丛刊，2016（20）.

[95] 佟秋妹. 三峡移民社区内部网络与语言使用情况分析[J]. 语言文字应用，2018（2）.

[96] 汪磊. 广东三峡移民语言使用情况调查[J]. 学术研究，2010（4）.

[97] 汪化云. 自主的轻声和非自主的轻声[J]. 语文研究，2003（1）.

[98] 王福堂. 汉语方言语音的演变和层次[M]. 北京：语文出版社，1999.

[99] 王长武. 外迁三峡移民方言的关联因素[J]. 重庆社会科学，2016（7）.

[100] 魏钢强. 调值的轻声和调类的轻声[J]. 方言，2000（1）.

[101] 吴启主. 常宁方言研究[M]. 长沙：湖南教育出版社，1998.

[102] 伍云姬. 湖南方言的代词（修订本）[M]. 长沙：湖南师范大学出版社，2009.

[103] 伍云姬. 湖南方言的动态助词（修订本）[M]. 长沙：湖南师范大学出版社，2009.

[104] 伍云姬. 湖南方言的介词[M]. 长沙：湖南师范大学出版社，2009.

[105] 向柠. 武冈方言的语气词[A]//伍云姬. 湖南方言的语气词[M]. 长沙：湖南师范大学出版社，2006：36-56.

[106] 武冈县志编纂委员会. 武冈县志[M]. 北京：中华书局，1997.

[107] 夏剑钦. 浏阳方言研究[M]. 长沙：湖南教育出版社，1998.

[108] 徐通锵. 历史语言学[M]. 北京：商务印书馆，1991.

[109] 颜森. 江西方言的分区（稿）[J]. 方言，1986（1）.

[110] 颜清徽. 娄底方言词典[M]. 南京：江苏教育出版社，1994.

[111] 杨建国. 武冈方言声母系统初探[J]. 邵阳师专学报，1992（6）.

[112] 游爱军，苏莹荣. 三峡移民社区整合与社会适应性研究[J]. 统计与决策，2000（12）.

[113] 游汝杰，邹嘉彦. 社会语言学教程[M]. 上海：复旦大学出版社，2004.

[114] 袁焱. 语言接触与语言演变[M]. 北京：民族出版社，2001.

[115] 张文轩. 汉语方言研究的理论断想[J]. 青海民族学院学报，1994（3）.

[116] 翟时雨. 汉语方言与方言调查[M]. 重庆：西南大学出版社，1986.

[117] 翟时雨. 重庆方言志[M]. 重庆：西南大学出版社，1996.

[118] 詹伯慧. 汉语方言及方言调查[M]. 武汉：湖北教育出版社，1991.

[119] 张斌，胡裕树. 汉语语法研究[M]. 北京：商务印书馆，1989.

[120] 张公谨. 语言的生态环境[J]. 民族语文，2001（2）.

[121] 张伟然. 楚语的演替与湖北历史时期的方言区域[J]. 复旦学报（社会科学版），1999（2）.

[122] 张小克. 长沙方言的"bA 的"式形容词[J]. 方言，2004（3）.

[123] 张则顺. 论湖南武冈市区方言的语法特点[J]. 邵阳学院学报，2006（6）.

[124] 张建. 山东三峡移民语言能力调查分析[J]. 长江丛刊，2016（17）.

[125] 赵元任. 汉语口语语法[M]. 吕叔湘，译. 北京：商务印书馆，1979.

[126] 赵元任. 赵元任语言学论文集[M]. 北京：商务印书馆，2002.

[127] 中国社会科学院，澳大利亚人文科学院. 中国语言地图集[M]. 香港：朗文出版（远东）有限公司，1987.

[128] 中国社会科学院语言研究所. 方言调查字表[M]. 北京：商务印书馆，1981.

[129] 忠县志编纂委员会. 忠县志[M]. 成都：四川辞书出版社，1994.

[130] 钟隆林. 湖南耒阳方言纪略[J]. 方言，1987（3）.

[131] 周庆生. 中国语言人类学百年文选[M]. 北京：知识产权出版社，2009.

[132] 周振鹤，游汝杰. 方言与中国文化（第2版）[M]. 上海：上海人民出版社，2006.

[133] 周振鹤，游汝杰. 湖南省方言区划及其历史背景[J]. 方言，1985（4）.

[134] 朱晓农. 亲密与高调——对小称调、女国音、美眉等语言现象的生物学解释[J]. 当代语言学，2004（3）.

[135] 朱晓农. 上海声调实验录[M]. 上海：上海教育出版社，2005.

[136] Eliasson S.. The birth of language ecology：Interdisciplinary influences in Einar Haugen's "The ecology of languages"[J]. Language Sciences，2015（50）：78-92.

[137] Garner M.. Language：An Ecological View [M]. Bern：Peter Lang，2004.

[138] Halliday M. A. K. New ways of meaning：The challenge to applied linguistics [J] // Journal of Applied Linguistics，1990（6）：7-16. Reprinted in Webster J. (ed). On Language and Linguistics，vol. 3 in The Collected works of M. A. K Halliday [M]. London：Continuum，2003：139-174.

[139] Haugen E.. On the ecology of languages [Z]. Talk delivered at a conference at Burg Wartenstein，Austria，1970.

[140] Haugen E.. The Ecology of Language [C]. Palo Alto：Stanford University Press，1972.

[141] Salikoko S. Mufwene. The Ecology of Language Evolution [M]. Cambridge：Cambridge University Press，2001.

[142] Stibbe A.. Ecolinguistics：Language，Ecology and the Stories We Live By [M]. London：Routledge，2015.

图书在版编目（CIP）数据

后移民时期湖南三峡移民语言生态研究：基于语言
生态学研究路径的"豪根模式"／李振中等著. —长沙：
中南大学出版社，2019.9

ISBN 978 - 7 - 5487 - 3721 - 6

Ⅰ.①后… Ⅱ.①李… Ⅲ.①三峡水利工程—水库移
民—汉语方言—方言研究—华东地区 Ⅳ.①H17

中国版本图书馆 CIP 数据核字（2019）第 185594 号

后移民时期湖南三峡移民语言生态研究
——基于语言生态学研究路径的"豪根模式"

李振中　刘青松　刘英玲　曾春蓉　陈新潮　著

□责任编辑	彭辉丽	
□责任印制	易红卫	
□出版发行	中南大学出版社	
	社址：长沙市麓山南路	邮编：410083
	发行科电话：0731 - 88876770	传真：0731 - 88710482
□印　　装	长沙印通印刷有限公司	

□开　　本	710 mm×1000 mm 1/16　□印张 16.5　□字数 284 千字
□版　　次	2019 年 9 月第 1 版　□2019 年 9 月第 1 次印刷
□书　　号	ISBN 978 - 7 - 5487 - 3721 - 6
□定　　价	66.00 元

图书出现印装问题，请与经销商调换